八千代出版

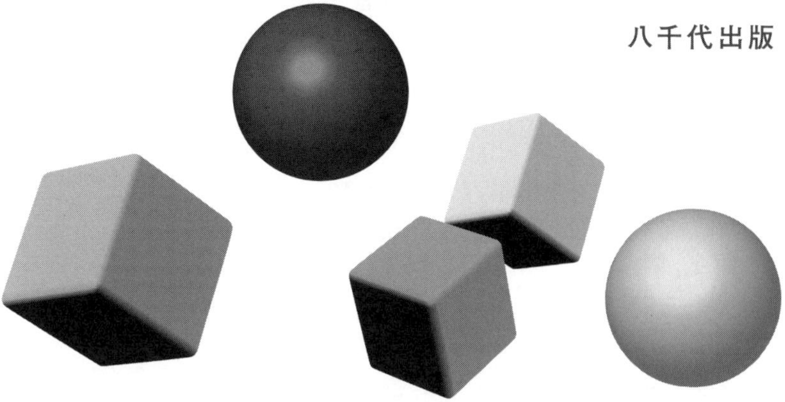

発達心理学の基礎と支援

―生涯発達・発達障害・発達臨床の理解―

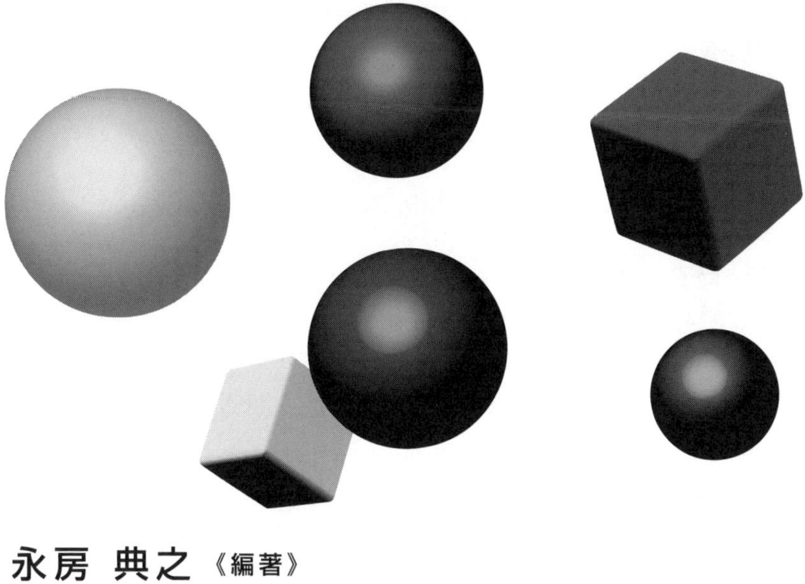

永房 典之《編著》

松田 佳尚／蒲谷 槙介／越中 康治／金子 泰之
西田 裕紀子／田爪 宏二／小野里 美帆／佐久間 路子
久保 信代／稲田 尚子／村上 涼

執筆者一覧

永房　典之　淑徳大学人文学部教授
第１章・第５章
松田　佳尚　白梅学園大学子ども学部教授
第２章
蒲谷　槙介　愛知淑徳大学心理学部准教授
第３章
越中　康治　宮城教育大学大学院教育学研究科准教授
第４章
金子　泰之　静岡大学教職センター准教授
第６章
西田裕紀子　国立長寿医療研究センター老年学・社会科学研究センター副部長
第７章
田爪　宏二　京都教育大学教育学部教授
第８章
小野里美帆　文教大学教育学部教授
第９章
佐久間路子　白梅学園大学子ども学部教授
第10章
久保　信代　関西福祉科学大学心理科学部教授
第11章
稲田　尚子　大正大学臨床心理学部准教授
第12章
村上　　涼　江戸川大学メディアコミュニケーション学部教授
第13章

はしがき

現代社会では、子どもの子育てから高齢者の介護まで、「生涯」にわたる幅広い世代において、「発達」への関心が高まっているといえる。

また、学校では特別支援教育を担う教師、家庭では対人関係や学習について悩む子どもやその保護者、地域ではソーシャル・スキルズ・トレーニング（SST）といった療育を行う施設や医療機関の専門職など、「発達障害」やその支援への関心も高いと思われる。

国家資格である公認心理師の学びでも、発達障害をはじめ、保健医療、福祉、教育、産業・労働、司法・犯罪の各分野、子どもから高齢者までの「臨床」にかかわる心理支援や心理教育においても「発達」の観点は大変重要であると考えられる。

このような社会的ニーズかつ学問的な学びの必要性を背景として、本書は、「生涯発達」「発達障害」「発達臨床」の３つのキーワードから、発達心理学の「基礎」を学びつつ、社会における現場での「支援」をわかりやすく丁寧に学べることをねらいとしている。

発達心理学や臨床発達心理学に基づいた支援、心理検査や心理療法、家庭・学校・地域での支援など、現場に役立つ「支援」の理解に力点を置きつつ、「脳科学」の視点を取り入れるなど発達心理学の「基礎」の内容でも工夫を行っている。

生涯発達の中でも特に「胎児」や「新生児」は言葉を話すことが難しい一方で、その「こころ」の理解には、心理学を含む脳神経科学といった学際的かつ基礎的研究アプローチの学びが重要となってくる。この研究分野は、今後の社会での AI やロボットの研究の発展においても重要な役割を果たすことだろう。

本書は、「発達心理学」の初学者である公認心理師養成や保育士・教員養成（教職）課程などで学ぶ学生、子育てや発達障害に関心のある保護者、心理学が専門ではないけれども業務でニーズのある保育士・幼稚園教諭、小学校や中学校、高等学校、特別支援学校などの先生、支援をすでに実践されている療育にかかわる施設等の福祉関係者、小児科・心療内科・精神科といった病院で発達支援に従事されている医療関係者にも、ぜひ改めて「発達」の観点を生かした「支援」の一助としてご活用いただけたら大変幸いである。

なお、本書の企画と刊行においては、八千代出版の森口恵美子社長、同社編集部の井上貴文さんに大変お世話になった。ここに深く感謝と御礼を申し上げる。

2025 年 2 月吉日　　　　　　　　　　**永房　典之**

目　　次

第 I 部

発達の基礎

第 1 章

◎ ◎ ◎ ◎ ◎

発達心理学の基礎と支援

【ねらい】
・発達の要因には、遺伝、環境、相互作用があることがわかる。
・生涯発達における発達段階と発達課題が理解できる。
・主要な発達理論が発達支援にも役立つことを知る。

ヒトはこの世界に生まれてから（厳密には受精してから）時間経過とともに変化し、年をとり発達していく。そのヒトは何らかの遺伝を持ち誕生するが、哺乳類におけるホモ・サピエンスの種としての発達があり、その人という個性を持ったその人ならではの個人の発達もある。

1　発達とは何か

発達心理学は、加齢で変化する「発達」を軸とした心理学の一分野である。発達心理学の英語名はdevelopmental psychologyであるが、発達をあらわすdevelopmentの語には、（体・能力などの）発達、成長、発育、進化、（生物の）発生、（土地・地域などの）開発という意味がある。このdevelopmentという語の意味からも、発達とは、個体（一人の人間）としての発達、成長、発育だけでなく、生物種（霊長類のホモ・サピエンスとしての）進化も対象であることがうかがえる。発達心理学は、「発達」を対象とした「心理学」であることから、体重や身長、脳の大きさや重さといった身体の成長や発育だけでなく、心の発達、心の進化という視点が大切であるといえよう。本章では、発達とは、「時間経過に伴う心身の構造や機能の量的および質的変化」と位置づけ、発達心理学の基礎的理論と支援のあり方について取り上げる。

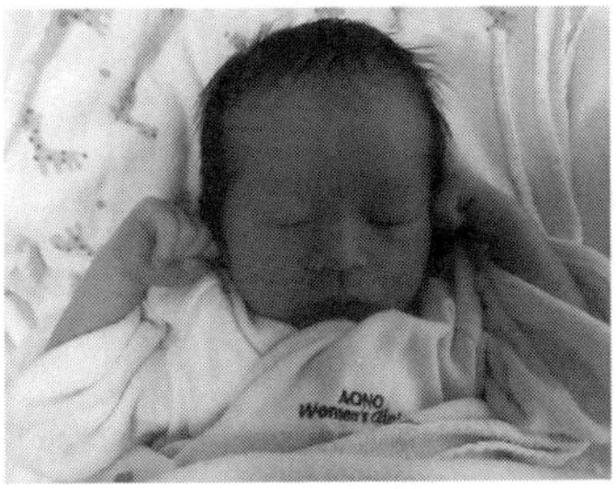

生後3日

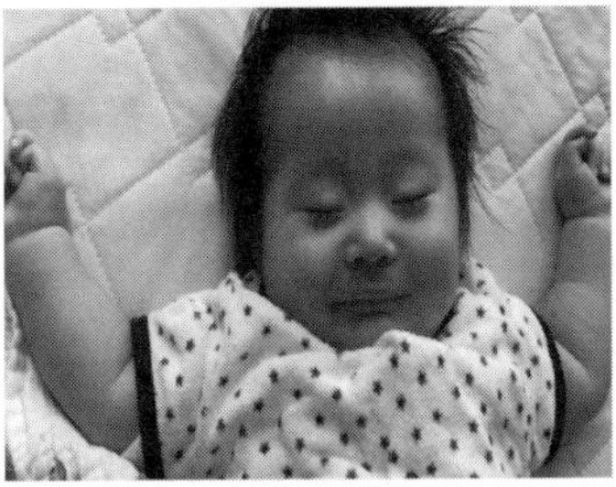

生後3か月

図 1-1　新生児から乳児への発達

(1)　生涯発達と発達心理学

発達にかかわる研究は、以前は幼児、小学生といった児童を対象とした研究が主であったことから児童心理学と呼ばれることが多かった。その後、児童より前の時期にあたる胎児、新生児や乳児（図 1-1)、また児童よりも後ろの時期にあたる成人、高齢者といった生涯にかかわる幅広い年齢を対象とした発達研究になってきたことから、発達心理学は、現在では生涯発達を研究する「発達心理学」、または**生涯発達心理学**と呼ばれている。

(2)　発達の要因（遺伝と環境）

なぜ、人のこころは加齢、時間経過で変化する、すなわち発達すると考えられるのであろうか。人の発達、発達的変化をもたらす規定的な要因には、生得的な要因と経験的な要因が考えられる。

生得的な要因には、人の顔など幼い頃から親子間で似ているようにみえる場合には、遺伝の要因が考えられる。他方で、顔は似ているけれども、性格が親子間でも似ていない場合には環境の要因も考えられる。

このように、人の発達の要因には、**遺伝**と**環境**、またこれら2つの要因だけでなく、それらの相互作用も考えられる。人の発達の遺伝にかかわる古典的な研究には家系図を用いた研究、環境にかかわる古典的な考え方には、イギリスの哲学者ロックの「タブラ・ラサ」があり、人間は白紙の状態で生まれ、経験を通じて知識や観念が形成されるという考え方がある。

1)　**成熟優位説**　　生得的な要因である遺伝を重視した発達の考え方に、

成熟説がある。これは、ある年齢（時間）に達すると遺伝的な要因が発現し、発達はその成熟（maturation）による影響が大きいと考える立場である。

小児科医の**ゲゼル**（Gesell & Ames, 1940）は、心身の発達もある型に向かって決まった順序で進む連続した過程であり、外的な刺激や経験が発達にもたらす影響よりも内的な成熟の影響が大きいと考える成熟優位説を提唱した。

ゲゼル（Gesell, A., 1880-1961）は、遺伝的にはほぼ同一の一卵性双生児である46週から1歳前後の乳幼児を対象に、一方を特定の訓練を与える群（訓練群）、もう一方を特定の訓練を与えない自然な成長を観察する群（対照群）に分けて、主に階段登りのスキルを測定する実験を行った。この実験を数週間から数か月にわたり実施した結果、短期的には訓練群が階段登りをより早く習得することが確認された。ただし、長期的には対照群の子どもも時間の経過とともに訓練を受けた子どもに追いつき、訓練群と対照群の間には最終的にほとんど差がなくなった。

ゲゼルの双生児研究は、発達における成熟（遺伝）と学習（環境）の相互作用を検討する重要な実験であり、ゲゼルの乳幼児を対象とした身体運動の実験においては成熟が発達の主要因であることが示唆されたと考えられる。

2）　成熟と発達支援　　成熟は予測可能で一定の順序を持つものであり、発達も特定の順番で進むと考えることができる。たとえば子どもの身体運動の発達ならば、「首が据わる」「座る」「立つ」「歩く」というような成熟の順番があり、発達における成熟には順序性がみられることがわかる。

このようなゲゼルの研究知見から、子どもの育児や教育への発達支援においても、子どもの成熟を考慮する必要性があるといえる。しかしながら、一卵性双生児であっても個体差があるならば、育児や教育においては、その子に適した成長を見守りながら、個別に適した発達支援を行っていくことが大切であると考えられる。

3）　環境優位説　　人の発達の要因において、人が生まれてからの環境や個人の経験による学習を重視した立場は、環境優位説である。

行動主義（behaviorism）を提唱した**ワトソン**（Watson, J. B., 1878-1958）は、客観的に観察可能である刺激と反応（行動）を対象として、心理学の研究を行った。Watson（1920）は、生後約11か月である乳児のアルバート坊やを対象に、恐怖の条件づけの実験を行った。実験前のアルバート坊やは、白ネズミを怖がらず、興味を持って手を伸ばすといった接近行動がみられたが、白ネズミの出現とその背後で鋼鉄の棒による大きな金属音を対呈示することを続けた結果、白ネズミに対して泣き出す、大きな金属音がなくても回避行動をするといった恐怖反応を示すようになった。これは、環境における個人の経験による恐怖の学習であると考えられる。また、Watson（1924）は、生得的な要因よりも環境や経験が人間の発達に与える影響を強調し、「私に1ダースの健康な乳児と、育てるための特定の環境を与えてくれれば、ランダムにその中の1人を取り上げ、医師、弁護士、芸術家、社長、そうだ、乞食や泥棒にさえ育て上げてみせる」と述べている。このような発言からもワトソンが行動主義心理学の立場から、発達における学習（環境）を重要視していることがうかがえる。

4）**初期経験と臨界期／敏感期**　**初期経験**（early experience）とは、個体の発生、発達の初期に受ける経験によって、成熟後に対して不可逆的な効果を及ぼすことであり、初期学習（early learning）とも呼ばれる。

臨界期（critical period）とは、個体が特定のスキルや能力（例：ヒトならば言語、視覚、社会的関係など）を効果的に発達させるために、環境からの適切な刺激を必要とする時期を指す。この時期に必要な刺激が欠如すると、発達に著しい遅れや障害が生じる可能性があるとされる（Lenneberg, 1967）。また近年は、臨界期という用語は、発達において不可逆的な時期というよりも、学習に必要な感受性が高まる時期を指すものとして**敏感期**（sensitive period）と呼ばれている。

初期経験や臨界期（敏感期）にかかわる研究に、オーストリアの動物行動学者である**ローレンツ**（Lorenz, 1952）の**刻印づけ**（刷り込み：インプリンティング：imprinting）に関する研究がある。ローレンツは、ティンバーゲンやフリッシュとともに1973年にノーベル賞を受賞し、比較行動学（ethology）の創始者として位置づけられている。ローレンツは、カモやガンなどの生まれたばかりのひな鳥が、最初に見た動いたものを親と認識して後追いすることを指摘している。このような現象は、生後間もない初期の短い時期に生じる不可逆的な学習と考えられている。

人間の発達における環境や臨界期（敏感期）の重要性を示唆する研究として、シング（Singh & Zingg, 1940）の“オオカミ少女”の記録がある。牧師であるシングの記録によれば、1920年にインドのミッドナプール付近のオオカミの巣穴から2人の少女、姉のカマラと妹のアマラが発見された。姉妹の推定年齢は姉のカマラが約8歳、妹のアマラが約1歳半である。発見者であるシングは、2人の少女を孤児院で保護し、観察と記録を行った。

オオカミに育てられたとされる少女の行動には、移動（例：二足歩行の代わりに四足で移動）、食習慣（例：うなり声を発する、生肉を好む、手を使わずに直接口で食べる）、社会的行動（例：他者とのかかわりを避ける、威嚇ととらえるため目を合わせない）、知的・言語的発達（例：特に言語発達は著しく遅い、言葉をほとんど話さない）、という特徴がみられた。

2人の少女は、孤児院での養育によって徐々に人間らしい行動を学んだものの、妹のアマラは発見から約1年後に死亡し、姉のカマラは、約9年間生存し、1929年に推定約17歳で亡くなったとされている。長期間の教育を通じて、わずかに人間の言語や行動を習得したが、健常な発達水準には至らなかったようである。しかしながら、シングの記録はのちにその信憑性や科学的研究手法が疑問視されており、実際の状況や言語水準については慎重に解釈する必要がある。

5）初期経験と発達支援　このようなローレンツの刻印づけという現象、記録の真偽についての問題が指摘されるもののシングの事例は、発達支援においても、生まれたばかりの新生児が視覚を通じた感覚・知覚が可能になった際の養育者の重要性、子どもの社会性（基本的生活習慣や人間関係）にとって、幼少期の環境における刺激（特に対人的な刺激、社会的な刺激、人間の言語の刺激）が重要であることを示唆していると考えられる。

人は幼少期からヒトである他者とかかわること、社会的行動を観察すること、言葉で話しかけられることが大切であり、子どもの育児や保育・教育でもそのような経験ができる機会や環境が求められよう。

そして、子どもの身近にいる養育者は子どもが新生児期から模倣しやすい対象であることを意識し、子どもの社会性を育むこと、乳幼児の言語の発達の遅れがみられた場合には、乳幼児の生活における言語の環境を見直すとともに、栄養状態、知的障害、発達的な特性なども考慮した生物的・社会的・心理的な視点を考慮した臨床発達のアセスメントと支援が大切である。

6) 生態学的システム理論　**ブロンフェンブレンナー**（Bronfenbrenner, 1979）は、人間の発達を生態学の観点からとらえた**生態学的システム理論**（ecological systems theory）を提唱している。この理論では、個人の発達が、さまざまな相互作用する環境システムの影響を受けると考える。それらのシステムは空間の4層と時間から構成されている（図1-2）。

「マイクロシステム」は、個人が直接関与する環境である（例：家庭や学校）。「メゾシステム」は、マイクロシステム間の相互作用である（例：地域での家庭と学校の関係）。「エクソシステム」は、個人が直接関与しないが影響を受ける環境である（例：親の職場）。「マクロシステム」は、文化的価値観や社会的規範である（例：国家、文化）。そして、「クロノシステム」は時間を通じた環境の変化やライフイベント（例：親の離婚、進学、就職）である。

このようにブロンフェンブレンナーの生態学的システム理論は、発達を固定的な個人特性だけでなく、環境要因やその相互作用による動的なプロセスとしてとらえる点に特徴がみられる。

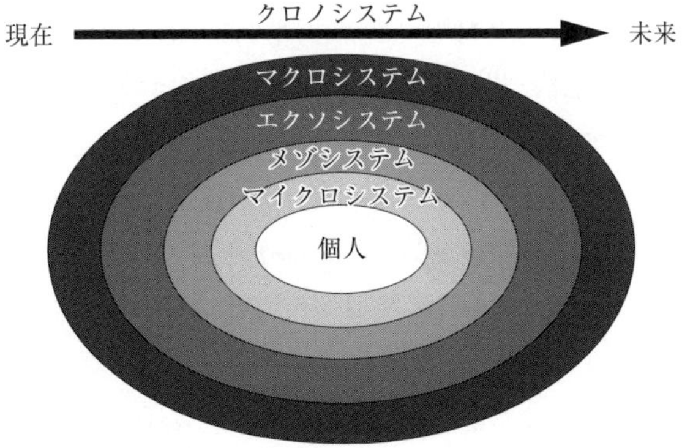

図1-2　ブロンフェンブレンナーの生態学的システム

7) 生態学的システム理論と発達支援　発達支援の観点からは、教育における子どもや保護者を取り巻く環境を考える視点として重要であると考えられる。たとえば、園・学校、家庭で子どもの不適応な行動がみられる場合、その子どもの園や学校ではどのような様子がみられるのか（マイクロシステム）、学校の児童や生徒の場合は地域の家庭と学校と自治体でどのような連携ができているのか（メゾシステム）、保護者にストレスがみられる場合には職場ではどのような状況なのか（エクソシステム）、外国籍の子どもや保護者に困難さがみられる場合には、居住する国、ルーツとなる国で重視される価値観や習慣は何か（マクロシステム）、その子どもの既往歴を含めた生育歴、引っ越しや婚姻状況の変化など保護者のライフイベントを確認すること（クロノシステム）があげられる。

子どもの発達支援や家族療法では、**エコマップ**（支援の対象者の家族関係とともに、その人に対してどのような社会的資源があるのかを図に示す）を作成し、家庭や学校の支援、地域の自治体の支援、親の職場の支援、国の支援など、発達支援の支援計画作成に役立てることがよいと思われる。

8) 遺伝と環境の相互作用　発達を規定する要因は、遺伝か環境か、nature か nurture か、氏か育ちか、といった二者択一的な議論ではなく、遺伝要因も環境要因もどちらも発達に影響し、それらの**相互作用**（interaction）を重視する考え方がある。

シュテルン（Stern, 1914）は、発達が遺伝と環境という２つの要因の単独の結果ではなく、遺伝要因と環境要因が相互に独立的な要因として加算（足し算）的に作用して発達を規定する、集まる・収束という意味である**輻輳説**（convergence theory）を提唱した。

ルクセンブルガー（Lücksenburger, 1932）は、遺伝と環境が、発達に対して対極的に作用するという対極説（polar theory）を提唱した。この理論は、遺伝要因が強く影響を及ぼす場合、環境要因の影響は相対的に弱くなり、逆に環境要因が強く作用する場合は、遺伝要因の影響が抑制されるというものである。また、遺伝と環境の影響を視覚的に図式化する手法を取り入れ、遺伝要因と環境要因がそれぞれ直線的なスケール上で対極に位置し、それらの影響が変化することがわかる図が示されている（図 1-3）。

9）**環境閾値説**　**ジェンセン**（Jensen, 1968）は、遺伝と環境の相互作用を説明するための理論として**環境閾値説**（environmental threshold hypothesis）を提唱している。環境閾値とは、環境が特性の発現に必要な一定の条件（閾値）であり、その閾値を超えた場合、遺伝的な潜在能力（genetic potential）が最大限に発揮される。他方で、環境条件が閾値に達しない場合、遺伝的な潜在能力が十分に発現しない可能性が高いと考える。

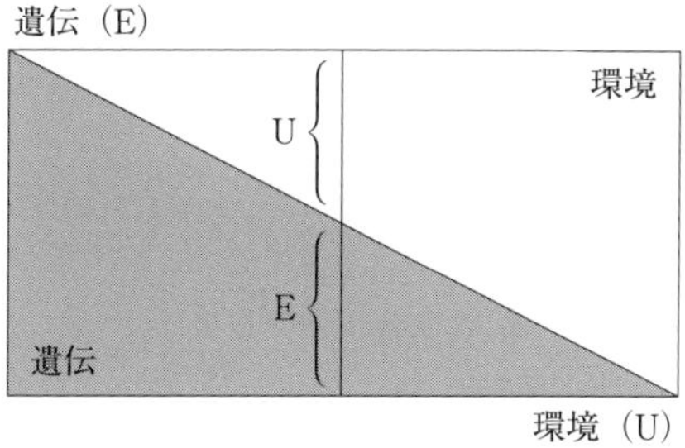

図 1-3　発達における遺伝と環境の対極図

10）**環境閾値説と発達支援**　遺伝と環境の相互作用が重要である視点から発達支援をとらえるならば、たとえば、知能が遺伝的に高い潜在能力を持つ場合には、適切な教育環境が与えられることでその能力を発揮できると考えられる。具体的には、家庭に、本がある、読書ができる環境がある、学習を支援してもらえる人がいる、落ち着いて学習することができる環境があることがあげられる。一方で、遺伝的に知能の潜在能力が低い場合には、同じ環境でも優れた大きな変化がみられない可能性も考えられる。スポーツならば、運動能力が遺伝的に高い人でも、トレーニングをする環境や適切な栄養が摂取できるなどの環境要因が不足していれば、その能力を十分に発揮できないこともあり得る。

この説は、遺伝的な素質がある特性の発達において重要な役割を果たすものの、そのあらわれ方が環境条件に依存するという考え方にもなるため、教育において環境要因が発達に与える重要性を考慮する理論になり得るといえる。他方で、発達においては、どのレベルの環境を「閾値」とするかが難しく、遺伝的な潜在能力だけではない、社会的・文化的要因もより考慮する必要があるといえるだろう。

発達支援の観点では、人にはそれぞれ好きなことや嫌いなこと、得意なことや苦手なことがあると考えれば、親や教師は早い発達段階からその子どもの好きなことや得意なことを見出し、その子の興味・関心に応じた環境を提供していくことが大切である。家庭、園や学校などで、子どもに何らかの不適応がみられる場合には、生物的・社会的・心理的アセスメントを行い、特に苦手で困ることは何なのかを把握し、環境調整を行うとよいだろう。

11) **相互規定的作用**モデル　**サメロフ** (Sameroff & Chalender, 1975; Sameroff, 2009) は、発達を「子ども」と「環境」の相互作用としてとらえる理論として、発達の**相互規定的作用（トランザクショナル）モデル** (transactional model) を提唱している。このモデルでは、発達が一方向的な因果関係ではなく、人と環境の間の影響のやり取り（トランザクション）を通じて形成されると考える（図1-4）。たとえば、子どもの体質的要因 (Constitution) が環境的要因 (Environment) である親の養育態度に影響を与え、それが再び子どもの行動に影響を及ぼすことが考えられる。このように、発達は時間 (Time) に伴う動的で継続的なプロセスと位置づけられる。

12) **相互規定的作用**モデルと**発達支援**　発達支援の視点では、たとえば子どもが体質的に刺激への反応が鈍い応答性の低い子どもを養育する母親が、自分は体質的に敏感で心配しがちな不安傾向が高い性格であった場合の親子関係の問題行動のケースが考えられる。

母親は、自分が子どもに働きかけても思ったような反応が得られないことが頻繁に続いた場合に、子育てのフラストレーションやストレスによって子どもを強く叱責し、子どもはそれを受けて泣く、かんしゃくを起こすといった問題行動につながり、それらが悪循環になる可能性がある。あるいは、母親は子育てがうまくいかないことへの責任を自分に過度に原因帰属することによって罪悪感が生じ、抑うつという精神疾患になることも考えられる。

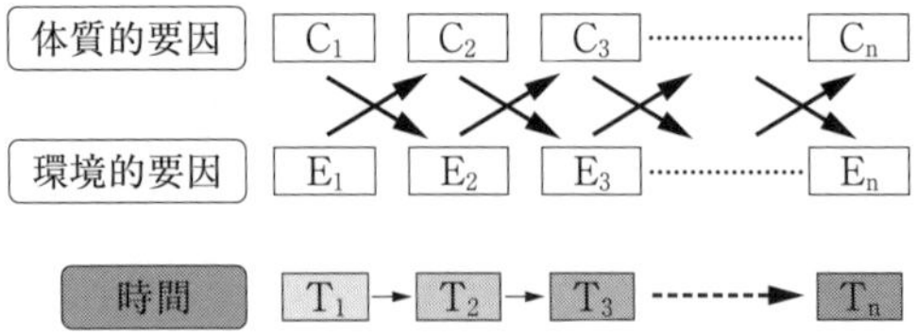

図1-4　発達における相互規定的作用モデル

このような場合での発達支援では、なぜそのような問題行動が起きているのかを、臨床発達心理学の観点から、生物的側面（親と子のそれぞれの気質的な要因）、社会的側面（子と親が過ごす環境、親の育児状況）、心理的側面（子と親の心理における相乗的相互作用）を考慮したアセスメントをフォーマルとインフォーマルの両方から行うことが効果的と考えられる。さらに、心理支援としては、母親の子育ての大変さを傾聴・受容・共感するカウンセリング、母親が自分を責め過ぎない責任分配の再配分の認知変容、子育てをがんばってきたこれまでの自分をあるがまま思いやる**セルフ・コンパッション**（self-compassion）などの**認知行動療法**に基づく支援が考えられる。

13）**発達カスケード理論**　発達の相互作用を連続的なプロセスの中でとらえる視点に**発達カスケード理論**（developmental cascades）がある（Masten & Cicchetti, 2010）。カスケードとは段々と連なる（急な）滝の意味である。発達のカスケードとは、発達過程における早期の経験がのちの発達結果に連鎖的に影響を与えるメカニズムである。たとえば、幼児期の認知能力や社会的スキルは、学業成績や対人関係に影響を及ぼし、さらにそれが成人期の職業的成功や心理的健康につながることが考えられる。この理論は、発達の各段階が相互に関連し合う重要性を強調し、発達支援として介入することの大切さを示唆しているといえる。

2　発達と気質

その人らしさをあらわす性格（personality）は、人の行動を説明する心理的要因の一つ、あるいはその概念によって説明が可能となる仮説構成概念だと考えられる。性格には類型（人をある性格タイプに分類する）、または特性（人のさまざまな性格特徴の要因を強弱で示す）でとらえる研究アプローチがあるが、性格の特性としては、外向的（または内向的）な性格、神経質傾向が高いといった性格があげられる（Eysenck, 1967）。宮城（1981）は、性格の中心に「気質」を位置づけ、外側に向かって「気性」「習慣的性格」「役割性格」があることを示している。本人または他者の評価において、その人の性格が子どもの頃から変わらない、あるいは大人になって変わった、という側面があるならば、前者は内的要因として遺伝による影響が大きく、後者は外的要因として環境による影響が大きい可能性が考えられる。

性格の発達に及ぼす外的要因として、詫摩ら（2003）は、「生まれた家庭の要因」「家族構成」「育児方法や育児態度」「友人関係・学校関係」「文化的・社会的要因」をあげている。

性格の特徴の背景として、内的要因である遺伝的要因が大きい場合には、遺伝子による作用が主たる発現のメカニズムと考えられる。その遺伝またはその生理的側面が重視される場合の性格は**気質**（temperament）と呼ばれる。

トーマスと**チェス**（Thomas & Chess, 1977）は、乳幼児期の気質の特性を明らかにするために、気質を生物学的な行動特性であり、情動、活動性、注意力など、環境刺激への反応の仕方に反映されると考え、ニューヨーク縦断研究（New York Longitudinal Study：NYLS）を行っている。トーマスとチェスは、気質を遺伝に基づく行動スタイルとしてとらえ、子どもの行動の個人差を説明する重要な要因であり乳幼児期から観察可能で比較的安定していると仮定し、それが環境や養育者との相互作用を通じてどのように発達するのかを分析した。その結果、気質は「活動水準」「接近／回避」「周期性」「順応性」「反応閾値」「反応強度」「気分の質」「気分の散りやすさ」「注意の範囲と持続性」という９つの気質が特定された。

また、トーマスは子どもたちの気質を、「扱いやすい子ども（Easy Child）」「扱いにくい子ども（Difficult Child）」「ゆっくりと慣れる子ども（Slow-to-Warm-Up Child）」の３つの気質タイプに分類している。それらの３つの気質タイプの特徴には、「扱いやすい子ども」は規則的で順応性が高く、ポジティブな気分が多く、「扱いにくい子ども」は規則性がなく、新しい状況に適応しにくい、強い否定的な反応を示し、「ゆっくりと慣れる子ども」は新しい状況への反応は消極的で、適応に時間がかかるという傾向が示されている。

また、トーマスによれば、気質そのものは環境や養育スタイルとの相互作用を通じて発達し、特に「適合の良さ（Goodness of Fit）」という概念が重要であると指摘している。このことから、子どもの気質と環境（特に親の養育態度や社会的期待）との相互作用が、発達における適応や不適応に影響する一因とも考えられる。このように、トーマスとチェスの縦断研究は、気質が発達に与える影響を理論的かつ実証的に示したものであり、育児や教育の分野にも大きな影響を与えたといえる。

発達支援の観点でも、子どもが生活または社会的状況で不適応な状態にある場合、特に、個々の子どもの気質を尊重し、適切な環境調整や養育者の養育スタイルを考慮した支援が大切であると思われる。

3　行動遺伝学

行動遺伝学とは、人間の行動や心理的特性がどの程度、遺伝要因と環境要因によって決定されるのかを研究する分野である。

プロミン（Plomin et al., 2013）は、遺伝と環境が心理的特性や行動に与える影響を解明することに焦点化し、双生児研究や養子研究を活用して、知能や人格特性の遺伝率を示すとともに、遺伝要因が年齢とともに影響を増すことを提唱している。

行動遺伝学は、双生児研究や養子研究などを通じて、遺伝と環境の相互作用や相対的な影響を明らかにし、個人差の発生メカニズムを探ることを目的としている。そして、大規模なゲノムワイド関連解析（GWAS：Genome-Wide Association Study）をもとに、学業成績に関連する遺伝子変異の累積スコアを算出し、このスコアが学業成績やIQの個人差を予測する有効性を示している。

行動遺伝学では、性格特性、学業成績、病気のリスク、特定の行動などにおける遺伝子の配列にみられる個人差や多様性の要因を特定する研究が行われている（図1-5）。

心理特性における遺伝と環境の関係については、**タークハイマー**（Turkheimer, 2000）が行動遺伝学の三原則を提唱している（表1-1）。

行動遺伝学における人の個人差や多様性は、遺伝、**共有環境**（shared environment）、**非共有環境**（non-shared environment）の要因によって説明される。

「共有環境」とは、兄弟や姉妹などが同じ家庭で共有する経験や条件を指す。

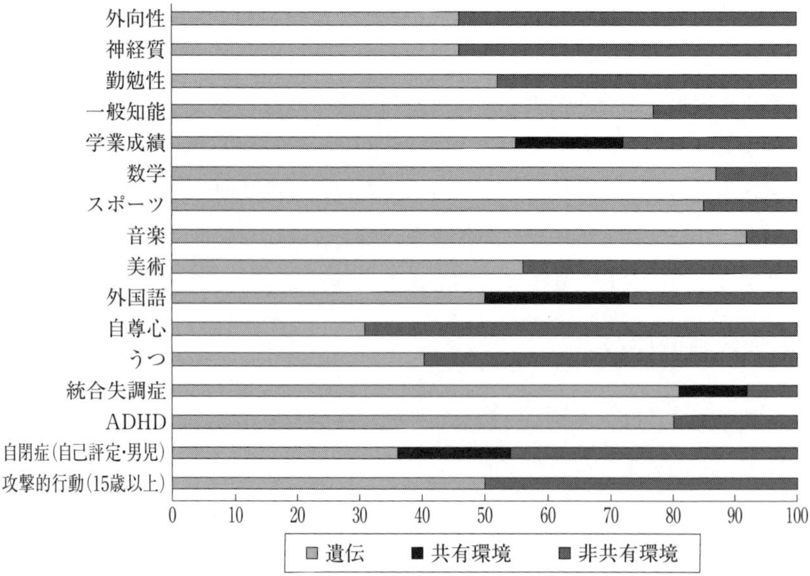

図 1-5　行動遺伝学における遺伝・共有環境・非共有環境要因の割合
（安藤, 2014 をもとに作成）

表 1-1　タークハイマーの行動遺伝学の三原則

第 1 原則　ヒトの行動特性はすべて遺伝的である。 ：（遺伝の影響の普遍性）
第 2 原則　同じ家族で育てられた影響は遺伝子の影響より小さい。 ：（共有環境の希少性）
第 3 原則　複雑なヒトの行動特性のばらつきのかなりの部分が遺伝子や家族では説明できない。 ：（非共有環境の優位性）

（Turkheimer, 2000；安藤, 2014 をもとに作成）

たとえば、親の育て方、家庭の経済状況、家の場所や学校などである。共有環境は、きょうだい（兄弟姉妹）を似た性格や特性にする要因と考えられる。「非共有環境」とは、同じ家庭に育ったとしても、個人がそれぞれ体験する異なる経験や条件を指す。たとえば、友人関係、先生とのかかわり、病気やケガなどの個別の出来事などである。非共有環境はきょうだい（兄弟姉妹）を異なる性格や特性にする要因と考えられる。

行動遺伝学は、このような遺伝的要因が環境要因と相互作用することで、発達に複雑な影響を及ぼすことを明らかにし、その成果は発達の個人差の理解や個を生かした教育につながる可能性があると思われる。

発達支援としては、家庭や学校に、きょうだいや双生児の子どもたちが支援対象にいる際に、同じ家庭で生活するきょうだいや双生児であっても、性格や特性が異なる可能性があることを意識することが大切である。行動遺伝学における共有環境と非共有環境を考慮することで、行動観察などのインフォーマルな心理アセスメント、知能検査、性格検査などを行った際の結果の解釈、授業理解や友だち関係などのその子の行動傾向の背景を知る手がかりになると思われる。

4　エピジェネティクス

エピジェネティクス（epigenetics）の「epi」は、ギリシャ語の接頭語で、「上に」「～の上で」「～に付随して」という意味がある。生物の発達にかかわるエピジェネティクスの場合は、遺伝子（genetics）の上にある制御を指し、遺伝子そのものの配列を変えずに、その発現や機能を調節する仕組みをあらわしている。栄養、ストレス、親子関係などの環境要因が遺伝子の“スイッチ”をオンやオフにすることで、発達や行動に影響を与えると考えられる（第2章参照）。

エピジェネティクスの遺伝と環境の相互作用の視点では、たとえば幼少期の虐待や愛情の欠如が、ストレス反応に関与する遺伝子の発現を変える可能性が考えられる。遺伝要因と環境要因の相互作用を示した知見に**カスピ**（Caspi et al., 2002）の研究がある。カスピは、MAOA遺伝子（モノアミン酸化酵素Aというタンパク質をコードする遺伝子）の活性レベルと幼少期の虐待経験が、のちの反社会的行動の発現にどのように影響するかを検討している。

結果として、低活性型MAOA遺伝子を持つ子どもが虐待を受けた場合、将来的に反社会的行動を示すリスクが高まることが示されている。特に低活性型は、このような虐待経験やストレスなどの環境要因と相互作用し、攻撃性や衝動性、反社会的行動を示すリスクが高まることが指摘されている。

5　発達の研究方法

発達心理学の研究方法には、他の基礎系の心理学と同様に、実験法、調査法、観察法があり、臨床発達心理学の研究方法には、さらに臨床系の心理学と同様に、検査法、事例研究法、面接法などがある。

実験法は、産前にあたる胎児の研究においては、超音波（エコー）の医療機器による測定、言葉を発することが難しい乳児の研究では、アイマークレコーダーによる視線を対象とした行動観察、脳を対象に近赤外線でヘモグロビンを測定するNIRSによる研究が行われている。近年は、遺伝子を対象としたエピジェネティクスなどの研究では、遺伝子や行動時の脳機能を測定するfMRIを用いた実験研究もみられる。

調査法には、横断的調査、縦断的調査、コーホート調査があり、観察法には、自然観察、参与観察などがある。臨床発達心理学の研究には、事例研究法がある。個人情報の保護、インフォームドコンセント（説明と同意）などの倫理的配慮を行った上で、発達支援の期間、支援に至る主訴や背景、対象者（協力者、被支援者）の年齢や状況、アセスメント（行動観察、発達検査、知能検査、性格検査、社会性検査、認知検査など）や支援（環境調整、面接、心理療法など）、支援計画に基づく支援の経過と結果を検討し、考察などを行う。

面接法には、構造化面接、半構造化面接、インタビューなどがある。面接法は発達の量的側面だけでなく、質的側面を知る上で重要な方法といえる。

6　発達段階と発達課題

(1)　フロイト・ハヴィガースト・エリクソンの発達段階

発達心理学では、時間や加齢に伴う人間の心身の変化を、乳児期、幼児期、児童期、青年期、成人期、中年期、高齢期といった**発達段階**（developmental stage）に区分し、それぞれの特徴について検討を行っている。

また、発達心理学における**発達課題**（developmental tasks）とは、各発達段階で達成すべき心理社会的な目標を指す。これは年齢やその時代の社会的期待、文化に応じて異なると考えられる。発達課題には、たとえば乳児期には

「基本的信頼」の獲得、青年期には「アイデンティティ」の確立などがあげられる。これらの発達課題が達成されることで、心理社会的に健全な人格形成や社会的適応が促進されるといえる。

教育心理学者の**ハヴィガースト**（Havighurst, 1952）は、人間の一生を６つの発達段階として、幼児期、児童期、青年期、成人前期（壮年初期）、中年期、高齢期に分け、それぞれの時期に達成すべき課題を提唱している（第７章参照）。

課題には、身体的成長や社会的期待、個人の欲求が影響し、たとえば、児童期の課題には「友人関係を築く」や「基本的な学力を身につける」などがある。これらの課題を達成することで、その後の成長や社会的適応がスムーズになるとされ、未達成の場合には、次の段階で問題が生じやすいと考えられる。ハヴィガーストの発達課題は、先駆的研究として重要であるが、研究の問題点としては発達課題が時代や文化、個人差を十分考慮していない点があげられる。

精神分析学者の**フロイト**（Freud, 1905）は、精神分析における性的な発達段階として、リビドー（性的エネルギー）の焦点が口唇期、肛門期、男根期、潜伏期、性器期と移行し、各段階での課題達成が人格形成や精神的健康に影響すると考えた。

エリクソン（Erikson, 1950）は、フロイトの精神分析理論を自我心理学として発展させ、社会的・文化的要因を重視した心理社会的発達理論を提唱した。エリクソンは、人生を**ライフサイクル**（人生周期）として８つの段階に分け、それぞれの段階で達成すべき心理社会的課題を提唱した（第７章・図 7–3 参照）。各段階で、個人は「肯定的側面」と「否定的側面」の葛藤を経験し、それを乗り越えることで心理社会的自我が発達すると考えた。たとえば、乳児期は「基本的信頼」対「基本的不信」、青年期は「アイデンティティ」対「アイデンティティ拡散（役割混乱）」が課題である。この課題を適切に解決した場合は、心理社会的に健全な自我発達が促進され、未解決の場合は心理社会的な問題が生じやすくなると考えられる。

(2) 道徳性の発達段階

ピアジェ（Piaget, 1932）は、認知発達理論の立場から、道徳の認知的推論として、善悪の基準が結果論から動機論の段階へと発達することを指摘している。幼児期には自己中心的思考がみられるが、児童期以降になるとこの自己中心的思考から脱却できるようになることから、なぜその行為を行ったかという動機に道徳的な推論の焦点が移るようになる。

ピアジェの研究を受けて、認知面での道徳性の発達を体系化したのはコールバーグである。コールバーグ（Kohlberg, 1981）は、道徳的判断の基準がⅢ水準6段階からなることを提唱している（表1-2）。

道徳的判断は、他律的なものから自律的なものへと移行する。たとえば、第Ⅰ水準の第1段階である「罰と従順志向」では、なぜ悪いのかの基準は苦痛や罰を避けられるからであり、権威のある人（大人である親や先生など）が決めることが、その行いが悪いかどうかを決める道徳的判断の根拠となる。しかしながら、その後の研究では、道徳性の発達段階において性別（女性における対人関係における配慮など）や文化（欧米以外の文化）の視点を考慮するべきという疑問点もみられる（第4章参照）。

(3) 感情の発達段階

臨床発達心理学者の**ルイス**（Lewis, 1992）は、感情を基礎的感情（一次的感情）と自己意識的感情（二次的感情）の2つに分け、その発達を自己意識や認知能力の観点から段階的に説明している。感情は、快か不快といった神経の興奮、のちに一次的感情である基礎的感情（喜び、恐れ、怒り、悲しみ、嫌悪、驚

表1-2　コールバーグ理論による道徳性の発達段階

Ⅰ　前慣習的水準
段階0：自己欲求希求志向
段階1：罰と従順志向（他律的な道徳）
段階2：道徳的相対主義（素朴な自己本位）志向
Ⅱ　慣習的水準
段階3：他者への同調、あるいは「よい子志向」
段階4：法と秩序志向
移行期
Ⅲ　慣習以降の自律的、原則的水準
段階5：社会的契約、法律尊重、および個人の権利志向
段階6：普遍的な倫理的原則（良心または原理への）志向

（荒木, 1988をもとに作成）

き）が生後数か月にあらわれる。18か月頃になると、鏡を見て自己を認識できる形での自己意識（客体的に知覚できる自己への意識）が芽生えたように観察される行動がみられる。2歳頃から共感、3歳頃からルールの理解といった認知能力の発達とともに、二次的感情である恥、罪悪感、誇り、あるいは嫉妬、妬みなどの**自己意識的感情**（self-conscious emotions）がみられるようになる（図1-6）。

そして、自己意識的感情の中でも恥や罪悪感、共感は、ルールを守るといった規範意識や他者を傷つけたことへの情けなさ、申し訳なさにつながることから道徳的感情（moral emotions）とも呼ばれる（Tangney et al., 2007）。

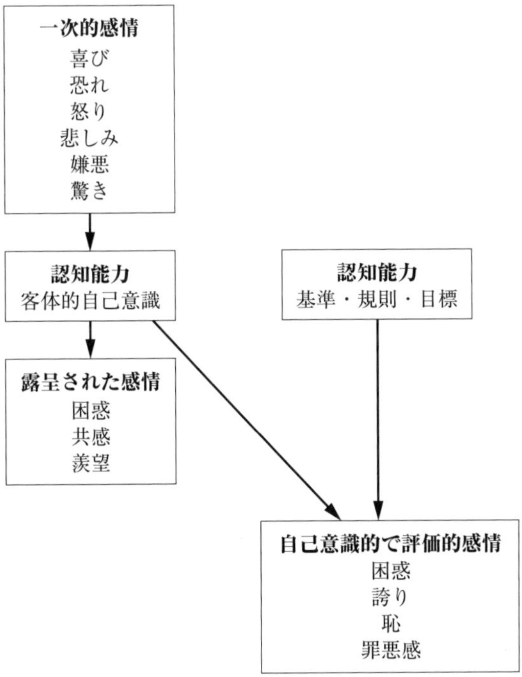

図1-6　自己意識的感情の発達モデル
（Lewis, 1992）

7　発達心理学のグランドセオリー

(1)　ピアジェの認知（思考）における発達理論

ピアジェ（Piaget, 1936）は、自分自身の子どもの観察をもとに、子どもの認知（思考）が段階的に発達する過程を示した理論を提唱した。ピアジェは、子どもの認知発達を４つの段階に分けている（表1-3）（第３章・第４章・第８章参照）。

また、ピアジェは、認知発達理論において人が環境に適応するために、**シェマ**という思考の枠組みを用いて認知（思考）を行うことを提唱している。

ピアジェは、環境に適応するために、人が新しい情報を取り込む際に**同化**を行って既存のシェマに情報を組み込み、不適応が生じた場合には、情報の**調節**を行ってシェマを修正して、環境に適応しようとすると考えた。

(2)　ヴィゴツキーの社会・文化的視点における発達理論

ヴィゴツキー（Vygotsky, 1934）は、認知（思考）の発達を社会的相互作用の中で生じ、その中で構成される過程とみなし、社会・文化の影響をより大きく論じている。これは、個体内での認知（思考）発達を重視したピアジェとは別のアプローチと考えられる。

ヴィゴツキーの理論は、社会・文化的視点から発達をとらえるものであり、言語や社会的相互作用が、認知（思考）発達において重要と位置づけた。

ヴィゴツキーは、精神機能の**内化理論**として、**外言**と**内言**という概念を用

表1-3　ピアジェの認知（思考）の発達段階

感覚運動期（約0～2歳）：触る、つかむ、口の中に入れるといった感覚と運動を通じて環境を理解し、それが目の前になくても存在することがわかるという対象の永続性を獲得する。
前操作期（約2～7歳）：イメージを用いた象徴的思考ができるようになり、ごっこ遊びなどもできるようになるが、他者視点での客観的な思考が難しく、自己中心性がみられるという特徴がある。
具体的操作期（約7～11歳）：具体的な事象なら論理的思考、因果関係の推論も可能となる。
形式的操作期（約11歳以降）：抽象的な事象であっても論理的思考ができるようになる。

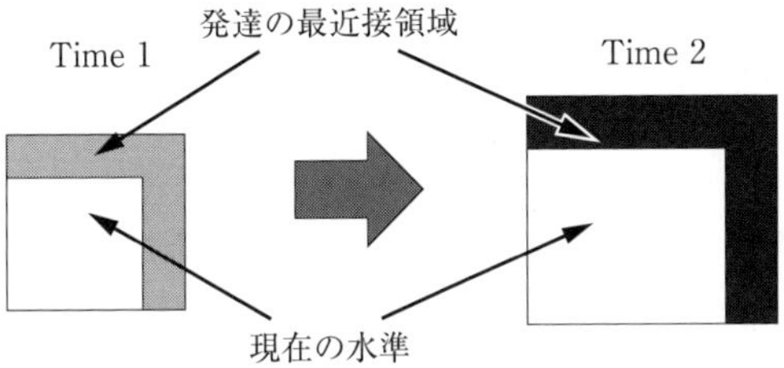

図 1-7　ヴィゴツキーにおける発達の最近接領域

いて、言語と思考の発達過程を説明する理論を提唱している。ヴィゴツキーは、外言は他者とのコミュニケーションのために用いられる社会的な手段である一方、内言は思考を内面的に支える言語的なプロセスであると位置づけている。また、内言は外言から発展し、外部との社会的な相互作用を通じて学んだ知識などが内化される過程で形成されると考えた。

そして、ヴィゴツキーは、子どもがより高次の認知を発達させる過程で、**発達の最近接領域**を提唱している（図 1-7）。

発達の最近接領域とは、子どもが自分一人では難しい課題であっても、現在できることから少し先のことであれば、達成できる課題の範囲を指す。また、大人である他者（親や先生など）の助けを借りる**足場づくり**（scaffolding）により、子どもは難しいことでも少し先のことであれば自力で問題解決が可能になると考えられる。このようにヴィゴツキーの理論は、認知（思考）や言語だけでなく、教育にも大きな影響を与えていることがうかがえる。

⑶　ボウルビィのアタッチメント理論

児童精神科医の**ボウルビィ**（Bowlby, 1969）は、**アタッチメント理論（愛着理論）**を提唱し、子どもと養育者の情緒的な絆が心理的発達に与える影響を示した。ボウルビィは、乳児における安全基地としての養育者の役割が、情緒的安定や社会的適応に重要であることを指摘している。また、愛着のパターンがその後の対人関係や精神的健康に影響を与えることを示唆している。

このボウルビィのアタッチメント理論は、その後、エインズワースが「ストレンジ・シチュエーション法」という実験法を用いて、乳児の愛着スタイルを安定型、回避型、アンビヴァレント型（両価型）の３つに分類し、メインとソロモン（Main & Solomon, 1986）は、これらに無秩序・無方向型を加えている（第3章参照）。

そして、アタッチメントは乳児だけでなく、その後も養育者との愛着関係をもとに形成される自己と他者のイメージである**内的作業モデル**（IWM：Internal Working Model）として対人関係に影響していくと考えられている。

(4) 発達心理学のグランドセオリーと発達支援

グランドセオリーである主要な発達理論は、療育などの発達臨床の現場や保育・教育の現場などの発達支援にどのように役立てられるであろうか。

ピアジェの理論をもとにした発達支援には、人とのかかわりなど子どもの社会性の発達支援において、乳児の認知（思考）段階は感覚運動期であることから、音が出る、または触覚を刺激するおもちゃを活用することがあげられる。幼児期は、直観に基づくイメージによる前操作期であることから、ごっこ遊び、絵本や紙芝居を通じた支援がよいと思われる。児童期の学習支援では、国語の論理的な文章問題や算数の数式が抽象的で難しい際には、具体的操作期の特徴を踏まえて、生活に身近で具体的な事物を用いた教え方をする支援が考えられる。

ヴィゴツキーの理論は、精神機能の内化理論から幼児期の子どもの遊びやコミュニケーションの支援、発達の最近接領域では子どもへの援助のタイミング、発達における社会・文化の重要性からは、その国に居住する子どもの発達支援、多様な国や文化のルーツを持つ外国籍の子どもへの支援に役立つと考えられる。

アタッチメント理論は、子どものアタッチメントの型を学ぶことで、児童虐待や不適切な養育を受けた子どもへの支援、大人のアタッチメントを内的作業モデルから学ぶことで、広く子育て支援にも役立てられると思われる。

8 発達の支援と臨床発達心理学

発達の支援には、発達心理学の専門家ではない保護者や家族、教師、福祉職員などでも可能な支援から、発達心理学に詳しい心理士や発達に造詣が深い医師などの専門性の高い支援までさまざまである。心理学の中でも発達心

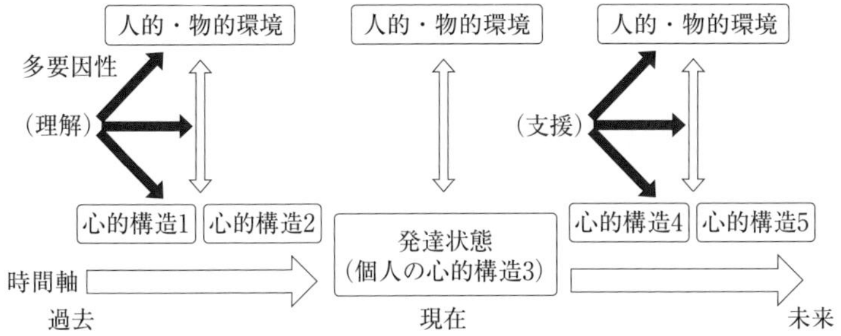

図 1-8　臨床発達心理学における発達的観点

（本郷, 2013）

理学を基盤として発達支援を主とした学問領域に**臨床発達心理学**がある。臨床発達心理学には、主として大切な 3 つの視点が指摘されている（本郷, 2017）。第 1 は、**多要因性**である。人にかかわる問題は、単純な原因と結果によって直線的に結びつけられているのではなく、通常は一つの結果に複数の要因がかかわっている。第 2 は、**社会・文化的文脈の視点**である。人にかかわる問題は、個人の中に閉じたものではなく、多くは他の人との関係を通して生まれ、特定の人との相互作用や人々とのネットワークの中に位置づけられる。第 3 は、**時間軸の視点**である。人にかかわる問題は、短期間に発生し、短期間に解決されるものではない。時間の経過の中に位置づけられ、時間とともに人との関係が変容するように、問題の性質も変化する（図 1-8）。

このように臨床発達心理学では、**発達的観点**における理解と支援が重視されていることに特徴があるといえる。

9　発達支援にかかわる仕事と資格

発達支援にかかわる仕事や資格にはどのようなものがあるだろうか。

表1-4にみられるように、「発達」の支援にかかわる資格にはさまざまなものがある。発達支援で活躍が期待される専門的な資格には、まずは国家資格である公認心理師がある。同様に国家資格である保育士、あるいは民間資格の中にも発達心理に“臨床”を冠した専門的な資格である「臨床発達心理士」のように“発達的観点”での発達支援を専門とした資格がある。また、

表 1-4 「発達」の支援にかかわるさまざまな資格

心理系	臨床発達心理士、学校心理士、特別教育支援士、公認心理師、臨床心理士、産業カウンセラー、認定心理士
教育系	保育士、幼稚園教諭、小学校教諭、中学校教諭、高等学校教諭、特別支援教諭、養護教諭
福祉系	精神保健福祉士、社会福祉士
医療系	医師（児童精神科医、小児科医、精神科医、心療内科医、産婦人科医、総合診療医、家庭医、リハビリ医など） 言語聴覚士、理学療法士、作業療法士、看護師、助産師、保健師

近年は、名称独占資格として誕生した国家資格である公認心理師を有する人の中にも、定型発達、非定型発達を含めた発達支援の専門性をより高めるために、「臨床発達心理士」の資格を併せて取得しようとする人も増えてきている。

現代社会では、発達障害、発達障害のグレーゾーン、子どもの療育など、発達にかかわる相談のニーズが高まっており、発達心理学の専門的知識を生かした、家庭・地域・学校・福祉施設・病院・療育の民間施設などさまざまな現場での「発達支援」が期待されている。

10　発達心理学の基礎と支援を学ぶ意義

その人の発達には、その人が生まれ育った時代や文化において、その人が親から受け継いだ部分もあれば、その人が自分自身で経験した独自のものもあると考えられる。その人のさまざまな人生場面で、その人が生活する環境において、うまく適応できる場合もあれば、適応できずに悩んだり困ったりすることがある。

その困り感には、多くの人が困るその発達段階ならではのつまずきもあれば、その人ならではの苦手なことが続く場合もあり得る。困り感は本人だけに生じる場合もあれば、周囲の人（たとえば親や教師）だけに生じる場合もあり得る。また、本人も周囲の人も困り、悩んでしまう場合も考えられる。

そのような発達段階や発達にかかわる特性に応じた本人やその周囲の人を支援するためには、まず胎児期、乳児期、幼児期、児童期、青年期、成人期、中年期、高齢期といった発達心理学における各発達段階の発達的特徴について知る必要がある。さらに、発達にかかわる主要な領域（認知、言語、社会性など）の理解と支援、発達にかかわる特性（ASD、AD/HD、SLD など）のアセスメントや心理療法、また臨床発達心理学では、生物・社会・心理の３つの柱を大切にすることから、生物的視点である「脳科学」の理解、社会的視点である「家庭や学校や地域」といった関係機関の連携、これらを通じた総合的な発達にかかわる心理学を学ぶことが支援の実践に役立つであろう。

〈チェックページ〉
□発達に影響を及ぼす主な３つの要因は何ですか。
□生涯発達における発達段階と発達課題には何がありますか。
□臨床発達心理学における支援で大切な３つの視点は何ですか。

〈課題・オンライン資料〉

1）文部科学省　子どもの発達段階ごとの特徴と重視すべき課題　https://www.mext.go.jp/b_menu/shingi/chousa/shotou/053/gaiyou/attach/1286156.htm
2）東京都教育委員会　東京都の発達障害教育　https://www.kyoiku.metro.tokyo.lg.jp/school/primary_and_junior_high/special_class/about.html

〈引用文献〉

安藤寿康（2014）遺伝と環境の心理学—人間行動遺伝学入門—　培風館
荒木紀幸（編著）（1988）道徳教育はこうすればおもしろい—コールバーグ理論とその実践—　北大路書房
Bowlby, J. (1969) *Attachment and Loss. Vol. 1. Attachment.* Basic Books.（ボウルビィ, J.（著）黒田実郎・大羽蓁・岡田洋子・黒田聖一（訳）（1991）新版　母子関係の理論Ⅰ　愛着行動　岩崎学術出版社）
Bronfenbrenner, U. (1979) *The Ecology of Human Development: Experiments by*

Nature and Design. Harvard University Press.（ブロンフェンブレンナー, U.（著）磯貝芳郎・福富護（訳）（1996）人間発達の生態学（エコロジー）―発達心理学への挑戦―　川島書店）

Caspi, A., McClay, J., Moffitt, T. E., Mill, J., Martin, J., Craig, I. W., Taylor, A., & Poulton, R.（2002）Role of genotype in the cycle of violence in maltreated children. *Science, 297*(5582), 851-854.

Erikson, E. H.（1950）*Childhood and Society*. W. W. Norton.（エリクソン, E. H.（著）仁科弥生（訳）（1977）幼児期と社会Ⅰ　みすず書房）

Eysenck, H. J.（1967）*The Biological Basis of Personality*. Charles C. Thomas.

Freud, S.（1905）*Three Essays on the Theory of Sexuality*. Basic Books.（フロイト, S.（著）懸田克躬・高橋義孝ほか（訳）（2023）フロイト著作集　第5巻　性欲論／症例研究（新装版フロイト著作集）人文書院）

Gesell, A., & Ames, L. B.（1940）The early growth of twins: A study of the factors influencing skeletal and neuromuscular maturation. *Journal of Genetic Psychology, 56*(1), 97-106.

Havighurst, R. J.（1952）*Human Development and Education*. Longmans, Green and Co.（ハヴィガースト, R. J.（著）荘司雅子（監訳）（1995）人間の発達課題と教育　玉川大学出版部）

本郷一夫（2013）臨床発達心理士の専門性と果たすべき役割―「実践」と「基礎」との双方向性を通した発達心理学の発展―　発達心理学研究, *24*(4), 417-425.

本郷一夫（2017）臨床発達心理学　山崎晃・藤崎春代（著）講座・臨床発達心理学①　臨床発達心理学の基礎　ミネルヴァ書房

Kohlberg, L.（1981）*The Philosophy of Moral Development: Moral Stages and the Idea of Justice*. Harper & Row.（コールバーグ, L.（著）永野重史（訳）（1985）道徳性の発達と教育―コールバーグ理論の発展―　新曜社）

Lenneberg, E. H.（1967）*Biological Foundations of Language*. Wiley & Sons.

Lewis. M（1992）*SHAME: The Exposed Self*. Free Press.（ルイス, M.（著）高橋恵子（監訳）（1997）恥の心理学―傷つく自己―　ミネルヴァ書房）

Lorenz, K.（1952）*King Solomon's Ring: New light on Animal Ways*. Thomas Y. Crowell Company.（ローレンツ, K.（著）日高敏隆（訳）（1969）ソロモンの指環―動物行動学入門―　早川書房）

Lücksenburger, G. W.（1932）Die Bedeutung der Erbanlagen und Umwelt in der Entwicklung des Kindes. *Zeitschrift für angewandte Psychologie, 41*, 1-15.

Main, M., & Solomon, J.（1986）Discovery of an insecure-disorganized/disoriented attachment pattern. In T. B. Brazelton, & M. W. Yogman（Eds.）*Affective Development in Infancy*. Ablex Publishing. pp.95-124.

Masten, A. S., & Cicchetti, D.（2010）Developmental cascades. *Development and Psychopathology, 22*(3), 491-495.

宮城音弥（1960）性格　岩波書店

Piaget, J.（1932）*Le jugement moral chez l'enfant*. Alcan.（ピアジェ, J.（著）大伴茂（訳）（1977）児童道徳判断の発達　同文書院）

Piaget, J.（1936）*La naissance de l'intelligence chez l'enfant*. Delachaux et Niestlé.（ピアジェ, J.（著）谷村覚・浜田寿美男（訳）（2022）知能の誕生　ミネルヴァ書房）

Plomin, R., DeFries, J. C., Knopik, V. S., & Neiderhiser, J. M. (2013) *Behavioral Genetics* (6th ed.). Worth Publishers.

Sameroff, A. J., & Chandler, M. J. (1975) Reproductive risk and the continuum of caretaking casualty. In F. D. Horowitz (Ed.) *Review of Child Development Research. Vol.4.* University of Chicago Press. pp.187–244.

Sameroff, A. (2009) The transactional model. In A. Sameroff (Ed.) *The Transactional Model of Development: How Children and Contexts Shape Each Other.* American Psychological Association. pp.3–21.

Stern, W. (1914) *Psychologie der frühen Kindheit bis zum sechsten Lebensjahr* (4th ed.). Barth.

Singh, J. A. L., & Zingg, R. M. (1940) *Wolf-Children and Feral Man.* Harper & Brothers.

詫摩武俊・瀧本孝雄・鈴木乙史・松井豊（2003）性格心理学への招待―自分を知り他者を理解するために（改訂版）― サイエンス社

Tangney, J. P., Stuewig, J., & Mashek, D. J. (2007) Moral emotions and moral behavior. *Annual Review of Psychology, 58*, 345–372.

Thomas, A., & Chess, S. (1977) *Temperament and Development.* Brunner/Mazel.

Turkheimer, E. (2000) Three laws of behavior genetics and what they mean. *Current Directions in Psychological Science, 9*(5), 160–164.

Vygotsky, L. S. (1934) *Мышление и речь*（ヴィゴツキー, L. S.（著）柴田義松（訳）(2001) 思考と言語　新読書社）

Watson, J. B., & Rayner, R. (1920) Conditioned emotional reactions. *Journal of Experimental Psychology, 3*(1), 1–14.

Watson, J. B. (1924) *Behaviorism.* The People's Institute Publishing Company.

第 2 章

◎ ◎ ◎ ◎ ◎

発達研究と脳科学

【ねらい】

・脳の構造について学ぶ。
・脳の発達変化について学ぶ。
・環境による脳への影響と障害について学ぶ。

「3歳までに脳の重要な能力がすべて決まる」「脳は全体の10％しか使われていない」など、世の中には脳の働きに関するさまざまな俗説がある。世界的な機関であるOECD（経済協力開発機構）や、日本神経科学学会は、このような俗説の広がりに警鐘を鳴らしている。第2章では科学的知見に基づいた脳の発達について学ぶ。

1　脳発達のマイルストーン

Bethlehem et al.（2022）の大規模データ（10万1457人の脳）を通じて、脳発達の目安ともいえるマイルストーンを概説する（図2–1、図2–2）。

・脳のしわが特徴である外側の層を**大脳皮質**（だいのうひしつ）と呼び、約2歳で厚さがピークに達する。大脳皮質は知覚、言語、自己意識などのプロセスに関与する。

・脳にある細胞の総数を示す**灰白質**（かいはくしつ）の体積は、約7歳でピークに達する。

・脳の各部位にある**ニューロン（神経細胞）**同士を、すばやく通信させる接続パーツからできている**白質**（はくしつ）は、約30歳で体積がピークに達し、その後減少し始める。

・**脳室**（のうしつ）（脳内の液体で満たされた空洞）の体積は、年齢が高くなるにつれて急速に増加する。脳室の大きさは、いくつかの神経変性疾患と関連している。

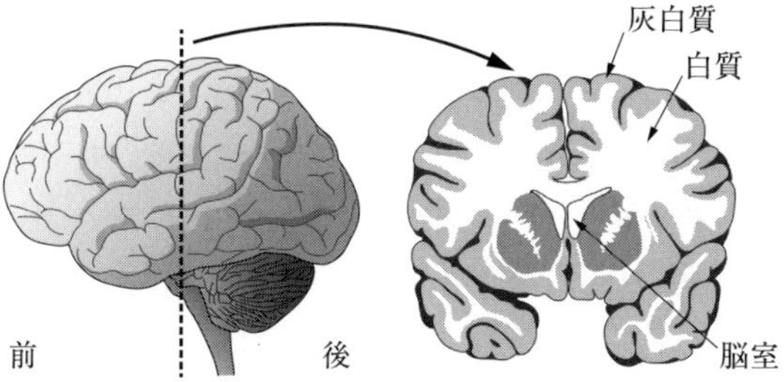

図 2-1　脳の構造
（Mongolian Neuroscience Society ホームページより作成）

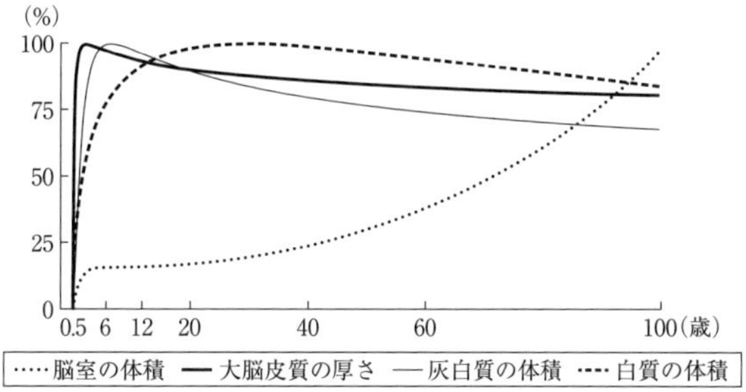

注：ピークの値を100％としている。

図 2-2　脳の発達変化
（Bethlehem et al., 2022, p.525 を改変）

これらは個々人に合わせた正確なマイルストーンではなく、年齢横断的な平均的ふるまいであることに注意が必要である。また後述するが、脳は部位ごとに異なる発達をし、たとえば視覚と音声処理ではそれぞれのマイルストーンがある。また、脳は出生時点で大部分ができあがっており、新しいニューロンの生成もほぼ完了しているが、脳の異なる部分が互いにどのように通信するかは生涯を通じて変化する。脳の発達の正確な年齢を予測することはできないが、脳の大まかな発達変化を概説する。

(1)　乳　児　期

乳児の脳はまるで“スポンジ”のようで、特に養育者からさまざまな情報を吸収する。たとえば、最初の１年ほどで、乳児はどんな言語でも学ぶことができるが、すぐに身の周りの言語（母国語）に特化してしまう。この急速な特化能力のため、のちの人生で新しい言語を学ぶことが難しくなる。特化能力は生後の数年間で形成される多数のシナプス、つまりニューロン同士の接続によるものである（後述）。シナプスにはアクセル役の興奮性シナプスと、ブレーキ役の抑制性シナプスがあるが、発達初期の段階では、興奮性シナプスが非常に多いため、学習のポテンシャルが非常に高い。

ほとんどのニューロンは出生までに誕生するが、**グリア細胞**など脳の他の種類の細胞は、生後数年で急速に発達・成熟する。グリア細胞は、シナプスの形成、結合の絶縁（通信の漏れを防ぐ）、栄養素の供給、脳内の病原体の破壊などを助けるが、数十年にわたって成熟し続ける。

⑵　幼少期―2歳から10歳―

1歳半～2歳にかけては乳児期同様、脳のネットワーク全体で学習する方向であり、重要なネットワークを強化し、使われていないネットワークを減少させる。脳が特定の経験に優先順位をつけられるようにするため、情報処理にブレーキをかけるような働きをする抑制性の結合が、脳のネットワーク全体で多く発達する。ネットワークの結合を減らすために、幼児はシナプスの刈り込み（後述）と呼ばれるプロセスで、形成されたばかりのシナプスの約半分を失う。結合を強化するために、ニューロンの結合が脂肪タンパク質であるミエリンによって包まれ、絶縁されるプロセス（ミエリン化）が、小児期以降に急速に増加する。すなわち、ミエリン化によって脳内で情報が速く正確に処理されるようになる。

子どもの行為・経験に対応する脳内処理が速く正確に行われることは、感情を処理し、社会環境での相互作用を学び、より複雑なコミュニケーション能力を発達させる上で特に重要である。幼少期には多くの脳内ネットワークが構築・強化されるため、脳は養育者や環境内の他者との相互作用に特に敏感である。そのため、この時期のトラウマやネグレクトに起因するストレスは、生涯にわたって子どもの脳の発達に深い影響を及ぼす可能性がある。

⑶　思春期―10歳から19歳―

およそ10～19歳までの間、安全な家庭から離れて生活を始める思春期の子どもは、さまざまな経験に伴う感情や動機づけを適切に処理する方法を学ぶために、脳のネットワークがダイナミックに変化する。幼少期と同じような保護を両親から受けることはないため、思春期には自分自身を守ることを学ばなければならない。社会のルールの境界線を学ぶことこそ、まさに思春期であり、機能的・合理的にふるまえる大人になるための準備となる。この環境に対する高い感受性は、シナプスの刈り込みとミエリン化が広範囲に行われることを反映しているが、特に感情や報酬の処理基盤となる脳内ネットワーク（情動系と報酬系）において顕著であり、先に成熟する。そのため10代の若者は、それがどんなに危険で脅威的なものであっても、新しい経験をしてみたい欲求や意欲をかき立てられやすい。

⑷　若年成人期―20歳から39歳―

20代後半から30代後半は、脳の発達のピーク、あるいは脳が成熟したと考えられることが多い。情報処理の速さの指標である白質の体積が、この年代で最も高いレベルに達するという観察に一因がある。神経ネットワーク、特に理性的な思考や将来の結果を考慮する神経ネットワークは青年期まで絶えず更新され、調整される。しかし、脳は決して発達が終わったわけではない。脳が30代、40代と進むにつれて、成人のシナプス可塑性、つまり活動の変化に応じて結合が強まったり弱まったりする能力は、低下するのではなく、むしろ異なる方法で機能し、戦略的で長期的な思考を実現するネットワークに移行している。

⑸　後期成人期―40歳以上―

鍵をなくしたり、名前を忘れたりすると、脳が以前ほどうまく働いていないように感じるかもしれない。しかし最近の研究は、脳の可塑性（変化に応じてネットワークを変える能力）は成人や加齢によって低下するという考えを覆すものである。Vardalaki et al.（2022）の研究によると、成体マウスにおいて、新しい記憶の形成に役立つまで活動しない「サイレント・シナプス」の存在が明らかになった。このようなシナプスは、発達初期では知られていたが、成体の脳においても、年齢やさまざまな領域にわたって広く存在することが確認された。大人になってからも脳はダイナミックに変化し得ることを示唆するこの発見は、脳の老化に対する従来の見方を変えつつある。

⑹　40歳から65歳まで

40代以降になると、キャリア、家族の世話、次世代育成など、大人としてのやりがいのある役割へと人生がシフトしていく。脳のマイルストーンは、個人の経験によって変化するため、人生の後半に特定の年齢を設定するのも難しい。コミュニティへの参加、ライフスタイルの選択、ストレス、毒素への曝露などの経験は、脳の発達や老化に多くの影響を与える可能性がある。非常に社交的で、定期的に運動や旅行、ボランティア活動をしている50歳は、他者からほとんど孤立し、充実した活動をほとんどしていない50歳よりも「若い」脳を持っているかもしれない。高齢者が記憶訓練やクロスワードパズル、さらにはビデオゲームに取り組むことで、認知機能の一部が向上することを示唆する研究結果もあるが、そのメカニズムはまだ解明されていない(Simons et al., 2016)。

⑺　65歳以上

人生の後半になると、脳は萎縮し、退行し始める。しかし、高齢者は、生涯の経験をもとに、より大きな知恵を得る可能性も秘めている。一部の研究者は、感情処理や道徳的意思決定に関連する脳内ネットワークが、知恵のさまざまな要素に関与している可能性を示唆しているが、その研究はまだ限られている(Samanez-Larkin & Knutson, 2015)。

2　発達初期の脳

ヒトの脳を特徴づけている「しわ」は、頭蓋骨の大きさ以上に脳の方が急速に成長し、折りたたまれた結果と考えられてきた。しかし最近の研究は他の原因も示している。脳の中に1000億以上もあるニューロン同士が枝を伸ばし合ってネットワークを作るときに、脳の離れた領域をつなぐニューロンの物理的な力によっても生じているということである。複数のニューロンが異なる脳の場所に枝を伸ばし、2つの領域が強く引っ張られることで脳の凹み(**脳溝**(のうこう):しわ)ができる。逆に弱い力で引き合う部分は隆起して出っぱり(**脳回**(のうかい))となる。

図2-3はヒトの脳の成長曲線を示しており、受精から誕生、そして1歳を

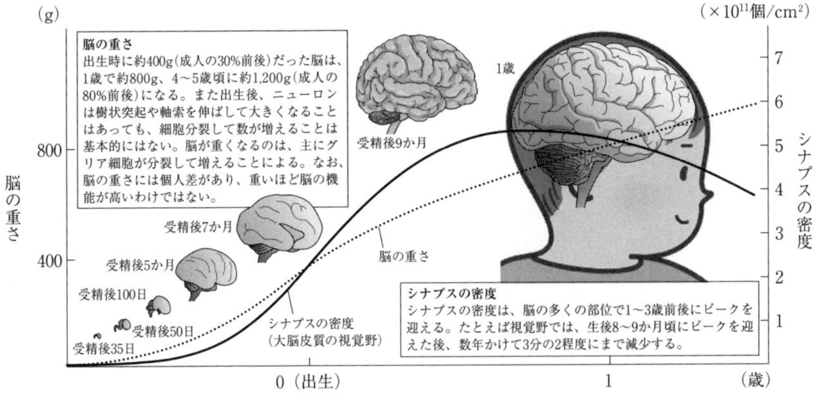

図 2-3　ヒトの脳の成長曲線
(河西ら, 2022, p.48 より作成)

過ぎるまでの発達変化が描かれている。点線は「脳の重さ」、実線は「シナプス(後述)の密度」(大脳皮質の視覚野の場合)をあらわしている。

母親の子宮内で胎児の脳は10か月かけて成長するが、知覚や思考など、人間らしい機能を担う「大脳」に相当する部位は、受精後2か月頃から急激に大きくなり、脳全体に占める割合が高くなっていく。受精後5か月頃から「しわ」が寄り始め、受精後9か月頃に形としては完成する。

脳では形とともに機能の発達も進む。機能の発達は、心臓の動きの制御など、生命維持において重要なものから始まる。また、9か月頃の胎児に音を聞かせると、最初はびっくりして反応するが、次第に反応しなくなるという現象がみられる。これは、刺激への“慣れ”といった高度な機能が発達し始めたことのあらわれである。生まれたときの脳の重さは400 gほどだが、環境からさまざまな刺激を受けながら、大人の脳へと発達していく。

大脳は4つの主要な脳溝(中心溝・外側溝・頭頂後頭溝・後頭前切痕)によって区分され、**前頭葉・側頭葉・頭頂葉・後頭葉**に分かれる(図2-4左)。死後脳の解剖学的な研究によって、さらに細かく43の小領域に分かれることが知られている(図2-4右、欠番を含むため52野まである)。興味深いことに、脳機能計測技術の進歩や、脳に障害を負った患者さんの観察などによって、43の小

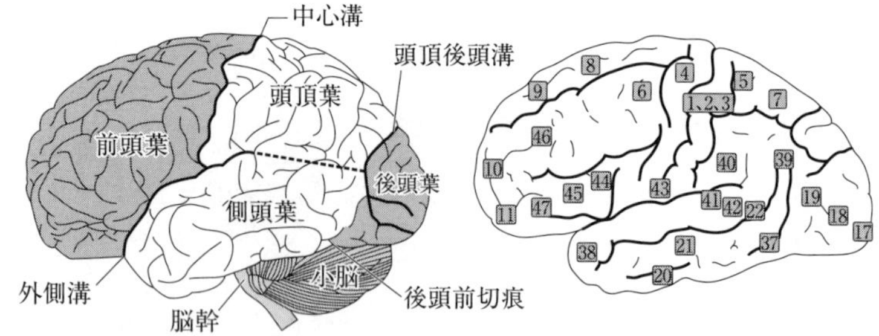

図 2-4　大脳（左半球）の区分と主要な脳溝（左）とブロードマンの脳地図（右）
（左：Wikipedia「大脳」より。右：同「ブロードマンの脳地図」より）

領域はそれぞれ異なる働き（機能）があることも知られている。たとえば、目からの視覚情報は後頭葉の第 1 次視覚野へ伝えられる（図 2-4 右の 17 番：17 野ともいう）。逆に 17 野を損傷すると、損傷の大きさに応じて、視覚情報が意識にのぼらなくなる。ことばを話すときには前頭葉の「44 野」や「45 野（**ブローカ野**）」が関与し、ことばを理解するときには側頭葉の第 1 次聴覚野の後部（22 野：**ウェルニッケ野**）が関与する。また、空腹や疲れなど、身体内部の感覚である内受容感覚は、外側溝の奥にある**島皮質**（13 野）で知覚される。

3　ニューロンの構造とシナプス

目（視覚）、耳（聴覚）、鼻（嗅覚）、舌（味覚）、皮膚（体性感覚または触覚）、いわゆる五感による外界の“情報”はすべて脳に伝わる。情報は脳の中を電気信号と化学物質を使って伝わっていく。脳のニューロンは、核のある**細胞体**（さいぼうたい）、細胞体から伸びた**樹状突起**（じゅじょうとっき）と**軸索**（じくさく）からなる（図 2-5(A)）。脳に情報がやってくると、ニューロンは樹状突起でそれを受け取る。情報は細胞体や軸索を通り、軸索の末端から他のニューロンへと受け渡される。情報は、ニューロン内では電気信号として伝えられるが、ニューロン間で情報をやり取りするときは化学物質（神経伝達物質）を介して伝えられる。これは、ニューロン同士のつなぎ目にわずかな隙間が存在し、電気信号のままではやり取りすることができないためである。ニューロン同士のつなぎ目は**シナプス**と呼ばれる（図 2-5(B)）。情報の送り手となるシナプス（軸索末端：前シナプス）から神経伝達物質

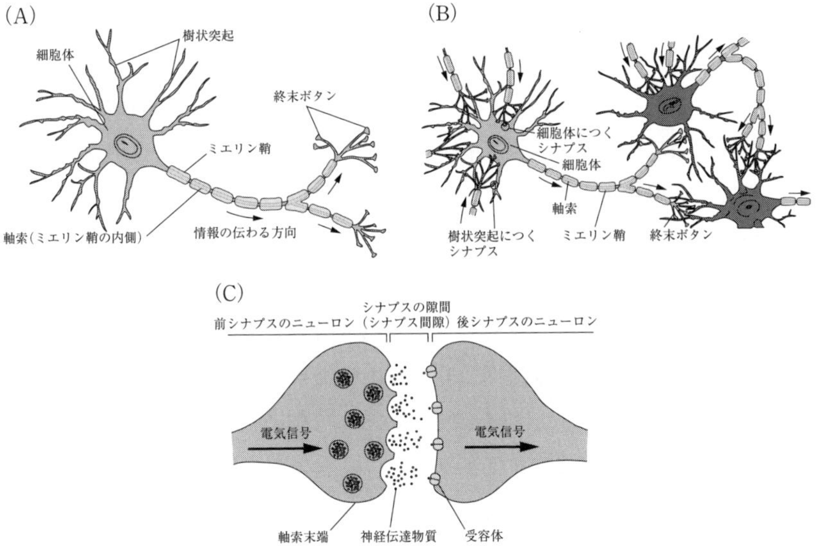

図 2–5　脳を作る細胞　(A)ニューロンの構造、(B)ニューロン間のシナプス結合の構造、(C)シナプスでの信号伝達
（中村, 2022, p.29）

が放出されると、神経伝達物質は、受け手となるシナプス（樹状突起：後シナプス）にある**受容体**（じゅようたい）にくっつく（図 2–5(C)）。これがきっかけとなり、受け手のニューロン内で電気信号が発生する。1000 億以上のニューロンが巨大なネットワークを作っているが、このような仕組みで脳内に情報が伝わる。

4　シナプスの発達変化

図 2–3 のシナプス密度（大脳の視覚野）の発達変化をみると、胎児期から増え始め、その後に減少する。経験を通して必要な情報を伝えるシナプス結合は強化されて残り（シナプスの形成）、不要なものは除去される（**シナプスの刈り込み**）ためである。このシナプス結合のルールを**ヘッブの学習則**（Hebb, 1949）という。つまり脳の発達は、自然界における他の複雑なプロセスと同様（例：種の進化過程）、過剰生産とその後の選択的除去という 2 段階プロセスで進む。シナプスの刈り込みによって、使われていないニューロン間の結合が除去されると、環境に適応した脳の「専門化」が起こる。

脳は機能ごとに、さまざまなニューロンが連携して（神経ネットワークを形成して）活動する。新しい動きやことばを次々に覚える乳幼児の脳では、新しいネットワークが次々に作られ、より複雑になっていくと思われるかもしれないが、実際はそうではなく、前述の２段階プロセスで進む。指の動きを例にとると、乳児期の未熟な脳では必要以上に多くのシナプスでつながっているため、ニューロンの指令情報が多くのニューロンにつながってしまい、握る／開くなどの粗大な運動しかできない。それに対し、脳が成熟してくると、特定の動きに必要なシナプスだけが生き残り専門化され、細かな動きが可能になる（図 2-6）。また、胎児期・乳児期の神経ネットワークは過剰に広がっており脳の他の領域へも情報を伝えている。五感の情報も互いに混在しているため、３か月の乳児に音を聞かせると、聴覚情報を伝える側頭葉だけでなく、視覚情報を伝える後頭葉や、高次認知を処理する前頭葉までも活動する（Taga et al., 2011）。しかしこの過剰な神経ネットワークがあるおかげで、発達初期の脳は成人よりも柔軟にネットワークの再構築ができるようだ。先天性の視覚障害を持つ人は点字を判読するときに視覚野が活性化する（Sadato et al., 1996）。また先天性の聴覚障害を持つ人がリズムのよい動きをみると聴覚野が活動する（Bola et al., 2017）。本来入ってくる情報が障害によって阻害されると他の感覚情報を伝えるようになり、機能が変容する。ほかにも、ことば

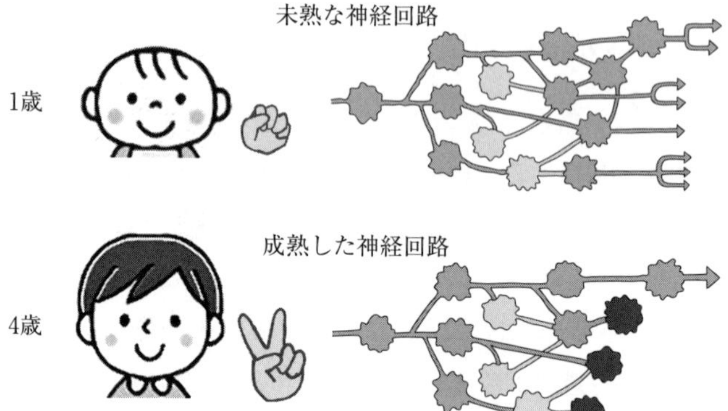

図 2-6　神経結合のルール―ヘッブの学習則―
（河西ら, 2022, p.50 を改変）

にかかわるブローカ野やウェルニッケ野に障害を受けると、発達初期であれば他の領域が代わりに処理することがある（Hamberger & Cole, 2011）。このように発達初期には神経ネットワーク全体を再構築する能力が高い**臨界期**という時期がある。ただし注意しなければならないのは、臨界期は発達初期に特有の「概念」であり、臨界期を過ぎても神経ネットワークは変わり得る。実際に上記のヘッブの学習則は局所的な神経ネットワークの中で生涯にわたって成り立つ。

シナプスの形成と刈り込み時期を図 2-7 に示した。大脳の視覚野を含む感覚運動皮質が最も早く発達のピークを迎える。皮質とは大脳の表層部であり、ニューロンの細胞体が密集している部位（灰白質）である。感覚運動皮質のシナプス密度は、生後数か月で最大となり、その後は緩やかに少なくなって、11 歳頃に成人と同じ密度になる。一方で、**実行機能**（意思決定や計画、感情の制御など多岐にわたる能力）などの高次認知を担う前頭前皮質では、3〜4 歳でシナプス密度が最大となり、その後 16 歳頃で成人と同じ密度になる（Huttenlocher & Dabholkar, 1997）。すなわち、感覚運動皮質といった低次の機能部位は発達が比較的早い一方、前頭前皮質といった高次の機能部位は発達が

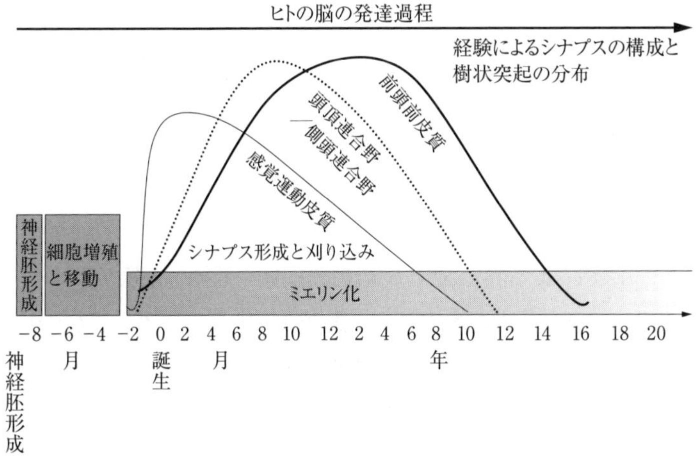

図 2-7　各脳領域におけるシナプスの形成と刈り込み
（Casey et al., 2005, p.104 を改変）

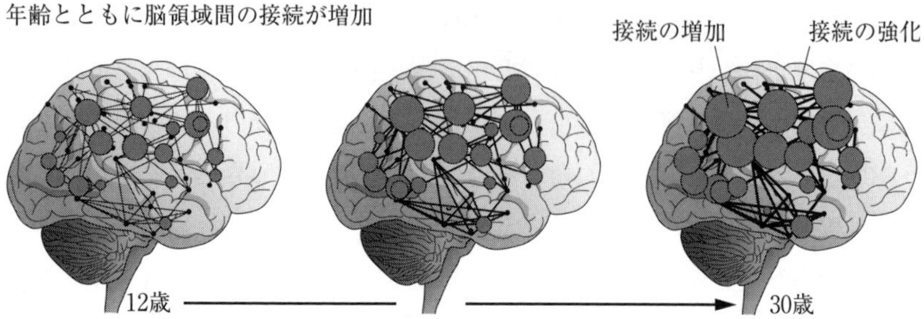

図 2-8　青年期の脳内ネットワークの増強
（鈴木, 2023, p.22）

遅く、より時間をかけて発達すると考えられる。

青年期の脳はサイズが大きくなることによって成熟するのではなく、脳の異なる領域同士がより多く接続されることによって、そして各領域がより専門化することによって成熟する（図 2-8）。特に情報の伝達速度の上昇に関連する**ミエリン化**が児童期から成人期にかけて起こる。ミエリン化によってニューロンの軸索が脂質でできた絶縁被覆に覆われ、ミエリン化されていない軸索と比べて最高で 100 倍程度早く信号を伝達する。そのため青年期の脳はネットワークが増強され、異なる領域の活動が統合・調整されるという発達をする。

シナプスの刈り込みがうまくいかない場合、脳機能にも不具合が生じる可能性が明らかになっている。神経発達症の一つである**自閉スペクトラム症**では、定型発達者に比べて、発達初期からシナプスが過剰に形成され高密度になるだけでなく、その後の刈り込みも正常に行われていないようである（図 2-9）。そのため脳の灰白質や、白質（ニューロンの神経繊維がある部位）の体積が大きい（Forrest et al., 2018）。逆に、**統合失調症**や**双極性障害**では思春期～青年期にかけての刈り込みが多くなされ過ぎて、定型発達者よりもシナプス密度が低い傾向が知られている。また**知的障害**者は定型発達者と比べ、発達初期～成人期に至る全期間でシナプス密度が低下している（図 2-9）。

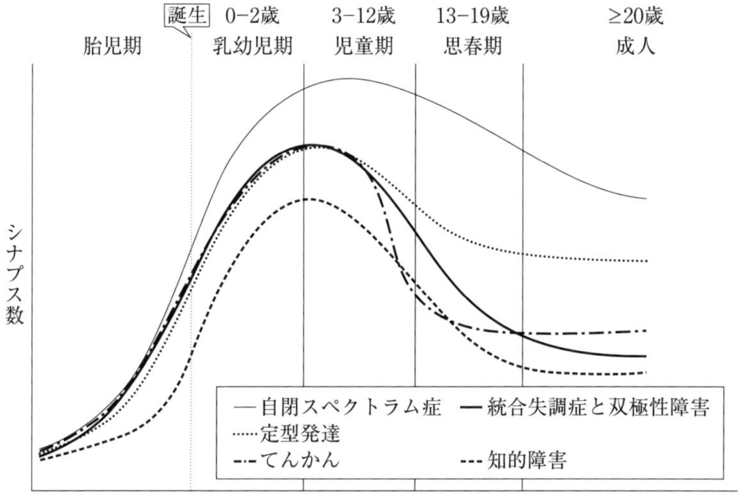

図 2-9　シナプスの刈り込みと神経精神疾患
（Forrest et al., 2018, p.215）

5　DOHaD 仮説

発達初期の環境が、成人期以降の疾病リスクに影響を及ぼすという考え方が提唱されている。**DOHaD**（Developmental Origins of Health and Disease）**仮説**と呼ばれ、医学系分野を中心に研究が進んでいる（図 2-10）。

DOHaD 仮説は、胎児期から乳児期にかけての母親の栄養状態、毒素への曝露、ストレス、その他の環境要因などが、子の生理的・代謝的プロセスに影響を及ぼし、発達期～成人期に肥満、心血管疾患、糖尿病、さらには精神疾患などの慢性疾患のリスクが上昇することを提唱している。

DOHaD 仮説の根拠として提唱されている重要なメカニズムの一つが**エピジェネティクス**であり、これは DNA 配列の変化を伴わない遺伝子発現の変化を指す。すなわち、発達の重要な時期に環境曝露を受けると、DNA の遺伝子配列はそのままに、遺伝子を発現する際のオンとオフにかかわる**エピゲノム**（DNA のメチル化、ヒストンの修飾、ノンコーディング RNA の発現など）に変化が生じ、それが遺伝子の発現パターンに影響を及ぼし、個人の一生を通じて

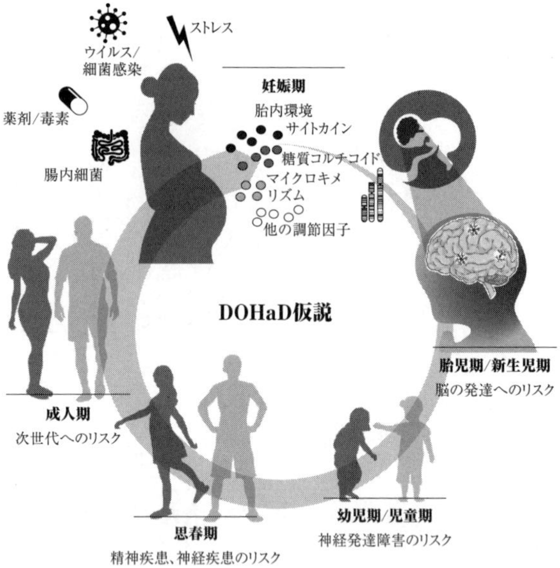

図 2-10　胎児期の環境と出生後長期的な神経発達障害の関連可能性
(Schepanski et al., 2018, p.2186 より作成)

持続する形で生理的プロセスを変化させる。DOHaD 仮説は、長期的な健康維持において早期生活経験の重要性を強調し、母子の健康増進を目的とした介入策が、その後の慢性疾患のリスクを軽減する可能性を指摘している。また生涯にわたる個人の健康の軌跡を決定する上で、環境因子、遺伝、発達過程が相互に関連していることを強調している (O'Donnell & Meaney, 2017)。母体の栄養不良という観点では、日本は先進国で最もやせ (BMI：18.5 未満) 女性が多い。日本人の食事摂取基準 (2025 年版) では 20 代女性の 1 日の推定エネルギー必要量は 2000 kcal だが、実際の平均エネルギー摂取量は 1643 kcal (2018 年) であり、2002 年以降は、ほぼ 1600 kcal 台で推移している。たとえば 8〜9 歳の女児の推定エネルギー必要量が 1700 kcal だが、それをも下回っているのだから、20 代女性の栄養不足がいかに深刻かわかる。同時に日本は、**低出生体重児** (2500 g 未満) の割合が先進国で最も高く、約 10 人に 1 人が低出生体重児である (OECD Health Statistics, 2024)。厚生労働省は「妊娠前からはじめる妊産婦のための食生活指針〜妊娠前から、健康なからだづくりを〜」

として、妊娠前の体格がBMI 18.5未満の場合、増やすべき体重量の目安を2〜3 kg引き上げ、12〜15 kgと改定した（2021年3月）。低出生体重児として生まれる理由の一つは早産（在胎37週未満）であり、日本の早産率は5.8％である（米田, 2022）。在胎週数が短いほど長期神経発達の予後が芳しくなく、慢性疾患や発達障害のリスクが上がる。発達期においては、運動面（脳性麻痺、発達性協調運動症〔DCD〕）、感覚面（視覚障害、聴覚障害）、認知面（低IQ、言語発達遅滞、記憶障害）、学習面（読み書き能力が低い、算数が苦手）、精神面（行動障害、注意欠如・多動症〔AD/HD〕、自閉スペクトラム症〔ASD〕、不安症）のリスク上昇が知られている（Pascal et al., 2018；Chung et al., 2020）。また、成人期においては自身の再生産（新生児出生）能力の低下や早産、高血圧、肥満、虚血性心疾患といった慢性疾患のリスクが上がる（米田, 2022）。

毒素への曝露という観点では、母体が摂取したものが胎盤を通じて胎児に届く。代表例として、喫煙によるニコチンや一酸化炭素がある。これらの物質は、末梢血管の収縮を引き起こし、血流の悪化や血液中の酸素を奪う。ほかに、飲酒によるアルコールも胎児に届く。胎児の血中アルコール濃度が上昇し、胎児性アルコール症候群という先天異常を引き起こすことがある。出生後の発育遅延、中枢神経の障害（学習、記憶、注意の持続、コミュニケーションなどへの負の影響）、特異的顔貌（目が小さい、唇が薄い）などの症状がみられる。胎児期に喫煙や飲酒にさらされた場合、出生後にAD/HD、攻撃性の高さ、犯罪などの問題行動、認知機能低下のリスクが増加することが報告されている（Huizink & Mulder, 2006）。すなわち、子の身体・脳神経の発達に負の影響を与えることが示唆されている。

ストレスへの曝露という観点では、妊産婦の抑うつ状態があげられる。不安、緊張、罪悪感、希死念慮などの精神状態と疲労感、頭痛、食欲不振などの身体症状がみられる。過剰なストレスは、**母体の視床下部–下垂体–副腎（HPA）系**というストレッサーから生体を守る機能を低下させ、また胎盤機能も低下させる。そのため、母親のストレスホルモンである**コルチゾール**などが胎児に過剰に伝わる。また胎盤から放出される**神経成長因子（NGF）**も低下する（O'Donnell & Meaney, 2017）。結果的に妊産婦の高ストレスは、出生後の子の脳機能や免疫機能に影響する。脳機能の低下として、不安性、AD/HD、行為障害、実行機能系、HPA系の変化が知られている。また免疫機能の低下として、アレルギー反応の起こりやすさが知られている(Schepanski et al., 2018)。

その他の環境要因として、妊娠中にある種の細菌やウイルス感染によって子のASDや統合失調症のリスクが増加すること(Schepanski et al., 2018)、母体の腸内細菌叢や膣内細菌叢の種類と早産の関連があげられる(Shinozaki et al., 2014)。

〈チェックページ〉
□脳の「灰白質」「白質」「脳室」を説明してください。
□「シナプス」とは何かを説明してください。
□「DOHaD仮説」を説明してください。

〈課題・オンライン資料〉
1) *The Brain Facts Book* https://www.brainfacts.org/the-brain-facts-book
※日本語サイトには適切なオンライン資料がありませんでしたので、英語サイトを適宜自動和訳してご利用ください。

〈引用文献〉

Bethlehem, R. A., Seidlitz, J., White, S. R., Vogel, J. W., et al. (2022) Brain charts for the human lifespan. *Nature, 604*, 525–533.

Bola, L., Zimmermann, M., Mostowski, P., Jednoróg, K., Marchewka, A., Rutkowski, P., & Szwed, M. (2017) Task-specific reorganization of the auditory cortex in deaf humans. *Proceedings of the National Academy of Sciences. 114*, E600–E609.

Casey, B. J., Tottenham, N., Liston, C., & Durston, S. (2005) Imaging the developing brain: What have we learned about cognitive development? *Trends in Cognitive Sciences, 9*, 104–110.

Chung, E. H., Chou, J., & Brown, K. A. (2020) Neurodevelopmental outcomes of preterm infants: A recent literature review. *Translational Pediatrics, 9*, S3–S8.

Forrest, M. P., Parnell, E., & Penzes, P. (2018) Dendritic structural plasticity and neuropsychiatric disease. *Nature Reviews Neuroscience, 19*, 215–234.

Hamberger, M., & Cole, J. (2011) Language organization and reorganization in epilepsy.

Neuropsychology Review, 21, 240–251.
Hebb, D. O. (1949) *The Organization of Behavior: A Neuropsychological Theory.* Wiley and Sons.
Huizink, A. C., & Mulder, E. J. H. (2006) Maternal smoking, drinking or cannabis use during pregnancy and neurobehavioral and cognitive functioning in human offspring. *Neuroscience & Biobehavioral Reviews, 30,* 24–41.
Huttenlocher, P., & Dabholkar, A. (1997) Regional differences in synaptogenesis in human cerebral cortex. *The Journal of Comparative Neurology, 387,* 167–178.
河西春郎・柳沢正史・坂上雅道（監修）（2022）Visual Book of the Brain：脳　大図鑑　ニュートンプレス　p.48
厚生労働省（2019）日本人の食事摂取基準（2020 年版）―「日本人の食事摂取基準」策定検討会報告書―「日本人の食事摂取基準」策定検討会
Mongolian Neuroscience Society ホームページ　https://neuroscience.mn/coronal2/（2025 年 2 月 7 日閲覧）
中村克樹（監訳）（2022）カールソン神経科学テキスト―脳と行動―　丸善出版　p.29
OECD Health Statistics (2024) Health status: Infant health: low birth weight　https://data-explorer.oecd.org/（2025 年 3 月 13 日閲覧）
O'Donnell, K. J., & Meaney, M. J. (2017) Fetal origins of mental health: The Developmental origins of health and disease hypothesis. *American Journal of Psychiatry, 174,* 319–328.
Pascal, A., Govaert, P., Oostra, A., Naulaers, G., Ortibus, E., & Broeck, C. V. den (2018) Neurodevelopmental outcome in very preterm and very-low-birthweight infants born over the past decade: A meta-analytic review. *Developmental Medicine & Child Neurology, 60,* 342–355.
Sadato, N., Pascual-Leone, A., Grafman, J., Ibañez, V., Deiber, M. P., Dold, G., & Hallett, M. (1996) Activation of the primary visual cortex by Braille reading in blind subjects. *Nature, 380,* 526–528.
Samanez-Larkin, G. R., & Knutson, B. (2015) Decision making in the ageing brain: Changes in affective and motivational circuits. *Nature Reviews Neuroscience, 16,* 278–289.
Schepanski, S., Buss, C., Hanganu-Opatz, I. L., & Arck, P. C. (2018) Prenatal immune and endocrine modulators of offspring's brain development and cognitive functions later in life. *Frontiers in Immunology, 9,* 2186.
Shinozaki, A., Yoneda, S., Yoneda, N., Yonezawa, R., Matsubayashi, T., Seo, G., & Saito, S. (2014) Intestinal microbiota is different in women with preterm birth: Results from terminal restriction fragment length polymorphism analysis. *PLoS One, 9,* e111374.
Simons, D. J., Boot, W. R., Charness, N., Gathercole, S. E., Chabris, C. F., Hambrick, D. Z., & Stine-Morrow, E. A. L. (2016) Do "Brain-Training" programs work? *Psychological Science, 17,* 103–186.
鈴木光太郎（編）（2023）別冊日経サイエンス　新版　認知科学で探る心の成長と発達　日経サイエンス社　p.22
Taga, G., Watanabe, H., & Homae, F. (2011) Spatiotemporal properties of cortical haemodynamic response to auditory stimuli in sleeping infants revealed by multi-

channel near-infrared spectroscopy. *Philosophical Transactions of the Royal Society A*, *369*, 4495–4511.
Vardalaki, D., Chung, K., & Harnett, M. T. (2022) Filopodia are a structural substrate for silent synapses in adult neocortex. *Nature*, *612*, 323–327.
米田徳子（2022）早産児の後遺症なき生存を目指して　日本周産期・新生児医学会雑誌, *57*, 581–585.

第 3 章

◎ ◎ ◎ ◎ ◎

乳児期の発達

【ねらい】
・胎児期および新生児期の発達過程について理解する。
・乳児期（0〜2歳）の身体・運動機能、感覚・知覚・認知、感情、社会性の発達過程を俯瞰的に理解する。
・新生児期や乳児期に適用される心理学的研究手法の特徴を理解する。

1 胎児期・新生児期

(1) 胎児期の発達

受精（受胎）してから出生までのおよそ9か月間は、**胚期**（受精卵が子宮へ着床するまでの約2週間）、**胎芽期**（胚期の終わりから受精後8週の終わり）、**胎児期**（胎芽期の終わり以降）に分けられる。このうち胎芽期には、神経管の形成と心臓の拍動が始まり、腕と脚の肢芽の形成を経てほとんどの器官のおおもとが形成され、終わりの時期には3cm程度の人のような姿かたちになってくる。続く胎児期には、性器の発生、毛髪や皮膚、骨格の出現、大脳回の形成等を経て、各器官は出生後の形態に近いものとなる。一般的な在胎期間は37週から42週未満であり、この期間に出生した場合は正期産児、37週未満は**早産児**、42週以降は過期産児・過熟児と分類される。

胎児は胎内でさまざまな活動をしている。たとえば比較的早期から、自発的運動として、しゃっくりや手足の動き、舌の動き、そして羊水の摂取等がみられる。胎児の活動は発達に伴って単純に増加していくわけではなく、受精後4か月頃に一時的に減少し、その後6か月以降に再び増加する。この活動の一時的減少は異常ではなく、大脳の順当な発達が運動に反映されたものである（ヴォークレール, 2012）。また、胎児は自分自身の親指を吸うことができるが、自分の指を目にぶつけずに口までスムーズに運ぶことができるのは、胎児が原初的な「自己」の感覚を有しているためと考えられる。このほか、超音波断層法を援用した近年の研究によると、在胎23週頃には怒りや嫌悪といった基本的情動や、微笑の表出が確認できる（川上ら, 2012）。

外界を把握するための感覚能力（皮膚感覚、平衡感覚、嗅覚、味覚、聴覚、視覚）は、聴覚は耳、視覚では目という具合に器官の構造的発達が先行する。構造的にこれらの器官ができたとしても、それが機能するまでにはある程度の時間がかかる。たとえば、胎児は胎内で痛みを感じる等、皮膚感覚は比較的早期から機能する一方で、視覚が機能するには出生まで待たねばならないと考えられている。胎児はこれらの感覚機能を通じてさまざまな経験をしている。たとえば、母体の摂取物に由来する多くの成分を含む羊水を飲み込むことで、胎児は味覚的経験を積む（e.g. Ustun et al., 2022）。また長い胎内生活の中で胎児が母親の声や外界の音刺激を聞き、その音響的特徴を出生後も覚えていることが示唆されている（DeCasper & Spence, 1986）。このように胎児は出生前から、さながら出生後の環境に備えるかのように、さまざまな感覚器官を駆使して外界からの情報を得ている。

(2) 新生児期の発達

新生児期は出生後の最初の1か月間（28日未満）を指す。この時期から観察される特有の行動として注目すべきものが、種々の**原始反射**である。原始反射は不随意的・自動的に生じる体の動きであり、出生から概ね数か月でみられなくなる（表3-1）。原始反射の中には吸啜反射や口唇探索反射のように基本的な適応機能を持つものがあり、また特にモロー反射やバビンスキー反射のように、その所定の継続・消失が脳の順当な発達を反映するものもある。表3-1にあげた主な原始反射は、非対称的緊張性頸反射を除いて出生時から観察される。

原始反射の消失時期は、自発的な運動が顕著となる時期と重なる（2節2項参照）。これは、生後3〜7か月頃に中脳や大脳の**ミエリン化（髄鞘化）**が進展

表 3-1　主な原始反射とその一般的な消失時期（消失時期が早い順）

原始反射	具体的な行動	消失時期
歩行反射	直立させて足を床面に触れさせると、歩行のような運動が引き起こされる。	生後 2 か月経過頃
吸啜反射	くちびるへの接触が吸啜を引き起こす。	生後 4 か月経過頃
口唇探索反射	くちびる周辺に何かが触れると、その方向にくちびるを歪ませる。	
把握反射	指の内側面や手のひらを刺激すると握る。	生後 6 か月経過頃
遊泳反射	水中で呼吸を確保しながら手足を動かして泳ぐような動きをする。	
モロー反射	大きな音や、急な上昇・下降等によるバランスの崩れを経験したときに、両手を広げ抱きつくような動きをする。	
非対称的緊張性頸反射	出生後 1 か月を過ぎた頃からみられる。仰向けに寝かせると、フェンシングポーズのように、頭を一方の側に向け、頭が向けられた方の手足は伸び、反対側の腕は肘が折れ曲がり、手が頭の近くにいく。	
バビンスキー反射	足底の外側をかかとから指へと刺激したとき、足の親指が反り返る。	生後 12 か月経過頃

注 1：原始反射の名称や消失時期は文献によって多少の差異があるが、ここでは主に『発達心理学辞典』（ミネルヴァ書房）に依拠した。
注 2：表中の時期は消失が完了する目安であり、その 1〜2 か月ほど前から消失が始まるが、個人差がある。

することで反射機能が抑制され、**随意運動**へと移行していくためである。実際、バビンスキー反射が消失しない場合、直立姿勢をとりづらく、随意的な歩行運動に支障をきたすことになる。このように原始反射が通常はある時期にみられなかったり、通常は消失する時期に継続したりする場合には注意が必要である。たとえば、モロー反射が新生児期に早期消失する場合は低酸素性脳症や脳奇形が、バビンスキー反射が消失しない場合は運動の錐体路の損傷が、非対称的緊張性頸反射が消失しない場合は中枢性運動障害が疑われる（ヴォークレール, 2012）。原始反射の特徴や一般的な継続・消失時期を的確に把握することで、神経機能をはじめとする発達上の異常を検出しやすくなり、早期診断や介入に役立てることができる。

新生児は自ら移動することも自力で栄養摂取することもできず、大人に理解可能な言葉を話すこともないため、無力・無能な存在ととらえられがちである。しかしそのイメージとは裏腹に、新生児はさまざまな能力を駆使して外界をとらえている。生後1か月児でも視力は大人の4分の1程度であり(Courage & Adams, 1990)、生後3か月までは21〜24 cm ほどの距離にしか焦点を合わせることができず(Hainline, 1998)、新生児の視覚能力は限られたものといえるが、それでも顔の認識は十分にでき、単なる幾何学的図形や一色に塗られた刺激よりも、顔のような構造を持つ刺激の方を注視する(e.g. Fantz, 1961；Goren et al., 1975)。また生後数日の新生児であっても、知らない女性の声よりも自身の母親の声の方によく反応し(DeCasper & Fifer, 1980)、母親の話す言語と外国語を区別することができ(Mehler et al., 1988)、さらには母語ではない外国語同士(たとえば、フランス語圏新生児にとってのオランダ語と日本語)で読み上げられた文章を区別することもできる(Ramus et al., 2000)。このように、胎児期・新生児期は本章で後述する各発達的側面の萌芽が豊かに含まれている。

(3) 人生早期の環境の重要性

神経管の形成や器官の形成が完了する胎芽期や、脳が急速に発達する胎児期において、胎内環境に何らかの問題が生じた場合、その影響は甚大である。胎児の発達に負の影響を及ぼすものとしては、母体の病気(糖尿病や心臓病等の慢性疾患、水ぼうそう、風しん、生肉の摂取等による寄生虫)、栄養摂取(鉄分やビタミンBの不足、ビタミンAの過剰摂取等)、妊娠中の**抑うつ**や**ストレス**、薬物摂取等があげられる(Martin & Dombrowski, 2008)。特によく知られるのが母体の喫煙(受動喫煙を含む)やアルコール摂取の影響である。母親がニコチンを摂取すると胎児への酸素供給が減少し、低出生体重や**乳幼児突然死症候群**(Sudden Infant Death Syndrome：SIDS)のリスクが上昇する。また妊娠中の過剰なアルコール摂取は**胎児性アルコール症候群**の引き金となり、子の奇形や発達遅滞につながる。このほか、母体外の環境汚染(農薬、公害、放射能等)が胎児の発達に悪影響を及ぼす場合もある。また、胎児期や出生直後の健康・栄養状態が、その時点のみならず生涯にわたって健康的問題を引き起こすという**DOHaD**(Developmental Origins of Health and Disease)**仮説**にも注目が集まっている(第2章参照)。

2　身体・運動機能の発達

乳児期と幼児期（第4章参照）の境界にはさまざまな基準があるが、以降本章では便宜的に0〜2歳を乳児期とみなして、諸側面の発達過程を概観する。

(1)　出生後の身体の発達

出生時は通常で身長約50 cm、体重約3000 g であるが、2歳に至るまでに身長は約1.7倍、体重は約3.5倍と著しく増加する。この期間に限定してみると、身長・体重のいずれも、特に生後半年間の発育が顕著であることがわかる（図3-1）。出生体重2500 g未満は**低出生体重児**とされ、その中でも1000 g未満で生まれた場合は**超低出生体重児**と分類される。近年の医療技術の進展に伴い、わが国での超低出生体重児の救命率は90％ほどであるが、出生体重が300 g未満の場合、救命率は低くなる（慶應義塾大学病院, 2019）。極度の低出生体重はさまざまな健康上のリスクが上昇するため、出生後しばらくは**新生児特定集中治療室**（Neonatal Intensive Care Unit：NICU）での特別なケアを要し、

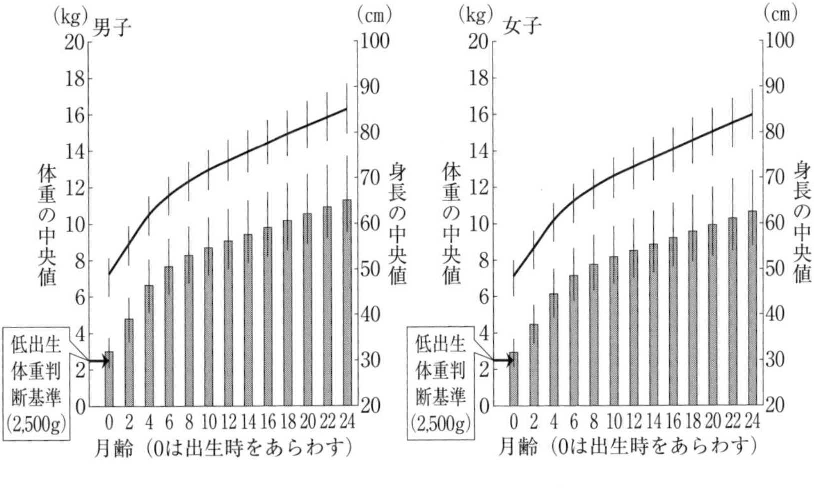

注1：棒グラフは体重(左縦軸)、折れ線グラフは身長(右縦軸)。
注2：各月齢でのエラーバーは、3〜97パーセンタイルの範囲。

図3-1　出生から2歳までの身長・体重の推移
(厚生労働省, 2010に基づき筆者作成)

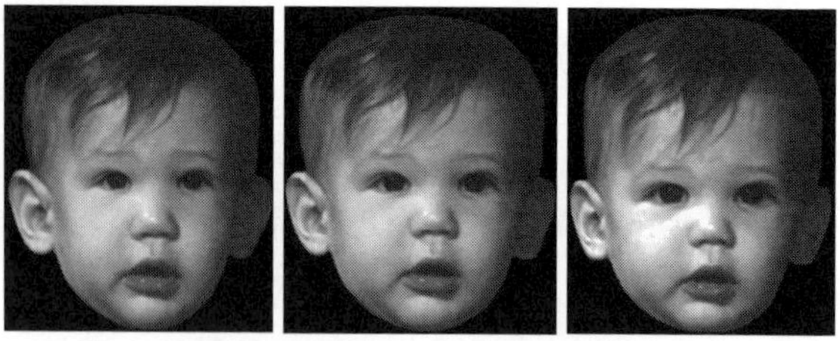

図 3-2　ベビースキーマの度合いが低い（左）、通常（中央）、高い（右）乳児の顔の例（Glocker et al., 2009 より転載）

その後も発達状況に応じた継続的な支援が必要となる場合がある。

保育所等では便宜的に年度区切りでクラス設定をする場合が多いが、たとえ同じ 0 歳児クラスでも 4 月生まれと 3 月生まれでは一般的に発育状態に大幅な違いがあること、また、たとえ同じ月齢であっても身長・体重には出生時から個人差があり、その個人差は 2 歳に至るまでに拡大していくことを念頭に置かねばならない（図 3-1）。

このほか、乳児期の外見上の特徴として**ベビースキーマ**（baby schema）をあげることができる。これは相対的に広い額、小さなあご、顔の下側に位置する大きな目、大きな割合の黒目等、いわゆる「赤ちゃんらしさ」を醸し出す見た目であり、大人はベビースキーマを備えた子どもに対して快の感覚を抱き、養育の動機が高められる傾向にある（Glocker et al., 2009）（図 3-2）。

(2)　粗大運動・微細運動の発達

乳幼児期の運動能力は大人に比べ大変限られたものではあるが、その中でも特に出生から生後 12 か月前後に至るまでに大幅な進展がみられるため、その大筋を把握しておくことが肝要である。乳児期の運動発達は、バランスのとれた直立、歩行・走行、跳躍といった身体全体の運動である**粗大運動**と、積み木で遊ぶ、クレヨンで絵を描く、食器を使って食べるといった手指を使った精密動作を必要とする**微細運動**とで異なる経過をたどる。

新生児期からよく観察される粗大運動として**ジェネラルムーブメント**をあげることができる。これは覚醒状態で仰向けに寝かせたときに、手足を数秒から数分間バタバタと複雑に動かすものであり、発達過程にある神経系によって引き起こされるものと考えられる。ジェネラルムーブメントは胎児期からみられ、生後２か月頃からはその特徴的なパターンに変化がみられるが、生後４か月頃から随意的で重力に反した運動が出現するようになると消失する（前田, 2020）。粗大運動は、頭から足先の方向へとできることが増えていく**頭尾法則**に従って発達していく。まず新生児期にうつ伏せ状態であごを上げられるようになり、次いで生後２か月頃には同じ姿勢で肩も上げられるようになる。生後４か月頃には首が据わる（定頸）のに加え、支えがあれば座ることができるようになり、やがて生後７か月を超える頃には支えなしで座れるようになる。移動能力については、概ね生後６か月頃には寝返りを打つことができるようになり、ずり這いを経て、生後10か月頃には胸を床面から離した状態でハイハイができるようになる。生後12か月前後でつかまり立ちをするようになり、それからたどたどしい状態ではあるが、一人で歩行できるようになる。

微細運動は、体の中心部から手先・足先へとできることが増えていく**近遠法則**に従って発達していく。まず生後3〜4か月頃に両手を合わせることができるようになり、生後５か月以降は遠くの物をつかみ取ろうとするリーチングをし始め、生後８か月頃には目標物に直接手を伸ばすことができるようになる。より手先を使った物の操作は、まず生後６か月頃には物の持ち替えをできるようになり、生後９か月頃には親指と他の４本の指を使って物をつかめるようになる。一方の手で物を持ち、もう一方でそれを触るような補完的な動作ができるようになるのは生後10か月頃である。最終的に生後12か月頃には、親指と人差し指を使って物をつかめるようになる。このように、乳児はまず腕の動きを獲得し、徐々に指先を器用に動かすことができるようになる。

乳児期の運動にみられる特徴や進展は発達の指標としてよく利用される。実際、特に**自閉症児・者**には運動協調性の異常や視線の不安定さなど、運動の不器用さがみられることが知られる（Fournier et al., 2010）。ただし乳児の運動発達過程には大まかな共通の方向性はあるものの、決して一様ではなく、ハイハイを経ずにつかまり立ちをするようになる等、大きな個人差がつきものであることに注意が必要である。こうした多様性の源泉の一つは、乳児が身を置くローカルな環境の中で、進むことができる方向や手で触れることができる家具の配置等を踏まえ、身体の動かし方やその調整の仕方を能動的に見出していくことにある（西尾ら, 2018）。運動発達には大きな個人差に加えて**文化差**もあり、たとえば欧米圏の乳児に比べ、ウガンダの乳児はお座りを生後4か月で、直立を生後7か月で、歩行を生後10か月で達成するという具合に早熟傾向がみられる（Adolph & Robinson, 2015）。このように、乳児の運動発達に内的な神経系の成熟だけでなく、その乳児が身を置く環境や文化の影響をみる姿勢が必要である。

3　感覚・知覚・認知の発達

(1)　感覚運動期

認知発達に関する古典的枠組みとして**ピアジェ**（Piaget, J., 1896-1980）による発達段階論をあげることができる。この段階は一定の順序で継起するものとされ、よく知られた4段階区分の場合、**感覚運動期**（出生から2歳頃）、**前操作期**（2歳から6～7歳頃）、**具体的操作期**（6～7歳から11～12歳頃）、**形式的操作期**（11～12歳頃以降）となる（第8章参照）。感覚運動期の乳児は大人のような洗練した言語やイメージ（表象）を持たず、代わりに物を触る、物をしゃぶるといった行動や感覚によって外界を知ろうとすると想定され、この感覚運動的知能は、やがて幼児期以降にみられる表象に支えられた知能へと統合されていくとされる。感覚運動期の乳児に生じる革命的な変化は、自己の身体と世界が未分化であった状態から分化が進み、自己の身体も世界の中の諸物体の中の一つとして位置づけられ、自己とは異なる他者の存在を認識する状態に進むことにある（中垣, 2007）。ピアジェの提唱した理論は近年の乳児研究の成果に基づき部分的に再考されつつも、少なくとも、乳児は決して無能で受動的な存在ではなく自ら柔軟に世界に働きかけて知識を構築していくこと、そしてわれわれ大人と乳児とでは異なる世界のとらえ方をしていることを示唆する点で、現代にも通用する含蓄のある枠組みといえる。

⑵ 知覚と認知の発達

1) **視覚と聴覚**　**視覚**は胎児期段階で構造的発達は完了しているものの、1節2項で触れたように、機能面としての視力は生後1か月時点で大人の4分の1程度であり、生後8か月頃に大人とほぼ同程度となる（Courage & Adams, 1990）。生後2か月頃までは水晶体の調節が難しく（Hainline, 1998）、網膜の細胞の成熟や視覚制御のための脳発達に生後もしばらく時間を要する。このような視力的な制限を抱えつつも、新生児期から親の顔と他人の顔を区別することができる（Walton et al., 1992）。また生後6か月時点では他種族であるサルの顔についても個体間の識別ができるが、これはより月齢の高い生後9か月児や大人には難しい（Pascalis et al., 2002）。**聴覚**は胎児期（在胎25週頃）から機能し、生後間もない時点で他者の声の識別が可能であり、また異なる言語間の区別もできる（1節2項参照）。この「区別」は、「理解」のための必要条件ではあるが、十分条件ではないことに注意が必要である。たとえば新生児は異なる言語の内容を理解し区別しているわけではなく、あくまでその語調的な特徴（リズムやイントネーション）に基づき区別をしていると考えられる（Ramus et al., 2000）。乳児はより細かい単位での言語音の知覚も可能であり、たとえば生後1～4か月時点でbaとpaを聞き分けることができる（Eimas et al., 1971）。ただし、baとpaの区別がないキクユ語環境に身を置く乳児であっても生後2か月時点ではこれを聞き分ける（Streeter, 1976）ことから、この区別は出生後の学習に基づくものと考えられる。先述のサルの顔の見分けからも推察されるように、乳児は生まれ落ちた環境に柔軟に適応できるよう、はじめは顔や音素の区別を大人より敏感に行うことができ、やがて環境に合わせて調節していく過程を想定することができる。

2) **物理法則・計算法則**　われわれ大人は物体が重力によって地面に引き寄せられることや、ある物体が他の物体に衝突した場合に後者が突き動かされることを理解しているが、すでに乳児期から、このような物理法則や因果関係に関する原初的な理解がみられる。たとえば生後4か月半の乳児は、適切な支えがないにもかかわらず空中に浮かぶ箱を不思議そうに注視することから、重力の基本的な原理を理解していると考えられる（Needham &

Baillargeon, 1993）。また生後6か月の乳児は、動く物体が静止物体に衝突してそれを動かすという因果関係の認識が希薄であるが、生後10か月頃にはこれを理解するようになる（Oakes & Cohen, 1990）。また生後5か月の乳児に対する期待違反法（3節3項参照）を用いた実験からは、「目の前の1つの人形にもう1つ人形が加わると、人形は2つになる」という具合に、1＋1＝2や2－1＝1といった簡単な足し算・引き算を潜在的に理解することが示唆されており（Wynn, 1992）、これは幼児期以降に発達する数的理解の原点と考えられる。こうした知識を乳児がいかにして獲得するのかについては複数の考え方があり、その一つである**コアナレッジ理論**（Spelke, 2000）では、乳児は生存に重要な役割を果たす領域の知識の中で最も基礎的かつ中核的な部分については、生得的に備えているか、あるいは必要最小限の経験で獲得できると考える。

3）**対象の永続性**　ある物体が遮蔽物の後ろに隠されたとき、われわれはその見えなくなった物体をイメージすることで、その物体は消失したのではなく引き続き存在していると認識できる。この**対象の永続性**の理解に支えられて、実際に乳児が隠された物体を探すようになるのは生後8か月頃である。しかしそれ以前の生後5か月時点であっても潜在的に対象の永続性を理解していることが示唆されている（Baillargeon, 1987）。また生後9～10か月頃の乳児に対し、まず場所Aに繰り返し物体を隠す様子を見せ、それから新しい場所Bに隠す様子を見せると、すでに対象の永続性を理解し場所Bを探すはずのところを、頻繁に物体が隠されてきた場所Aの方を探してしまい、探索に失敗することがある。この現象は**A not Bエラー**と呼ばれるが、その原因の一つとして**実行機能**の未成熟があげられる（第8章参照）。こうした過渡期を経て、生後18～24か月頃までの間に、対象の永続性の理解に基づいた行動は徐々に洗練されたものとなる。

4）**自己の理解**　乳児は外界のみならず、自分自身への認識も深めていく。乳児が自己を理解しているかどうか判断するための代表的方法は**鏡像自己認知課題**である（Amsterdam, 1972）。この課題では、乳児に気づかれないように実験者が乳児の鼻先や額などに無臭の染料をつけ、少し時間を置いてから、その乳児の正面に鏡を置く。このとき、乳児が自分自身につけられた染料に触れる、あるいはぬぐい去ろうとするならば、乳児は鏡像を自分自身だと認識していると解釈する。こうした自己志向的反応は、定型発達児の場合、1歳半から2歳になる頃に顕著となる。これを一つの起点として、幼児期以降、言語能力や認知発達の進展に伴い、より複雑で精緻な自己概念が構築される。

(3) 新生児期・乳児期を対象とした研究手法

新生児・乳児は言語応答が不可能であり、行動のレパートリーも限られていることから、大人を対象とした心理学的研究法をそのまま適用することができない。そこで以下のように、新生児期・乳児期の知覚や認知の発達過程を科学的に検証するための実験的手法が編み出されてきた（金沢, 2011）。

選好注視法は1960年代に**ファンツ**（Fantz, R. L., 1925-1981）によって初めて乳児に適用された手法であり、乳児が好きなものに興味を持ち、それを長く見るという傾向を利用する。たとえば、乳児は白黒のしま模様の刺激と灰色のみが塗られた刺激であれば、前者の方を選好して注視する。この2種類の刺激が同時に呈示されたとき、しま模様が細かいほど、灰色のみの刺激と区別がしづらいものとなる。しま模様刺激のしまを細かくしていき、2種類の刺激に対する乳児の注視時間に差がなくなった場合、それは乳児が細かなしま模様刺激と灰色刺激を区別できなくなったことを示し、そこから当該乳児の視力を推定することができる。このように選好注視法では、乳児が刺激をどう区別するかを検証することができるが、より高次の認知過程そのものを直接的には測定できないという弱点を持つ。

馴化法は乳児が持つ新奇選好の性質を利用した手法である。はじめに任意の刺激（A）を、乳児が飽きて注視時間が十分下がるまで繰り返し呈示し続ける。その状態で乳児に新しい刺激（B）を呈示したときの注視時間の変化を指標として吟味する。もし乳児がAとBを区別できていなければ、刺激がAからBに変わってもそれに気づかず、注視時間は下落したままになるはずである。乳児がAとBを区別できるのであれば、見飽きたAではない新しいBに気づいて興味を示し、注視時間が回復する。このように馴化法は、そもそも選好の成立しない刺激同士や言語の区別の検証等、選好注視法が適用できない状況でよく用いられる。なお言語の区別等、音声刺激に対する反応をみる場合には、圧力センサを内蔵したおしゃぶりを乳児にくわえさせ、注視時間に代わって吸啜頻度の変化を指標とすることもある（**吸啜法**）。

期待違反法は、乳児が見慣れない現象、予期外の現象、あり得ない現象を目の前にしたとき、それを長く注視したり、心拍数が変化したりする傾向を利用する。たとえば乳児に対し、台座の上に箱が乗っている光景と、台座なしで箱のみが空中に浮いている光景を呈示した際、後者の方で注視時間が長かったとすれば、乳児は重力の法則に従って後者を「あり得ない」光景とみなし、不思議そうに注視したと考える（3節2項参照）。このように期待違反法は、乳児が世界についてどのような知識（重力のような基本的な物理法則や、簡単な計算法則等）を持っているかを検証するために、その知識を持つ場合にいかなる現象を予想外のものと反応するかを逆算して考え、そうして設定した「あり得ない」現象に対して乳児が特異的な反応をするかどうかを確かめる。期待違反法は馴化法と組み合わせて用いられることが多く、乳児の認知研究に広く適用されている。

このほか、**近赤外線分光法**（Near-Infrared Spectroscopy：NIRS）を用いて、呈示された刺激に対する乳児の反応を脳活動レベルで計測する等、新生児・乳児を対象とした**実験法**に関する技術的発展は続いている。また**観察法**は、基本的に特殊な機器を用いる必要がなく、行動的側面に着目した直接的なデータを得られる点で、新生児・乳児に対してきわめて有効な研究手法である。さらに、標準化された**検査法**（例として、新版K式発達検査2020、デンバー発達判定法、遠城寺式乳幼児分析的発達検査法）による直接的な発達レベルの確認や、養育者や保育士等への**質問紙法**や**面接法**の適用によって間接的に子どもの気質や社会性の特徴を把握することも可能である。新生児・乳児を対象とした研究は精度の高いデータを得ることが容易ではなく、それぞれの研究手法の長所・短所を踏まえて、複合的視点で臨むことが求められる。

4　社会性の発達

一般的に急激な言語発達がみられるのは2歳以降であるため、新生児期・

乳児期においては非言語的なコミュニケーションとして**感情**が重要な役割を占める。自ら感情を表出し、他者の感情を理解するのみならず、自らの感情をうまく調整できるようになることが円滑な対人関係の基礎となる。そこで本節では、まず新生児期・乳児期の感情発達を表出・理解・調整の視点から概観（蒲谷, 2022）しつつ、感情を媒介として成り立つ対人関係の発達的起点として、**アタッチメント（愛着）**を取り上げる（アタッチメントに関するより詳細な解説としては、蒲谷, 2018を参照のこと）。

(1) 感情の発達

1) 感情表出　生後間もない段階でみられる**生理的微笑（新生児微笑）**や泣きは生理的な反応の側面が強いが、生後3か月頃からは感情が状況に即して表出されるようになる。たとえば、親しい人に選択的に微笑むようになり（**社会的微笑**）、自分の好みの物が消えたときには**悲しみ**を、口に入った嫌なものを吐き出すときには**嫌悪**を表出する。さらに生後4〜6か月頃には、自分の目的が妨害されたときには**怒り**を表出するようになる。生後6〜8か月頃には**驚き**や**恐れ**がみられるようになるが、これは自身が持つ期待や予測が裏切られることで驚きが生じ、また会ったことのない人物に対する人見知り不安として恐れが生じることから、認知能力の向上によって乳児が自身の記憶と目の前の現実とを比較できるようになったことが反映されている。また生後12か月頃には親の注意を引くための涙を伴わない嘘泣きがみられることもある。生後18〜24か月頃にかけて、自己意識の発達に伴い**自己意識的感情**がみられるようになる。たとえば、子どもは大人から踊るように要求されると、自分が他者からの注目の的になると意識することで**照れ**の行動を示す。**共感**は、他者が悲しんだり苦しんだりしているときに子どもがそれを慰めようとする行動等にみられるが、自己の理解（3節2項参照）が希薄な場合は、子どもは他者のネガティブな感情とそれに触発されて生じる自分の中のネガティブな感情を区別できず、共感的行動をうまくとることができない。**羨望**は、自分にはなく他者が持っているものを欲しがる行動等の中にその萌芽がみられる。

2) 感情理解　乳児期の早期からさまざまな感情の表出がみられる一方、

乳児が他者の感情を理解するようになるのは、それより後の時期となる。まず、生後3か月頃から他者の表情（笑顔と怒り顔等）を区別し始めるものの、それぞれの表情が意味する感情を正確に理解するようになるのは2歳以降まで待たねばならない。ただし、乳児期の段階であっても、他者の表情を情報源として利用する行動をとることができ、その一例が生後12か月頃からみられる**社会的参照**である。まず乳児は生後9か月頃から、動物園で親と一緒にゾウを眺めるといった具合に、自分と他者が同時に共通の物体や事象に目を向ける**共同注意**が可能となり、乳児は同じ物体や事象であっても、自分と他者では感じることが異なり得るという経験を積んでいく。やがて乳児は、自分の目の前に見たことのない種類の動物がいるというような、どう対応したらよいか自分一人では判断がつかない事象に遭遇したとき、同じものを共同注視している親の表情をうかがうことで、もし親が「めずらしくてかわいいね」と笑顔であれば乳児も安心してその動物に触れ、対照的に親が「これは狂暴だ！」と恐れおののいていれば乳児もその動物を避けるという具合に、自身の行動を適切に変化させることができる。この社会的参照は他者の感情表出の意味に沿って自らの行動を変えるという点で、感情理解の先駆けと位置づけられる。

3）**感情調整**　怒りや恐れ、悲しみといったネガティブな感情が長く続くと心身に大きな負担がかかるため、そうした感情が高まったのちは適度なレベルにまで落ち着かせる必要がある。生後6か月頃から、乳児は自分に苦痛をもたらす対象から目をそらしたり、怒りの表情に対する回避反応をとったりするという具合に、自力での感情調整の試みがみられる。しかし乳児期ではそれ以上に、養育者をはじめとするアタッチメント対象（4節2項参照）による感情の外的調整が主要なものとなる。乳児は自身の不安や恐れを泣き声で表出し、養育者はそれに共感的に応じて乳児を抱き上げあやすという具合に、乳児のネガティブな感情を適度なレベルまで調整する。このような経験を繰り返す中で、乳児は時間をかけて、自身のネガティブな感情がどのようなものかを知り、それを適切に調整できるようになっていく。感情は常に抑えるべきものとは限らず、怒るべきときには怒る、悲しむべきときには悲しむというように適切な場面で活性化させることも重要であるが、乳児はこうした感情の運用方法に関する慣習やルールを、親を含む身近な年長者との日常的な情緒的交流の中で学んでいく。

(2) アタッチメントの標準的発達

自力での移動や栄養摂取がままならない乳児は、必然的に、自身の世話をしてくれる大人にくっつく（attach）ことで生存を確かなものにする。**ボウルビィ**（Bowlby, J., 1907–1990）は乳児期から始まるこのアタッチメントの経験が、のちの社会性の発達の基盤になると考えた。アタッチメントは乳児が養育者にべったりと依存することを意味するのではない。乳児は養育者（アタッチメント対象）を「安心の基地」として世界の探索に出かけ、その探索中に自力では対処できない困りごとが発生しネガティブな感情が高まったときには、「安全な避難所」である養育者のもとに駆け込んで助けてもらう。そうして気力が回復すると、乳児は再び「安心の基地」から出発していく。このサイクルを繰り返す中で、乳児は「困ったことがあってもいざとなれば助けてもらえる」という自信を身につけることができ、世界の探索範囲も徐々に広がっていく（Powell et al., 2013）。このようにアタッチメント関係は、依存ではなく、親を頼る経験を通じて子どもが自律性を身につける場として機能する。

ボウルビィによれば、アタッチメント関係の標準的な発達は次の4つの段階に分けられる。第1段階（出生～生後3か月頃）では、乳児は無差別的なアタッチメント行動を呈し、基本的に誰であっても近接することで安心感を得られる。第2段階（生後3～6か月頃）では日常的によくかかわってくれる人物に対して特にアタッチメント行動を向けるようになる。第3段階（生後6か月～2、3歳頃）では人物の識別がさらに明確になり、特定のアタッチメント対象への近接を維持するようになる。なお子どもは、この第3段階まではアタッチメント対象に物理的に近接することで安心感を得るが、第4段階（3歳前後以降）では、アタッチメント対象が自分を保護し助けてくれる存在であるという確信を内在化する（**内的作業モデル**を形成する）ことで、物理的なアタッチメント行動は相対的に減少していく。

(3) アタッチメントにおける個人差

養育者が「安心の基地」や「安全な避難所」としてどのように機能するかには大きな個人差がある。乳児は自分に対するアタッチメント対象の応じ方から対人関係のとり方を学ぶため、ネガティブな感情が絡む場面での乳児の対人行動の方略にも質的な個人差が生じる。乳児期のアタッチメントにおける個人差を評価する代表的方法の一つが、**エインズワース**（Ainsworth, M. D. S., 1913-1999）によって開発された**ストレンジ・シチュエーション法**である。この方法では乳児に一定のストレスをかけてアタッチメント行動を誘発するべく、実験室的状況において、一定のスケジュールで乳児を養育者から分離させたり見知らぬ人と交流させたりして、その様子を観察する（表 3-2）。

特に評価のポイントとなるのは、乳児が養育者と分離したときにどのような反応をするか、そして乳児が養育者と再会したときにどのような反応をするかであり、乳児は概ねエインズワースの３パターンに新たに１つのパターンを加えた、次の４つのパターンに分類される。**安定型**の乳児は、養育者と

表 3-2　ストレンジ・シチュエーション法の進行

場　面 （導入以外は各３分間）	各場面の開始時の状況	部屋にいる人物		
		子ども	養育者	見知らぬ人
1　導入（30 秒間）	説明役の実験者が親子を部屋へ案内し、実験者は退室する。	○	○	
2　自由遊び	養育者は椅子に座り、子どもはおもちゃで遊ぶ。	○	○	
3　見知らぬ人の登場	「見知らぬ人」役の実験者１名が入室し、椅子に座る。	○	○	○
4　親子分離①	養育者が退室し、見知らぬ人が子どもと交流する。	○		○
5　親子再会①	養育者が入室し、見知らぬ人は退室する。	○	○	
6　親子分離②	子どものみ残して養育者が退室する。	○		
7　見知らぬ人の入室	見知らぬ人が再入室し子どもと交流する。	○		○
8　親子再会②	養育者が入室し、見知らぬ人は退室する。	○	○	

（蒲谷, 2018 より転載）

の分離の際に泣くものの、のちに再会して近接できればすぐに泣き止む。これは養育者が日頃、乳児の求めることを適切に把握し対応していることで、乳児が潜在的に「アタッチメント対象は求めれば自分に向き合ってくれるし、容易に自分を見捨てることはない」という確信を内在化していることの反映である。**回避型**の乳児は、養育者との分離で泣かず、再会場面においても近接しようとしない。これは養育者が乳児のアタッチメント行動としての泣きやむずかりに対して回避的に接してきたことで、乳児が「近接しようとしても避けられるし、むしろ泣かずに大人しくしていた方がまだ近接できる可能性がある」という経験則を身につけたためである。**アンビヴァレント型**の乳児は、養育者との分離で泣き、再会しても容易に落ち着かずに泣き続ける。これは養育者が気まぐれに一貫性を持たず乳児の求めることに対応してきたことで、乳児が「近接したいという自分の求めに応じてくれるかわからない」という不安を抱え、近接できる可能性を最大限高められるよう泣き続けるためである。なお、助けを求める乳児に養育者が苛烈に接し余計に怯えさせる、あるいは養育者が情緒的に引きこもる等して「安心の基地」や「安全な避難所」として機能していない場合には、乳児は近接するための方略を見出すことができない。こうした**無秩序・無方向型**の場合には、養育者にべったりとくっついていたかと思うと突然離れていく、呆然とした表情でじっとしているといった特異な行動がみられる。

アタッチメントは、いわゆる「愛情」と同義とみなされがちである。しかし、たとえば先回り的な過保護は、一見すると養育者の献身的な愛情表現のようであるが、アタッチメントの観点からは、むしろ子どもが「安心の基地」から出発することを阻み自律性の発達を停滞させ得るものである。一方で、アタッチメント対象は時には子どもに対して毅然とした態度をとることも必要であるが、これはともすれば、愛情や共感を欠いたものと映る。しかし養育者自身がまったく秩序なく、子どもからの要求すべてに完璧に迎合し、容易に揺れ動いてしまっては、むしろ子どもは「安全な避難所」たる養育者に身をゆだねて安心感を得ることができない。社会性の発達は乳児期のみで方向づけられるものではないが、アタッチメントはその原点の一つであり、養育者は乳児に寄り添いつつも、一人の秩序を持った相手として接するという、絶妙な舵取りが求められる。

〈チェックページ〉
□胎児期・新生児期の大まかな発達過程を説明できますか。
□新生児期・乳児期の身体・運動機能の発達過程を説明できますか。
□乳児期の知覚や認知、社会性の発達過程を説明できますか。

〈課題・オンライン資料〉

1) 代表的な乳児向け知育玩具メーカーを一つ選び、その商品紹介用ホームページを見て、各玩具の対象月齢・年齢を確認する。その知育玩具の設計やねらいが、本章で扱ったいかなる発達的側面と深くかかわるものか照合してみる。
2) 厚生労働省イクメンプロジェクトが実施した「男性育休推進企業実態調査2022」の調査結果を読む。胎児期・新生児期・乳児期の子育てに男性が積極的に関与する上で、現代日本が抱える課題が何かを、自分の言葉で整理する。
https://ikumen-project.mhlw.go.jp/assets/pdf/event/kaiken20230315_1.pdf

〈引用文献〉

Adolph, K. E., & Robinson, S. R. (2015) Motor development. In R. M. Lerner, L. S. Liben, & U. Mueller (Eds.) *Handbook of Child Psychology and Developmental Science, Vol.2. Cognitive Processes.* (7th ed.). John Wiley & Sons. pp.113–157.

Amsterdam, B. (1972) Mirror self-image reactions before age two. *Developmental Psychobiology: The Journal of the International Society for Developmental Psychobiology, 5*(4), 297–305.

Baillargeon, R. (1987) Object permanence in 3½-and 4½-month-old infants. *Developmental Psychology, 23*(5), 655–664.

Courage, M. L., & Adams, R. J. (1990) Visual acuity assessment from birth to three years using the acuity card procedure: Cross-sectional and longitudinal samples. *Optometry and Vision Science, 67*(9), 713–718.

DeCasper, A. J., & Fifer, W. P. (1980) Of human bonding: Newborns prefer their mothers' voices. *Science, 208*(4448), 1174–1176.

DeCasper, A. J., & Spence, M. J. (1986) Prenatal maternal speech influences newborns' perception of speech sounds. *Infant Behavior and Development, 9*(2), 133–150.

Eimas, P. D., Siqueland, E. R., Jusczyk, P., & Vigorito, J. (1971) Speech perception in infants. *Science, 171*(3968), 303–306.

Fantz, R. L. (1961) The origin of form perception. *Scientific American, 204*(5), 66–73.

Fournier, K. A., Hass, C. J., Naik, S. K., Lodha, N., & Cauraugh, J. H. (2010) Motor coordination in autism spectrum disorders: A synthesis and meta-analysis. *Journal of Autism and Developmental Disorders, 40*, 1227–1240.

Glocker, M. L., Langleben, D. D., Ruparel, K., Loughead, J. W., Gur, R. C., & Sachser, N. (2009) Baby schema in infant faces induces cuteness perception and motivation for caretaking in adults. *Ethology, 115*(3), 257–263.

Goren, C. C., Sarty, M., & Wu, P. Y. (1975) Visual following and pattern discrimination of face-like stimuli by newborn infants. *Pediatrics, 56*(4), 544–549.

Hainline, L. (1998) Summary and commentary: Eye movements, attention and development. In *Cognitive Neuroscience of Attention*. Psychology Press. pp.163–178.

蒲谷槙介（2018）愛着の発達　開一夫・齋藤慈子（編）ベーシック発達心理学　東京大学出版会　pp.99–116.

蒲谷槙介（2022）感情の発達　古見文一・西尾祐美子（編）はじめての発達心理学―発達理解への第一歩―　ナカニシヤ出版　pp.23–33.

金沢創（2011）乳児の実験心理学的研究法　岩立志津夫・西野泰広（編）発達科学ハンドブック２　研究法と尺度　新曜社

川上清文・高井清子・川上文人（2012）ヒトはなぜほほえむのか―進化と発達にさぐる微笑の起源―　新曜社

慶應義塾大学病院（2019）プレスリリース　268グラムの超低出生体重児の男児が元気に退院―男児として世界最小―　https://www.keio.ac.jp/ja/press-releases/files/2019/2/26/190226-1.pdf（2025年２月16日閲覧）

厚生労働省（2010）乳幼児身体発育調査：調査の結果　https://www.mhlw.go.jp/toukei/list/dl/73-22-01.pdf（2025年２月16日閲覧）

前田知己（2020）新生児期・乳児期早期の発達評価―General movements評価法を中心に―　脳と発達, *52*(3), 141–146.

Martin, R. P., & Dombrowski, S. C. (2008) *Prenatal Exposures: Psychological and Educational Consequences for Children, 16*. Springer Science & Business Media.

Mehler, J., Jusczyk, P., Lambertz, G., Halsted, N., Bertoncini, J., & Amiel-Tison, C. (1988) A precursor of language acquisition in young infants. *Cognition, 29*(2), 143–178.

Needham, A., & Baillargeon, R. (1993) Intuitions about support in 4.5-month-old infants. *Cognition, 47*(2), 121–148.

西尾千尋・工藤和俊・佐々木正人（2018）乳児の歩き出しの生態学的検討―独立歩行の発達と生活環境の資源―　発達心理学研究, *29*(2), 73–83.

Oakes, L. M., & Cohen, L. B. (1990) Infant perception of a causal event. *Cognitive Development, 5*(2), 193–207.

岡本夏木・清水御代明・村井潤一（監修）（1995）発達心理学辞典　ミネルヴァ書房

Pascalis, O., De Haan, M., & Nelson, C. A. (2002) Is face processing species-specific during the first year of life? *Science, 296*(5571), 1321–1323.

ピアジェ, J.（著）中垣啓（訳）（2007）ピアジェに学ぶ認知発達の科学　北大路書房

Powell, B., Cooper, G., Hoffman, K., & Marvin, B. (2013) *The Circle of Security Intervention: Enhancing Attachment in Early Parent-Child Relationships*. Guilford

publications.
Ramus, F., Hauser, M. D., Miller, C., Morris, D., & Mehler, J. (2000) Language discrimination by human newborns and by cotton-top tamarin monkeys. *Science, 288*(5464), 349–351.
Spelke, E. S. (2000) Core knowledge. *American Psychologist, 55*(11), 1233–1243.
Streeter, L. A. (1976) Language perception of 2-month-old infants shows effects of both innate mechanisms and experience. *Nature, 259*(5538), 39–41.
Ustun, B., Reissland, N., Covey, J., Schaal, B., & Blissett, J. (2022) Flavor sensing in utero and emerging discriminative behaviors in the human fetus. *Psychological Science, 33*(10), 1651–1663.
ヴォークレール，J.（著）明和政子（監訳）鈴木光太郎（訳）(2012) 乳幼児の発達―運動・知覚・認知―　新曜社
Walton, G. E., Bower, N. J., & Bower, T. G. (1992) Recognition of familiar faces by newborns. *Infant Behavior & Development, 15*(2), 265–269.
Wynn, K. (1992) Addition and subtraction by human infants. *Nature, 358*(6389), 749–750.

第 4 章

◎ ◎ ◎ ◎ ◎

幼児期の発達

【ねらい】
・幼児期における社会性・対人関係の発達について理解する。
・幼児期における認知の発達について理解する。
・幼児期における道徳性の発達について理解する。

1　幼児期における社会性・対人関係の発達

(1)　親（養育者）とのかかわりと自己意識の発達

一般に、生後1年または1年半くらいまでを乳児期、小学校に入学する頃から思春期までを児童期というが、幼児期はその間の1歳代から6歳頃までの時期を指すことが多い。幼児期はさらに、3歳または4歳を境にして、幼児期前期と幼児期後期に区別されることがある。本章では主に3歳以降の幼児期後期について取り上げる（幼児期前期は第3章参照）。

さて、社会性の発達には、個人の独自性が明確になり自律していく**個性化**のプロセスと他人と共存し社会に適応していく**社会化**のプロセスの2側面がある（渡辺ら, 2008）。家族や仲間などの社会化のエイジェントの影響を受けつつ生涯にわたって「自己」が発達していくが、幼児期において特に重要な**対人関係**とされてきたのが親（養育者）との関係である。

3歳以前は第1次反抗期、イヤイヤ期、魔の2歳児（terrible twos）などと呼ばれる。親とは違う独自の存在なのだという**自己意識**・自我の芽生えに伴い、自己主張が強くなり、親が何をいっても反抗するようになるとされる。他方、3歳頃になると、子どもは親の感情や動機を洞察し、相手に合わせて行動することも可能となる。**アタッチメント**（愛着：attachment）の発達について、**ボウルビィ**（Bowlby, J., 1907–1990）は、3歳前後に第4段階の「目標修正的協調性の形成」に至るとした（Bowlby, 1969）。愛着の対象である親の行動を観察し、親の目標や計画を推測して、自らも柔軟に行動することが可能となり、**協調性**（partnership）に基づく関係の基礎が形成される。

自己意識に関しては、2歳前後にルージュテストに通過する（気づかれないよう子どもの顔に口紅を塗り、鏡を見せると、口紅が塗られたところを触る）ことが知られているが、幼児期にはさらに自己意識の高まりがみられる。たとえばポヴィネリら（Povinelli et al., 1996）はルージュテストを発展させ、子どもが遊んでいる様子を録画しながら、気づかれないよう頭にシールを貼り、数分後にその様子の録画映像を見せ、子どもが貼られたシールを剝がそうとするかを調べた。その結果、3歳では難しいが、4歳頃にはシールを剝がそうとするようになる。過去の自分、現在の自分、未来の自分を結びつけて考えることが可能となり、**自己概念**（自分の性格や能力、身体的特徴などの、比較的永続的な自分についての考え：長谷川, 2014）は安定に向かう。

(2) フロイト・エリクソンの理論

発達における幼児期体験、特に親との関係の重要性を指摘したのが精神分析の創始者**フロイト**（Freud, S., 1856–1939）である。1905年発表の『性欲論三篇』に端を発する心理＝性的発達理論の鍵となる概念は、実父を殺害し実母と結婚したギリシア神話の王の名に由来する**エディプス・コンプレックス**（Oedipus complex）である（小川, 1999）。フロイトによれば、男児は5～6歳になると「母に愛情、父に憎悪」という複合感情を無意識のうちに抱くようになるが、父に対する恐怖感（去勢不安）から、父の怒りを鎮めつつ母の愛を得るため、父のようになろうと努めるようになる（同一視）。こうして幼児期に親への性同一視を通して性役割が獲得されるとともに、性欲動（リビドー：libido）が抑圧されて次の潜伏期（児童期）へと進む。ただし、この欲動が十分に満たされなかったり逆に過剰に刺激されたりすると固着（fixation）が生じ、円満な発達が阻害され、不適応に至るととらえた。

フロイトの理論を踏襲しつつ、発達に及ぼす社会・文化的な影響を重視したのが**エリクソン**（Erikson, E. H., 1902–1994）である。1950年発表の『幼児期と社会』の中で８つの発達段階を提唱し、発達の各段階で遭遇する心理社会的危機（社会からの外的な要請と内的な欲求のジレンマ）の克服が次の段階へ進む成熟への動機づけとなる一方、克服の失敗が発達上の問題となって表出するととらえた。欲動を満たす身体の部位をもとに口唇期（乳を吸うことで口唇領域に快感を得る）、肛門期（排泄機能の統制より肛門領域に快感を得る）、男根期（エディプス期）などの段階を提唱したフロイトに倣い、エリクソンは乳児期を口唇感覚期（危機：「基本的信頼」対「基本的不信」）、幼児期前期を筋肉肛門期（「自律性」対「恥・疑惑」）、幼児期後期を移動性器期（「自主性」対「罪悪感」）などとしている（Erikson, 1950）。

エリクソンの理論は、パーソナリティの基礎が乳幼児期に決定されるというフロイトの決定主義の考え方に対して、パーソナリティの形成は順応性があり、家族や社会の影響を受けつつ生涯にわたって形成される（漸成発達論：epigenesis）ととらえた点に特色がある。津守（2005）は、エリクソンの各段階の説明を言い換えて、幼児期前期には「自分の力で何かをしようとする自律と、それを恥じる感情との葛藤の中で、意思という徳が生まれ」（p.14）、幼児期後期（遊戯期）には「自主的に行動しようとする生命性と、それに対する罪悪感の葛藤の中から目的意識があらわれ」（p.14）ると表現している。

(3) フロイト・エリクソンの理論が及ぼした影響

エリクソンの理論は、同時代の**ハヴィガースト**（Havighurst, R. J., 1900–1991）の発達課題（developmental task）の考え方にも影響を及ぼした。両者の共通性として、津守（2005）は、乳幼児期だけでなく、誕生から老年期に至る人間の一生涯を考えたことをあげている。ハヴィガーストは、乳幼児期までに解決しておくべき発達課題として、「歩行」「固形食をとる」「話す」「排泄」「性の相違と性的慎み」「生理的安定」「社会や事物についての単純な概念形成」「両親きょうだいとの情緒的結びつき」「善悪の区別と良心」の学習をあげた（Havighurst, 1953）。ただし、これらは、**性的指向・性自認**を含め、当時のアメリカ中流階級の価値観に基づくことに留意する必要がある。

冒頭で紹介したボウルビィもまた精神分析の系譜にある。ただし、ボウルビィはフロイトのエディプス・コンプレックスや二次的動因説（乳児は生理的欲求の充足のために母親に愛着を示す）の考え方はとらずに愛着理論を提唱し、幼児期の愛着が人格形成に大きく影響するとした（Bowlby, 1969）。幼児期に愛着対象との関係性が内在化し、その後の対人関係の雛形となり、個人の行動やものの見方を方向づけるとされるが、こうした**内的作業モデル**（internal working model）を基本的に修正することが難しいとした点にはフロイトとの類似性も見て取れる。

愛着理論はいわゆる３歳児神話（人間の子どもは３歳まで母親に愛情豊かに育てられるべきである）の根拠として引き合いに出されることがある。しかし、母親のみが重要されることや初期の段階で人生の経路が決まってしまうと考える点には批判がある（長谷川, 2014）。人間の発達は可塑性が高く、母親以外のさまざまな人々とかかわりの中で発達することにも留意する必要がある。

(4) 幼児期における仲間とのかかわり

幼児期には仲間とのかかわりも多くなる。遊び相手も変化し、1〜2歳から3〜4歳を境に大人との遊びよりも子どもとの遊びの占める割合が高くなる（Ellis et al., 1981）。幼児の仲間とのかかわりに着目した初期の重要な研究がパーテン（Parten, 1932）の観察研究である。パーテンは、2〜4歳の自由遊び場面の行動を比較し、低年齢では①何もしていない行動、②ひとり遊び、③傍観者的行動（他児が遊ぶのを見ている）、④平行遊び（他児の近くで同じような遊びをするが、かかわりがない）が相対的に多いが、次第に⑤連合遊び（集団は組織化されていないが、他児との相互のかかわりがある）や⑥協同遊び（役割分担などが見られる組織化された集団の中での遊び）が多くなり、社会的参加が発達とともに高度になると指摘した。

幼児期における仲間同士のかかわりの中では、けんかやいざこざなどの対人葛藤も頻繁に生じ、葛藤を通してかかわりがさらに深まる。斉藤ら（1986）は、初めて仲間集団に参加した幼稚園の年少児クラス（3歳児）を１年間にわたって観察し、いざこざの原因と終結の変化を分析した。その結果、いざこざの原因は年間を通じて「物、場所の占有」（物の取り合いなど）が３割程度と多く、初期には身体的攻撃や悪口などの「否定的行動」も同程度に多かった。

しかし、時間の経過とともに「否定的行動」によるいざこざは減少し、遊びの中での「イメージのずれ」や「規則違反」をめぐるいざこざが増加した。また、いざこざの終結も、初期には一方がすぐにあきらめるなどの「無視・無抵抗」が多かったのに対して、次第に長く相互作用した上での「ものわかれ」や3歳児なりに「相互理解」した上での終結が増加した。

仲間とのかかわりは**自己制御**（self-regulation）や**実行機能**の発達にも寄与する。たとえば、柏木（1988）は、幼稚園の担任による観察・評定をもとに3歳から6歳にかけての自己主張・実現行動と自己抑制行動の発達を検討した。その結果、自己主張・実現行動は3歳から4歳半にかけて急増し、その後は大きく変化しないのに対し、自己抑制行動は一貫して伸び続けることを示している。山崎・白石（1993）は、自己主張と自己抑制は必ずしも対立するものではなく、自己実現できる幼児は自己主張と自己抑制の両方ができるとしている。仲間や親密な友人とのかかわりにおけるいざこざは、**規範意識**や**感情制御**（emotion regulation）などの社会性の発達にとって貴重な機会となる。

(5) 幼児期における社会的適応と行動特徴

前田（2001）は、幼児を対象としてソシオメトリックテストを実施し、仲間から好かれている人気児や嫌われている拒否児を選出するとともに、仲間の行動特徴（攻撃性、社交性、引っ込み思案）の評定を求め、社会的地位と社会的行動特徴との関連を検討した。その結果、人気児が高い社交性を示す（「お友達に親切でやさしい」「みんなと仲良く遊ぶのが上手」など）と評価される一方、拒否児は高い攻撃性（「よくけんかをする」「自分の思いどおりにならないと、すぐに怒る」など）を示すと評価された。また、幼児期から児童期にかけての縦断的研究から、①人気児や拒否児といった地位タイプが長期的に持続しやすい一方で、②攻撃性が低下した子どもは集団内の地位が向上し、攻撃性が増大した子どもは地位が低下することが示された。

他者に対する親切や思いやりは**向社会性**（prosociality）を、攻撃行動は**反社会性**（antisociality）を、引っ込み思案は**非社会性**（asociality）を反映する行動である。特に反社会的・攻撃的な子どもは仲間から拒否されやすく、拒否されることで孤独感を感じ、仲間とかかわる機会が減少することで社会性の発達が阻害されるという悪循環に陥るリスクも想定され、攻撃行動に代わる適切な社会的スキル（social skills）を身につける必要があるとされる。

2　幼児期における認知の発達

(1)　ピアジェの発達理論

認知の発達を理解する上での基礎となる理論を作り上げたのが**ピアジェ**（Piaget, J., 1896–1980）である。その業績は膨大で広範囲にわたり、フロイトなどと同様に長いキャリアの中で理論的変遷もあるが、長谷川（2014）はピアジェ理論の３つの基本的な考え方として、①能動的な子ども観、②同化と調節、③段階発達をあげている。「乳幼児は無力で受動的な存在である」という子ども観や遺伝説・環境説が優勢な時代に、ピアジェは、子どもは能動的な存在であり、自ら積極的に世界を理解しようとする「科学者」のような存在であるという子ども観を示した。また、生物学の概念を用い、人間は同化（新しい情報を自らがすでに持っている認識の枠組みに取り入れること）と調節（自分の既存の認識の構造を新経験に合わせて変化させていくこと）を繰り返し、新しい認識を獲得していくととらえた。そして、人間は段階を経て発達すると考え、思考の方法の違いによる４つの段階を想定した。

ピアジェは第１の段階を感覚運動期（0〜2 歳）、第２の段階を前操作期（2〜7 歳）と呼んだ。この２つの段階の大きな違いは**表象**（representation）を作り、表象を用いた思考ができるかどうかにある。たとえば、生後８か月以前の子どもは、目の前のおもちゃをハンカチで隠されてしまうと探すことができないが、これは「隠されたもの」を頭の中でイメージする、つまり表象を作ることができないためとされる。しかし、表象が獲得されると、隠されたものを探せるだけでなく、過去に親がやっていたことを真似する（**延滞模倣〔遅延模倣〕**: delayed imitation）こともできるようになる。幼児期は、今・ここにない表象を心の中に思い浮かべ、思考することができるようになる時期である。

表象が獲得され、あるもの（能記：意味するもの）によって別の何か（所記：意味されるもの）を意味する象徴機能があらわれるのが前操作期の特徴である。前操作期前半（2〜4 歳）の前概念的思考段階（象徴的思考期）には、象徴の出現により、積み木を車に見立てるなどのふり遊び・象徴遊び、ままごとやヒーローの真似などのごっこ遊びがみられるようになり、言語能力も急速に発達する。前操作期後半（4~7歳）の直観的思考段階には、言葉を使ってより複雑な思考ができるようになり、物事を関連づけて推論を行うことができるようになる。ただし、前操作期の子どもたちには認知的な制約があり、ピアジェはそれを**自己中心性**（égocentrisme）や中心化と呼んだ。

(2) 自己中心性・中心化

ピアジェのいう自己中心性は、わがまま・利己主義という意味ではなく、自分自身を他者の立場に置いたり、他者の視点に立ったりすることができないという幼児の認知上の限界を指す。ピアジェが初期に自己中心性の用語で形容したのは幼稚園の自由遊びにおける幼児の会話・発話の特徴についてであった。1923年の『児童における言語と思考』の中で、幼児が多く発する独言（ひとりごと）に着目し、これを自己中心的言語（egocentric speech）と呼んだ。他者に対する伝達の意思を持たない独語は自己中心性が言語面にあらわれたものであり、社会性が未完成であるために出現するとした。その上で、こうした独語は3歳児で最も多く、社会化に伴い4歳から5歳にかけて徐々に減じる（自己中心的言語から社会的言語へと移行する）とした（内田, 2006）。なお、後述する通り、ピアジェは誤解されやすく批判も受けた自己中心性の語をのちにはあまり用いなくなり、知覚的に目立つ特定の次元にだけ注意を払い過ぎる幼児期の認知の限界性を「中心化」と呼ぶようになっていく。

幼児期の中心化を示すとされる典型的な課題の一つが保存課題である。1941年の『数の発達心理学』では連続量（液体）や不連続量（おはじきの数）に関する保存課題が紹介されている（Piaget & Szeminska, 1941）。そして、図4-1のような課題への反応から、幼児期には保存性（conservation）・保存の概念が未成立であるとされている。たとえば、液体量の判断の際に、幼児は水面の高さにのみ注目して間違った判断をする（直観的思考）。保存の概念が成立するためには、可逆性の概念（もとに戻せば同じであること）、相補性の概念（粘土を伸ばすと長くなる代わりに細くなるように、一つの側面が増えると別の側面が減少すること）、同一性の概念（何も加えたり減らしたりしていないなら、同じであること）を

①液量の保存

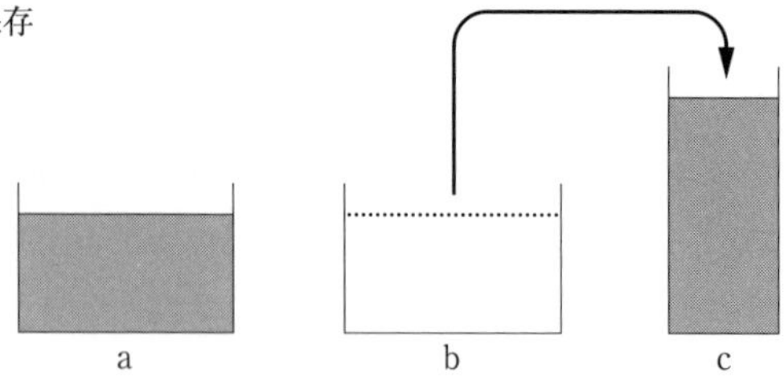

同じ容器（ａとｂ）に同じ量のジュースが入っているのを確認した後、幼児の目の前でｂの容器からｃの容器に移し替える。その後、子どもにａとｃのジュースの量を比較させると、知覚的な変化に左右されて２つの量は同じであると答えることのできる幼児は少ない。

②数の保存

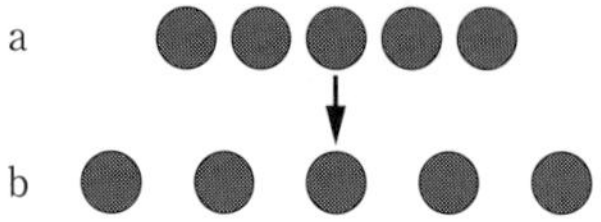

ａの状態のおはじきを子どもの目の前でbのように広げ、ａとｂとを比較させると、幼児は知覚的な変化に左右されてａよりもｂの方がおはじきが多い（増えた）と答える。

図 4-1　保存課題の例

（田爪, 2010, p.53）

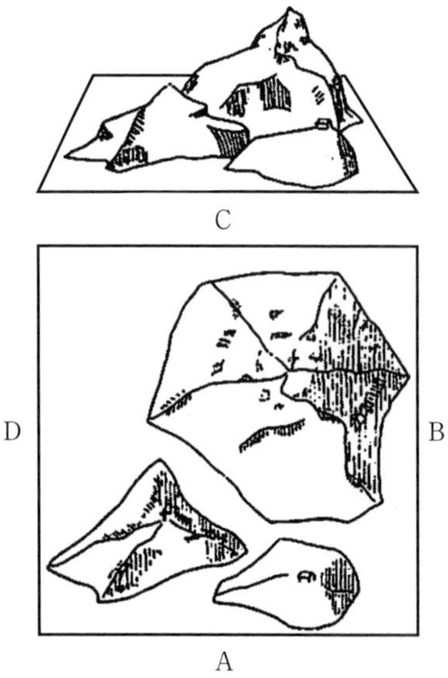

図 4-2　３つの山の配置

（渡部, 2004, p.96）

獲得しなければならない（田爪, 2010）。なお、同じ保存の概念でも数や量は7〜8歳、重さや体積では９歳以降と獲得される年齢にずれ（décalage）はあるが、**脱中心化**（décentration）によりこうした操作が可能となるのは児童期・具体的操作期になってからとされる。

もう一つの典型例が1948年にインヘルダー（Inhelder, B., 1913-1997）との共著『子どもの空間表象』で報告された「３つの山問題」（渡部, 2004）である。３つの山が置かれた台紙（図 4-2）を位置Ａから見ている子どもに対して、自分の位置からどのように見えているかを確認した上で、別の位置に置かれた人形からはどのように見えているかを絵カードを用いて尋ねるなどしている。この課題では、幼い子どもは自他の視点を混同する。特に4〜5歳では自他の視点が区別できない。7歳頃に自他の見え方が違うことには気づくが正答は難しい。この課題を通過できるのは脱中心化が進む9歳以降とされる。

ピアジェは、幼児期にはほかにも、物にも自分と同じように生命や感情があると考える**アニミズム**（animism）、虚構と現実の区別がつかず空想上の存在を信じる**実在論**（realism）、自然物も人間が作ったと考える**人工論**（artificialism）といった思考様式がみられるとした。いずれも自他が未分化なこの時期の認知を反映する特徴とされる。

(3) ピアジェ理論に対する批判とヴィゴツキーの発達理論

ピアジェは発達心理学を基礎づける多数の重要な知見をもたらしたが、その理論にはさまざまな批判もなされてきた。ピアジェと同年に生まれ夭折した**ヴィゴツキー**（Vygotsky, L. S., 1896-1934）は、1934年出版の『思考と言語』においてピアジェの自己中心言語・自己中心性という考え方を批判した。ヴィゴツキーは、幼児が独語をつぶやくのは困難に直面し、課題を解決しようとしているときが多いことを見出し、独語は問題解決過程で生じる思考の手段としての言葉が、内面化が不完全なまま外にあらわれたものととらえた。言葉はそもそも社会的な伝達の手段として獲得されるが、5〜6歳を境に分化し、一方は伝達の手段（**外言**）としてますます洗練され、他方は思考の手段（**内言**）に発展するとした。独語は社会性を獲得していないために生じるのではなく、言語獲得過程において過渡的にみられるものであるというヴィゴツキーの考え方は、のちにピアジェもこれを受け入れている（内田, 2006）。

ピアジェ理論の特徴は、人間を周囲の人々との関係性から切り離した生物学的な「個体」としてとらえ、人間の知性の発達には文化の違いを超えた普遍性があり、社会や教育の役割による大きな変化はないととらえた点にあるとされる。他方、ピアジェのこうした「孤独な科学者としての子ども」ともいえるとらえ方に対して、ヴィゴツキーは社会・文化や教育の役割を重視したとされる。ヴィゴツキーは、子どもの知的発達の水準を①自力で問題解決できる現下の発達水準と②他者からの援助や協働によって達成が可能になる水準に分け、この2つの水準のずれの範囲を**発達の最近接領域**（zone of proximal development）と呼び、教育はこの領域に適合したものであるとともに、こうした潜在的な可能性の領域を作り出すものでなければならないとした（木下, 1999）。

(4) 認知発達に関する研究の展開

ピアジェが示した各発達段階の特徴は今なお頑強な結果として受け入れられているが、その理論にはさまざまな批判もなされ、認知発達研究はそれにより展開してきたともいえる。たとえば、ピアジェの研究では実験手続き上の問題で乳幼児の能力が低く見積もられている（乳幼児はピアジェが想定したよりも有能である）という指摘がある（長谷川, 2014）。先述の3つの山問題などは、その解決に空間的視点取得以外の多くの能力が絡み、呈示刺激の種類や反応方法を工夫すればより低年齢でも通過できるとされる（渡部, 2004）。

また、ピアジェ理論は領域普遍的な発達観（生物学や物理学などのどのような領域の問題でも、年齢によって認知が段階的に発達していく）に基づいているとされるが、その後の研究では領域特殊性（幼児でも豊かな知識を持っていて、既存の知識の影響により推論や判断の水準が高まる）が強調されるようにもなっている（長谷川, 2014）。これらのことには、その後の認知発達研究の知見に接する際も留意する必要がある。

たとえば、**心の理論**（他者の行動からその背後にある心的状態を推測し、その次の行動を予測するための理論）の研究についても同様である。心の理論獲得の指標としてよく用いられる**誤信念課題**（false belief task）の一つが**サリーとアンの課題**（Baron-Cohen et al., 1985）である。図4-3に示すように、この課題は、「カゴにビー玉をしまったサリーが出かけている間に、アンがビー玉を箱に移していなくなる」という状況を呈示して、「戻ってきたサリーがビー玉を探すのはどこか」を子どもに問う。他者が自分の持っている信念とは異なる誤信念を持ち得ることを理解できるかが問われるこの課題は、3歳では正答が難しいが、4歳代で可能になるとされる。

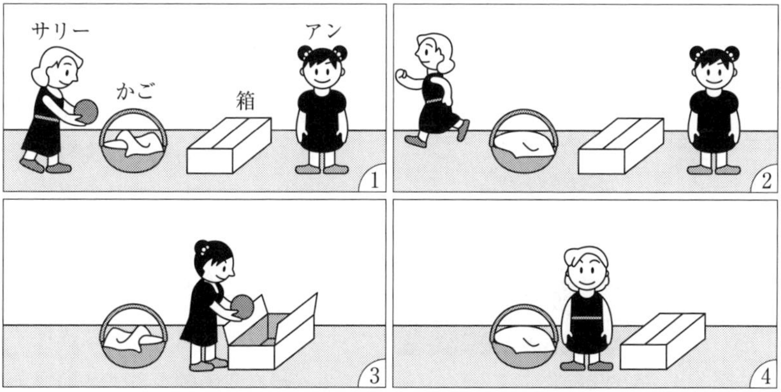

図 4–3　誤信念課題（サリーとアンの課題）
（佐久間, 2006, p.151）

ただし、誤信念理解の発達の個人差には、きょうだいの数の多さや愛着の安定性、言語能力などが関連していることが知られている（佐久間, 2006）。また、こうした心の理論について、日本の子どもは獲得時期が欧米に比べて遅れている（Naito & Koyama, 2006）との指摘がなされる一方で、非言語的な課題を用いた場合には遅れはみられない（Moriguchi et al., 2010）との指摘もなされている。このように、さまざまな研究知見を解釈する上では、使用言語を含む実験手続きや社会文化の影響などにも留意する必要がある。

3　幼児期における道徳性の発達

(1)　フロイトの道徳発達論

社会性と認知の双方の発達と深くかかわり、研究者によってさまざまな考え方が示されているのが幼児期における道徳性の発達である。たとえばフロイトにとっては、先述のエディプス・コンプレックスが道徳性発達理論の主要な概念であった（大西, 2003）。フロイトは、文化的な規範や価値を親との同一視の過程を通して超自我（super–ego）の中に内面化することを道徳性の発達ととらえ、これは5〜6歳頃のエディプス・コンプレックスの解決の結果として達成されるとした。フロイトは、図 4–4 のように精神を 3 つの部分に分けて考え、快楽原理に従うイド（id）で心が満たされている口唇期から、イド

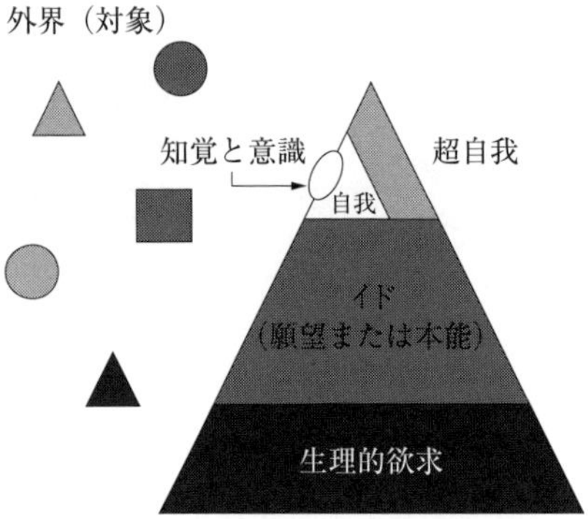

図 4-4　精神構造（フロイト）
（大西, 2003, p.56）

から分化した自我（ego）が現実を認識してイドの最適な満足を達成させるべく現実原理で機能する肛門期を経て、幼児期に倫理的原理で機能してイドの衝動を抑制する超自我が自我から分化するととらえた。欲求のおもむくままに行動して社会の価値や規範に違反すると、超自我の働きにより罪悪感や不安が生じる。フロイトは、罪悪感や不安を避け、良心（超自我）に従うようになることが道徳発達の本質であるとした。

(2)　ピアジェの道徳発達論

他方、ピアジェ（Piaget, 1932）は、『児童道徳判断の発達』において子ども同士の相互の関係を重視した。道徳性の本質は規則（ルール）に対する尊敬にあるとして、子どもの遊び（マーブル・ゲーム）を観察しつつ、規則についてどう考えているかを尋ねることから始めた。その結果から、2〜5歳は、遊び相手を意識せず、規則を自己流に模倣する自己中心的段階にあるとした。また、幼児期から児童期前半までは規則を一方的に尊敬する段階（規則は大人から与えられたもので変更できないとする拘束・他律の道徳）にあり、相互的な尊敬の段階（規則は相互の同意に基づくもので修正することもできるとする協同・自律の道徳）に至るのは9歳以降とした。

ピアジェはさらに、例話を用いた臨床法により、幼児・児童の過失・盗み・嘘などについての善悪判断や理由づけを調べた。たとえば、過失については、「ジャンは、後ろにコップがのったお盆があるのを知らずドアを開けてひっくり返してしまい、15個すべてを割ってしまった」と「アンリは、母の留守に戸棚のジャムを食べようとイスにのって手を伸ばし、コップを落として1個だけ割ってしまった」といった話を比較させ、理由とともにどちらが悪いか判断を求めた。その結果、5歳以前ではそもそも比較することが難しく、7歳頃までは「**結果論**的（客観的）責任判断」（例：たくさん割ったジャンが悪い）が多いが、9歳頃には「**動機論**的（主観的）責任判断」（例：ジャムを取ろうとしたアンリが悪い）に移行するとした。ピアジェは幼児期における規範意識や道徳判断の特徴を示しつつ、道徳発達において大切なことは大人による一方的な叱責などではなく、子ども同士の相互のかかわりであるとした。

(3) コールバーグの認知的発達理論

ピアジェの影響を受けつつ認知的発達理論を提唱し、アメリカで道徳研究の中核を担ったのが**コールバーグ**（Kohlberg, L., 1927–1987）である。認知的発達理論の立場からアメリカにおける道徳発達研究の歴史を概観すると、1950年代には精神分析、1960年代にかけてはスキナー（Skinner, B. F., 1904–1990）らの学習理論の影響が強く、罪悪感や不安などの感情や報酬と罰などの社会的強化の随伴性（よい行動をしてほめられる、悪いことをして怒られるなど）によっていかに道徳性を育成するかという考え方が主流であった。こうした大人による伝達・強制を重視する相対主義的・伝統的な考え方に対して、コールバーグは、子どもを能動的に道徳的認知を構成する道徳哲学者ととらえ、Ⅲ水準6段階からなる道徳性の発達段階を提唱した。コールバーグの理論もまた、ピアジェと同様に普遍主義的・進歩主義的な道徳発達観・人間観に特徴がある。ただし、コールバーグの理論においても、ピアジェと同様に、幼児期は道徳的に他律的な段階にあるととらえられている（Turiel, 2006）（第1章参照）。

たとえば、コールバーグの理論をもとに役割取得能力（**向社会的行動**の前提条件と考えられている**共感性**の認知的側面）の発達をとらえた**セルマン**（Selman, R. L., 1942– ）も、幼児期（3〜5歳）は自他の視点の区別が困難な段階（自己中心的役割取得）にあり、自他の視点を区別できる（主観的役割取得）のは6〜7歳、自他の視点を区別して他者の視点から自分の思考や行動を内省できる（二人称相応的役割取得）のは8〜11歳としている（長谷川, 2014）（第1章参照）。

(4) チュリエルの社会的領域理論

他方、**チュリエル**（Turiel, E., 1938– ）は、コールバーグの普遍主義的・進歩主義的な視点を維持しつつ、認知的発達理論を批判的に展開し、**社会的領域理論**（領域特殊理論）を提唱した。ピアジェやコールバーグが道徳発達を他律から自律への一元的な移行ととらえたのに対して、チュリエルは道徳発達が初期から多元的であると仮定した。すなわち、「正義や権利などの道徳的概念は児童期後期あるいは青年期まで構成されず、幼児は権威志向的に慣習を厳守する段階にある」というこれまでの道徳発達観に代わって、「幼児も道徳と慣習を区別しており、状況に応じた多元的な判断と行動（権威に従ったり、自己決定したり）ができる」とする新たな発達観を提示した（首藤・二宮, 2003；Turiel, 2006）。

社会的領域理論に基づく研究では、たとえば、子どもたちに道徳の違反行為（「人をたたく」「人のものを奪う」など）と慣習の違反行為（「片づけない」「裸で外に出る」など）を呈示し、その善悪判断や理由づけに加えて、規則随伴性（例：学校や園に規則がなければ、その違反行為に従事してよいか）や権威随伴性（例：教師や保育者が命じるのであれば、その違反行為に従事してよいか）などの判断を求めている。その結果、2歳では道徳と慣習の違反行為を区別しないが、3歳になると慣習の違反行為より道徳の違反行為が一般的により悪いと判断するようになる。ただし、3歳では道徳の違反行為に対する判断も、慣習の違反行為に対する判断と同様に、規則や権威に左右される。しかしながら、3歳の終わり頃には、道徳の違反行為は、それを禁止する規則がなくとも、また、そうするよう保育者が命じても悪いと判断するようになることが示されている（Turiel, 2006）。

これまでの一連の研究から、幼児も4～5歳頃には権威志向的に常に大人の指示・命令を厳守することから脱し、道徳の違反行為に関して自律的な判断を行うことが可能になることが示唆されてきた（Turiel, 2006）。また、日本の子どもを対象とした研究でも、日本の子どもが全体的に慣習的（状況依存的）な思考を強く働かせる傾向にあることや道徳と慣習の概念的な区別が可能になる時期がアメリカより遅い可能性なども指摘されているが、基本的には社会的領域理論の見解を支持する結果が見出されている（首藤・二宮, 2003）。このように幼児期の道徳発達のとらえ方もまた研究者によってさまざまであり、時代によって変遷していく。

〈チェックページ〉

□幼児期における社会性・対人関係の発達について理解できましたか。
□幼児期における認知の発達について理解できましたか。
□幼児期における道徳性の発達について理解できましたか。

〈課題・オンライン資料〉

1）幼稚園教育要領や同解説を読んで、これらで幼児期の発達がどのようにとらえられているかを考えてみましょう。
幼稚園教育要領　https://www.mext.go.jp/content/1384661_3_2.pdf
幼稚園教育要領解説　https://www.mext.go.jp/content/1384661_3_3.pdf

〈引用文献〉

Baron-Cohen, S., Leslie, A. M., & Frith, U.（1985）Does the autistic child have a "theory of mind"? *Cognition, 21*, 37–46.

Bowlby, J.（1969）*Attachment and Loss. Vol. 1. Attachment.* Hogarth Press.（ボウルビィ, J.（著）黒田実郎・大羽蓁・岡田洋子・黒田聖一（訳）（1976）母子関係の理論 ① 愛着行動　岩崎学術出版社）

Ellis, S., Rogoff, B., & Cromer, C. C.（1981）Age segregation in children's social interactions. *Developmental Psychology, 17*, 399–407.

Erikson, E. H.（1950）*Childhood and Society.* W. W. Norton.（エリクソン, E. H.（著）仁科弥生（訳）（1977）幼児期と社会Ⅰ　みすず書房）

長谷川真里（2014）発達心理学―心の謎を探る旅―　北樹出版

Havighurst, R. J.（1953）*Human Development and Education.* Longmans, Green.（ハヴィガースト, R. J.（著）荘司雅子（監訳）（1995）人間の発達課題と教育　玉川大学出版部）

柏木恵子（1988）幼児期における「自己」の発達―行動の自己制御機能を中心に―　東京大学出版会

木下孝司（1999）発達の最近接領域　中島義明・安藤清志・子安増生・坂野雄二・繁桝算男・立花政夫・箱田裕司（編）心理学辞典　有斐閣　p.695.

前田健一（2001）子どもの仲間関係における社会的地位の持続性　北大路書房

Moriguchi, Y., Okumura, Y., Kanakogi, Y., & Itakura, S.（2010）Japanese children's difficulty with false belief understanding: Is it real or apparent? *Psychologia, 53*, 36–43.

Naito, M. & Koyama, K.（2006）The development of false-belief understanding in Japanese children: Delay and difference? *International Journal of Behavioral Development, 30*, 290–304.

小川俊樹（1999）エディプス・コンプレックス　中島義明・安藤清志・子安増生・坂野雄二・繁桝算男・立花政夫・箱田裕司（編）心理学辞典　有斐閣　pp.68–69.

大西文行（2003）道徳性発達・形成諸理論（2）　道徳性と情動　大西文行（編）道徳性形成論―新しい価値の創造―　放送大学教育振興会　pp.45–59.

Parten, M. B.（1932）Social participation among pre-school children. *Journal of Abnormal and Social Psychology, 27,* 243–269.

Piaget, J.（1932）*Le jugement moral chez l'enfant.* Félix Alcan.（ピアジェ, J.（著）大伴茂（訳）（1954）児童道徳判断の発達　ピアジェ児童臨床心理学Ⅲ　同文書院）

Piaget, J., & Szeminska, A.（1941）*La genèse du nombre chez l'enfant.* Delachaux et Niestlé.（ピアジェ, J.・シェミンスカ, A.（著）遠山啓・銀林浩・滝沢武久（訳）（1962）数の発達心理学　国土社）

Povinelli, D. J., Landau, K. R., & Perilloux, H. K.（1996）Self-recognition in young children using delayed versus live feedback: Evidence of a developmental asynchrony. *Child Development, 67,* 1540–1554.

斉藤こずゑ・木下芳子・朝生あけみ（1986）仲間関係　無藤隆・内田伸子・斉藤こずゑ（編）子ども時代を豊かに―新しい保育心理学―　学文社　pp.59–111.

佐久間路子（2006）他者の「心」に関する理解はどのように発達するのか　内田伸子（編）発達心理学キーワード　有斐閣　pp.150–151.

首藤敏元・二宮克美（2003）子どもの道徳的自律の発達　風間書房

田爪宏二（2010）遊びと認知発達　無藤隆・中坪史典・西山修（編著）新・プリマーズ／保育／心理　発達心理学　ミネルヴァ書房　pp. 47–59.

津守眞（2005）乳幼児期の発達課題と保育　保育学研究, *43,* 12–18.

Turiel, E.（2006）The development of morality. In W. Damon, R. M. Lerner（Series Eds.）& N. Eisenberg（Vol. Ed.）*Handbook of Child Psychology. Vol.3. Social, Emotional, and Personality Development*（6th ed.）. Wiley. pp.789–857.

内田伸子（2006）子どもの世界づくり　内田伸子（編）発達心理学キーワード　有斐閣　pp.73–96.

渡部雅之（2004）3つの山問題　杉村伸一郎・坂田陽子（編）実験で学ぶ発達心理学　ナカニシヤ出版　pp.94–103.

渡辺弥生・伊藤順子・杉村伸一郎（編）（2008）原著で学ぶ社会性の発達　ナカニシヤ出版

山崎晃・白石敏行（1993）幼児の自己実現を自己主張と自己抑制からとらえる　保育学研究, *31,* 104–112.

第 5 章

◎ ◎ ◎ ◎ ◎

児童期の発達

【ねらい】
- 児童期のこころの発達特徴、心理社会的な発達課題を理解する。
- 児童期の主な発達面には、思考の発達と社会性の発達があることがわかる。
- 児童期の問題には、「学習意欲」「仲間関係」があることを知る。

1　児童期の特徴

児童期とは、就学年齢となる満6歳から12歳までの時期に該当し、小学校に通う時期でもあることから**学童期**ともいわれる。児童期の「児童」とは、広義には大人か子どもかの区別として子どもを児童と呼ぶ場合が考えられ、わが国の児童福祉法における児童は18歳未満を指している。本章では、小学校に通う年齢段階にあたる児童の発達を取り上げる。小学校は計6学年あり、小学生は低学年（1・2年生)、中学年（3・4年生)、高学年（5・6年生）に分かれる幅広い年齢段階でもある。就学したばかりの低学年は幼児期、中学校へと進学する高学年は思春期（青年期）の特徴も考慮する必要がある。

児童期は、身長などの身体面を含めてさまざまな成長がみられるが、なかでも児童期の主な発達特徴として「学習」と「仲間関係」があげられる。学習面では、幼児期の遊びの学びから主に国語や算数などの教科学習の学びへと移行する。国語では幼児期の「聞く」「話す」といった音声でのコミュニケーションにつながる言葉の学びから「読む」「書く」という文字を用いた理解や表現を学ぶようになる。算数では、幼児期の数遊びや日常生活での数の意識から、教室内の授業で教科書を用いて、基数や四則計算や論理的な思考を学ぶようになる。たとえば、物の「順番」や「位置」をあらわす数である「序数」の理解だけでなく、物の「量」や「個数」をあらわす数である「基数」の理解が求められるようになる。「仲間関係」では、学級（クラス）におけるグループ学習、係・委員会などの班活動、行事での集団でのまとまりや役割、休み時間での活動を通じて、幼児期よりも子ども同士での関係構築が児童期では求められるようになる。

(1) 児童期の発達課題

児童期は、小学校に通い、国語や算数といった教科の「学習」、休み時間や行事をともに過ごす同級生とのかかわりなど「仲間関係」に特徴があると考えられる。これらにつながる児童期のこころの発達特徴には、**エリクソン**（Erikson, 1950）が提唱した心理社会面での児童期の発達課題である「**勤勉性**」対「劣等感」があげられる。児童期は、自分が得意なことはもちろん、苦手なことでも努力することが大切であることを獲得する重要な時期である。努力や挑戦することで得られる成功体験、または失敗しても努力を周囲に認められる体験などを通じて、達成感や自己効力感（Bandura, 1977）などを身につけることにつながる。この勤勉性の発達課題が未達成の場合には、自分はできないという「劣等感」が目立つようになる。

(2) 児童期の学校生活

児童期の学習面では、小学校に就学すると、保育所・幼稚園といった園での遊びを主体とした学びの生活から、主に国語や算数などの教科学習を主体とした学びに移行し、教科ごとに評価が出されて成績がつくという特徴がある。小学校３年生から４年生にかけての９歳頃は、子どもの認知能力がより高まる一方で、教育現場では９歳の壁（または10歳の壁）と呼ばれる学習面でのつまずきやすい時期にあたるため、学校教育では注意が必要である。たとえば、教師など周囲の大人から、勉強をやらない子どもに対しては、やる気がない子どもとラベリングされることがある。この学習意欲の低さの背景には、自分はどうせやってもできないからやらない方がよいとして努力する行動を回避するようになる学習性無力感（Seligman, 1967；1975）の状態に陥っている可能性があることに注意すべきである。

小学校に就学すると、授業だけでなく休み時間もあり、学校生活の多くの場面で同じ学年であるクラスの同級生とのかかわりが求められる。たとえば、同じ学年単位に分かれた運動会や音楽会などの学校行事、クラス内でも係や委員会があり、クラブに所属するなど小集団でのグループ活動がある。日々の授業でも、所属する班や席が近い同士でグループでの話し合い学習が求められることから、小学校では仲間関係が重要であるといえる。

2　児童期の思考の発達

児童期にあたる小学校に入学すると、国語や算数といった教科をはじめ、卒業までには、さらに理科や社会などさまざまな教科での学習を行う。テストや宿題などもあり、教育ではより思考の重要性が高まるようになる。そのような児童期の思考の発達特徴は、Piaget (1952) が提唱した認知発達理論の4つの発達段階のうち、具体的操作期と形式的操作期にみられる (第8章参照)。

(1)　具体的操作期

児童期にあたる6〜7歳頃から11〜12歳頃は**具体的操作期**と呼ばれる。この時期になると、具体的場面や実際的課題の対象であれば、見かけに左右されない論理的思考が可能になる。また、幼児期にあたる前操作期では難しかった自己中心性からの脱却 (**脱中心化**) がみられ、可逆性などを問う数の保存や液体の保存といった**保存課題**が理解できるようになる (第4章参照)。

(2)　形式的操作期

小学校の高学年にあたる11〜12歳頃を超えた以降は**形式的操作期**と呼ばれる。この時期になると、経験のない状況や問題に対しても「もし〜だったら」と仮説を立て仮説演繹的に推論する、または具体的ではない抽象的な対象でも論理的に思考することが可能となる (第8章参照)。

児童期の思考の発達特徴を教育に生かすには、具体的操作期が具体的対象や実際的場面ならば客観的な因果関係の推論が可能であることを踏まえて、小学校の中学年以降の理科の授業で仮説実験型授業を行うことが考えられる。そして、教育相談では、小学校の高学年にあたる形式的操作期になると、より論理的思考や抽象的思考が可能となることから、児童が自分のことについて悩んだときには、児童期の次の発達段階である青年期のアイデンティティも視野に入れた自己概念を考慮して発達支援をするとよいと思われる。

3　児童期の社会性の発達

児童期の社会性の発達としては、道徳的判断といった道徳性の発達がみられる（第4章参照）。

小学校に入ると、児童期の子どもは教師とのかかわりのほか、学年やクラスが同じなど同級生との交流が授業や休み時間、行事等の活動を通じて増えるようになる。児童期の社会性の発達では、特に対人関係における仲間集団の発達が顕著であると考えられる。また、児童期の子どもは対人関係や対人行動を通じて、役割取得、向社会性、共感性、道徳性、規範意識などがより発達するようになる。

(1)　児童期の仲間集団

児童期の子どもは、小学校の中学年になると、親や教師など大人たちの権威に反抗して徒党を組み、さまざまな遊びを通じたわれわれ意識のもと、仲間以外は参加できない閉鎖性の強い仲間集団を形成する。このような仲間を形成する子どもの時期について社会学者のスラッシャー（Thrasher, 1927）は**ギャング・エイジ**と呼んでいる。

また、仲間集団の発達では、児童期の仲間集団は**ギャング・グループ**と位置づけられる（保坂・岡村, 1986）。ギャング・グループは、児童期の中期以降、同性・同年齢で、特に男子に特徴的とされる。大人が禁止する遊びなど同じ遊びをするものが仲間という閉鎖性があり、その仲間同士としての一体感を得られるようになる。

児童期の仲間集団は、親や先生に反抗した遊びをする中で、集団内での仲間からの承認や位置づけ、自分の役割を意識するようになるという意味で、広義の社会化につながると考えられる。

しかしながら、現代の児童期の子どもたちの生活状況は、仲間集団を形成して遊ぶのに必要な地域の遊び場の減少、放課後や休日も習いごとや塾などに通い、遊ぶ空間や時間が制限されるようになってきていると思われる。また、子どもの遊びの中での社会化を考える場合、直接的かつ対面での遊びではないスマホ（携帯電話）やタブレット（PC）でのゲームやSNSでの交流が小学生にも増加していくならば、ギャング・エイジが提唱された時代の子どもたちの社会状況とは異なっている可能性に注意が必要である。

(2) 役割取得の発達

児童期の子どもが小学校などでの生活の中で、仲間関係を形成・維持していくためには、相手の視点を取り入れて行動することが大切といえる。

社会学者のミード（Mead, 1934）は、著書『精神・自我・社会』の中で、自我の形成に重要である役割取得（role-taking）の概念を提唱した。私たちは、幼い頃から社会の中で親や教師など周囲の他者とのコミュニケーションを通じて、周囲の他者の態度や期待などを自分に取り入れて役割を取得し、その役割を実行する中で自我を発達させていくと考えられる。

児童期における対人関係の理解では、**セルマン**（Selman, R. L., 1942-　）の他者視点が重要である。セルマンとブレイン（Selman & Braine, 1976）は、認知発達の観点から**役割取得理論**（Role-taking theory）を提唱し、5つのレベルからなる発達段階を提唱している。渡辺（2001）は、セルマンの役割取得理論をもとに、**役割取得能力**を3つの観点（①自分と他者の違いを意識する、②他者の感情や思考など内面を推測する、③自分の役割行動を決定する）から5つのレベルで発達段階を示している（表5-1）。

たとえば、小学校では低学年から中学年頃（9〜10歳頃）になると、自分の視点と他者の視点の区別ができるだけでなく、他者の視点から自分の思考や行動を内省できるようになる。また、他者もそれができることを理解し、外から見える自分と自分だけが知る現実の自分の理解ができるようになる。

このような役割取得能力は、小学校の授業場面ならば、理科の授業で行う実験前の仮説や実験後の結果について、座席の隣同士での2人組、班などの小グループ、クラス全体での児童同士の話し合い学習に役立てられる。

小学校の生活場面では、休み時間などで友だちやクラスメイトと仲たがいをした際に、相手は自分の考えと異なることがあること、自分はわかってい

表 5-1　役割取得能力の発達段階

レベル 0　自己中心的役割取得（3～5 歳）
自己と他者の視点を区別することが難しい。同時に、他者の身体的特性を心理面と区別することが難しい。
レベル 1　主観的役割取得（6～7 歳）
自己と他者の視点を区別して理解するが、同時に関連づけることが難しい。また、他者の意図と行動を区別して考えられるようになり、行動が故意であったかどうかを考慮するようになる。ただし、「笑っていれば嬉しい」といった表面的な行動からの感情を予測しがちである。
レベル 2　二人称的役割取得（8～11 歳）
他者の視点から自分の思考や行動について内省できる。また、他者もそうすることができることを理解する。外から見える自分と自分だけが知る現実の自分という 2 つが存在することを理解するようになる。したがって、人と人がかかわるときに他者の内省を正しく理解することの限界を認識できるようになる。
レベル 3　三人称的役割取得（12～14 歳）
自己と他者の視点以外、第三者の視点をとることができるようになる。したがって、自分と他者の視点や相互作用を第三者の立場から互いに調整し、考慮できるようになる。
レベル 4　一般化された他者としての役割取得（15～18 歳）
多様な視点が存在する状況で自分自身の視点を理解する。人の心の無意識の世界を理解し、主観的な視点を捉えるようになり、「いわなくても明らかな」といった深いところで共有される意味を認識する。

（渡辺, 2001）

るが相手は自分の考えがわからないことがあること、またその逆もあり得ることへの理解ができるようになる。

また、対人関係では、一対一の関係だけでなく、クラスでいじめが起きた際の解決策を話し合う場、クラスで何らかのルールを話し合って決める集団場面でも、他者視点が理解できるという役割取得能力は大切になる。

4　児童期のこころの問題

児童期のこころの問題にはさまざまなものがあるが、ここでは学習にかかわる問題と対人関係にかかわる問題を取り上げる。

(1)　小 1 プロブレム

児童期にあたる小学校での学習環境は、それまで保育園や幼稚園などでの遊びを中心とした学びから、国語や算数などの教科学習へと移行する。また、教室での授業では、授業時間中に自分の机で姿勢正しく座っていること、先生からのクラス集団への一斉指示を聞き逃さず、作業指示があればすみやかに行うこと、先生が黒板に書いた板書をノートに写すこと、家では宿題をして、次の日は忘れ物をしないことが求められる。そのほか、教科ごとにはテストも行われ、点数が出ることになり、成績評価もつくようになる。そのほか、学年が進むと係や委員会、クラブなどのグループ活動も行われるようになる。授業時間以外でも、学校では決められた授業時間と休み時間に沿って場面切り替えを行うことが求められる。たとえば、体育では運動場や体育館、音楽では音楽室、図画工作では図画工作室、実験がある場合は理科教室など、授業開始時間に間に合うよう、児童は教室のすみやかな移動が求められる。

このように、児童は、就学し小学校に入学すると、主たる活動が園（保育園・幼稚園）での遊びから教科学習に移行し、授業では先生の話をしっかり聞き、板書をノートに写して、課題やテストといった学習活動を求められるようになる。主活動にみられる園から学校へのこのような学習環境の大きな変化に伴い、その学習環境への適応が難しい問題を**小１プロブレム**という。特に、入学して間もない４月には、学校に登校できない、登校しても教室に入れない、保護者同伴でないと学校に来られないなどの場面がみられる。

⑵ 学習意欲

授業や教科などの学習を行う小学校では、児童の**学習意欲**が問題となることがある。心理学における「学習」の概念は、行動の獲得など勉強だけでなくもっと広い意味を含んでいるが、小学校の現場における学習意欲の問題とは、勉強へのやる気という意味で扱われやすいと考えられる。

やる気とは、心理学では動機づけ（motivation）と呼ばれ、行動を一定の方向に向けて生起させ、持続させる過程や機能のことである。動機づけには、**内発的動機づけ**と**外発的動機づけ**がある。幼児期の学びへの動機づけは、主として遊びが学びであり、興味や好奇心によって自発的に新しいことを探求、創造し、学ぶことが多いことから主に内発的動機づけに基づくと考えられる。小学校の学びは、国語や算数などの教科学習が主となり、たとえば算数が面白いから勉強する内発的動機づけ、好きな物を買ってもらいたいので算数を勉強するという外発的動機づけに分かれる場面がみられる。

児童期の学習活動の要因には、**メタ認知能力**の発達（Flavell, 1979）も重要である。**メタ認知**（metacognition）とは、自分自身の認知過程についての認識のことである。メタ認知には、2つの要素があり、一つは、メタ認知的知識（自分の学習プロセスや認知についての知識）である。もう一つは、メタ認知的制御（自分の学習や思考プロセスを監視〔モニター〕し、調整する能力）である。児童期の子どもが、どのように自分の記憶を監視（モニター）し、自分の学習や記憶に関する知識を使えるかを考えることによって、自分の苦手な科目や間違えやすい問題への取り組み方や問題解決方略（strategy）を自分なりに考えることにもつながり、より学習に効果的な**自己調整学習**へと役立たせることができるといえる（第8章参照）。

また、フラベルら（Flavell et al., 1966）は、幼児である年長の5歳児から児童である5年生の10歳児を対象に記憶課題を用いた発達研究を行っている。その記憶課題では、言語リハーサル方略（呈示された語を繰り返すことで記憶を助ける）を行うかどうかの観察と自己報告について検討している。その結果、年長の子どもたちは言語リハーサル方略をほとんど行わず、2年生の児童は少しリハーサルを行い、5年生の児童は頻繁にリハーサルを行っていた。このことから、児童期の学習では年齢が上がるにつれて、記憶するために認知的な方略の使用が増えることがわかる。

そのほかの児童が勉強する動機づけには、他者からの評価（親・先生からの賞賛、先生がつける成績）や報酬を受ける場面も多くなっていく中で、自ら目標を設定して高い成績を収めたいという**達成動機**の高さで自ら勉強する、あるいは**社会的比較**（Festinger, 1954）によって、自分のことを知るために他者と比べることで自己を評価し、自分にとって大切な成績のことでライバルに負けたくないために勉強することも考えられる。

このように学習意欲を高めるには、単に内発的動機づけと外発的動機づけだけでなく、認知能力の発達、自己評価や他者との関係など児童を取り巻く教育環境、発達段階や発達プロセスに応じたかかわりが大切である。

それでは、学習意欲が高い人と低い人ではどのような違いがあるのだろうか。心理学で説明できる理由の一つには、成績がよくなかった出来事の原因を自分の知的能力（全体）のせいにしてしまう**原因帰属**が考えられる。原因帰属とは、人が出来事の成功や失敗の原因をどのように帰属させるかという原因のとらえ方である。**ワイナー**（Weiner, 1972；1985）は、学習達成行動の原因帰属について、「内的／外的」「安定性」「統制可能性」の3つの次元で分類を行っている（表5-2）。

「内的／外的」とは、成功や失敗の原因が自分にあるか（内的）、外部の環境にあるか（外的）の違いである。例として、「自分の努力が足りなかった」（内的）、「教師が出した試験の問題が難し過ぎた」（外的）という原因帰属がある。

「安定性」とは、成功や失敗の原因が変わりやすいか（不安定）、変わりにくいか（安定）の違いである。例として、「勉強した量」（不安定）、「勉強できる能力」（安定）という原因帰属がある。

「統制可能性」とは、成功や失敗の原因が、自分でコントロール可能かどうか（統制可能）、自分ではコントロールできないか（統制不可能）といった違いである。例として、「努力」（統制可能）、「運」（統制不可能）という原因帰属がある。

児童が国語や算数などの試験を受けて、試験の点数が悪かった際に、「自分の努力不足で失敗した」と原因帰属をすれば、次の試験に向けて努力をすることで成功する可能性があると考え、学習行動への動機づけが高まるといえる。他方で、「自分は能力が低いから失敗した」と原因帰属をした場合、学習行動への動機づけが高まらないことが考えられる。

小学校の教室の授業で、児童の学習意欲が高い状態（例：手を挙げて発表する、積極的に板書を写す）ではなく、学習意欲が低い状態（例：ずっと机にふせって寝て

表5-2　ワイナーによる原因帰属の要因の分類

		安定性	
		安定	**不安定**
統制の位置	**内的**	能力	努力
	外的	課題の難しさ	運

（Weiner, 1972；1985をもとに作成）

いる、まったく板書を写さない）といった観察がなされる場合には、心理学的にどのように説明ができるのだろうか。

その一つとして、心理学者の**セリグマン**（Seligman, 1967；1975）が提唱した犬を被験体として実験を行い、逃避・回避不可避な事態で嫌悪刺激を受ける間に無力感（helplessness）を学習してしまうという**学習性無力感**（learned helplessness）が考えられる。これは、実験室で電気ショックを与え続けられる犬が、最初は逃げようとしていたが、拘束されて自分では逃げることができない統制不可能な事態が続くと、その後、統制可能な状況になっても自分から逃げようとせずにうずくまったままになってしまう現象である。これは、強制的・不可避的な経験によって自身に不快な結果が繰り返されると、その後に何をしても環境に対して影響を及ぼすことができないと考えてしまい、自分から行動をしようとしない事態が起こり得ることを示していると考えられる。

この学習性無力感を小学校での勉強にあてはめると、国語や算数などの教科において、最初はがんばって自分でも勉強していたが、授業や宿題でまったく理解できない、テストの点数や通知表の成績でも低い点数や評価しか得られず、自分からは勉強しようとしない、授業場面で先生の話を聞かない、板書をしない、課題をやらない、宿題をやってこないなど、教師がその児童の様子を見て、その児童は「やる気がない」ようにみえる場面が出てくることが考えられる。しかしながら、学習性無力感の知見を踏まえれば、その児童は「やる気がない」のではなく、やっても（わからない、成績が上がらないから）無駄である（だったらやらない方がよい）として「無力感を学習した」ともいえるであろう。

では、そのような学習意欲を高めるためにはどうしたらよいのだろうか。学習性無力感以外にも勉強をまったくやらなくてもよい、本人にとって快い状態である心的な報酬が続くと、勉強をまったくしないという回避（逃げる）行動は維持されてしまう。授業場面で学校の教師が、児童の学習意欲を高めるためには、児童の興味を喚起させるようなイラストや写真、映像や生活に身近な教材をわかりやすく提示する、あるいは集団学習や質問されて回答できた際に教師やクラスメイトがほめる、拍手するなど授業を受ける学級集団の学習への前向きな雰囲気をつくるなどの教育方法の工夫が考えられる。

学習意欲を高める心理学的なアプローチの一つには、**バンデューラ**（Bandura, 1977）が提唱した**自己効力感**（self-efficacy）を高める指導が効果的であるといえる。自己効力感とは、自分は行為の主体である確信があり、自分の行為について自分がきちんと統制できているという信念、自分が外部からの要請に対応できているという確信のことである。このような自信があることが、難しい課題に直面しても自分はある行動をうまくやり遂げることができると考え、積極的に学習に取り組めるといえる。

自己効力感が高まる、自分はやればできるといった自信が持てるようになるには、自分自身の成功体験、学校にいる教師やクラスメイト、家庭にいる親から自分でがんばったことに対して認められることが、その児童の自尊心や自己肯定感を高めることにもつながると考えられる。指導や支援の工夫としては、学習において**スモールステップ**の手法を用いて、達成目標までの一つの課題を小さく（または細かく）段階を区切る、標準よりも平易な課題を提示して正解するなどの成功体験を積んでいくことが方法としてあげられる。

児童期では、発達課題の「勤勉性」が大切であることを先述したが、苦手な教科だからその勉強をまったくやらないのではなく、少しでも努力することで成功できた経験が、その後の学習態度にもつながっていくといえよう。

(3) 自尊感情と自己肯定感

小学校の中学年頃にはより客観的な思考や役割取得能力の高まりによって、他者視点に立って自身を内省できるようになることをすでに取り上げた。低学年のときには気づかなった自己への客観的な視点が持てるようになるからこそ、中学年には、自分は周り（同級生）に比べて勉強ができないなどのネガティブな自己評価をするようになり、自尊感情や自己肯定感が下がってしまうことが考えられる。

東京都教職員研修センター（2008）は、学校の子どもたちの自尊感情や自己肯定感に関する研究の中で質問紙調査を行っている。調査は2008年11月から12月にかけて東京都内の公立小学校（4030名）、公立中学校（2855名）および都立高等学校（5855名）の各10校の全児童生徒を対象に実施された。質問項目は、心理学者**ローゼンバーグ**などの自尊感情を測定する尺度を参考に18項目を設定している。項目例には、「自分には得意なことがある」「自分にはよいところがある」「自分のことが好きだ」があった。回答方法は、「4：そう思う」「3：どちらかというとそう思う」「2：どちらかというとそう思わない」「1：思わない」の4段階であった。図5–1は、質問した18項目の回答の平均をグラフ化したものである。調査の結果、自尊感情は児童期である小学校から中学校1年生まで次第に低下するが、中学校3年生で上昇し、再び高等学校で低くなる傾向がみられた。

東京都教職員研修センター（2011）では、**自尊感情**（self-esteem：セルフエスティーム）を自己に対する評価感情であり、自分自身を価値あるものとする気持ちとしてとらえている。また、自尊感情を「自分のできることできないことなどすべての要素を包括した意味での『自分』を他者とのかかわり合いを通してかけがえのない存在、価値ある存在としてとらえる気持ち」として定義している。そして、**自己肯定感**を「自分に対する評価を行う際に、自分のよさを肯定的に認める感情」として定義している。

児童の自尊感情や自己肯定感の発達を発達段階に応じて教育に役立てることで、小・中の接続や中1ギャップへの対応、不登校への取り組み、自死や

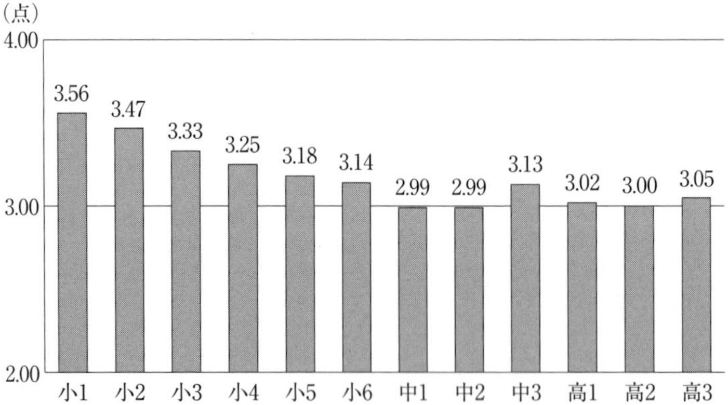

図5–1　自尊感情に関する意識調査
（東京都教職員研修センター, 2008）

その未遂の防止、いじめ対策などにつなげることが期待される。児童期に、よりよい自尊感情・自己肯定感を育むことが大切であることを学校の教師、教育相談にかかわる心理の専門家、できれば家庭の保護者（親）も認識し、児童本人が自己を受容し、自分のよさを持てるような発達支援が求められる。

(4) 現代の児童期の問題

小学校での問題には、思春期（第6章参照）にもみられる不登校、いじめ、非行などがある。また、近年は小学校でもタブレット（PC）を使用するようになり、デジタルを活用した教育の効果が期待されるとともに、家庭での過度な動画視聴によって睡眠時間が少なくなってしまう健康の問題が懸念される。タブレット（PC）使用については、不登校ならば、夜遅くまで動画を視聴することで朝起きられなくなる生活習慣の問題、いじめならば、コミュニケーションを行うアプリによる誹謗中傷の書き込みや仲間内での疎外や排斥、非行ならば、加害だけでなくSNSやネットゲームを介した見知らぬ人から性的な画像を要求されて応じてしまうなどの犯罪被害の問題があげられる。

そして、小学校では特別支援教育としてさまざまな支援が行われるようになったが、なかでも発達障害やその心配のある児童への支援が求められている。具体的には、集団で学んでいる教室内の授業中に先生からの一斉指示が入らない、忘れ物が多いといった不注意、教室内での立ち歩き、先生の話を聞くべきときに出し抜けに発言してしまうといった多動・衝動性、整理整頓ができない、こだわりが強く同級生とのトラブルが多い、読むまたは書くことの困難などがあげられる。発達障害そのものの問題よりも、このような行動が頻繁に続くことで先生からの叱責、同級生から悪くいわれてしまう経験が重なり、自己肯定感が低下するなどの**二次被害**の方が問題であるといえる。

Erikson（1950）によれば児童期の発達課題は「勤勉性」の獲得である。小学生である児童期にとって大切な発達は、学習や仲間関係において努力することの大切さが身につき、人生において苦手なことに直面しても努力をしようとする態度につなげることであると考えられる。他方で、勤勉性を獲得できていない状態においては、「劣等感」の側面が顕著になり、苦手なことに直面した場合に、どうせ自分はできないと努力せずに最初から回避するようになる懸念が考えられる。児童期に、学習と仲間関係にかかわるさまざまな経験を通じて、児童本人が勤勉性の獲得につながるよう、周囲の大人（保護者、教師、心理士など）による支援も大切であるといえる。

〈チェックページ〉
□エリクソンにおける児童期の心理社会的な発達課題は何ですか。
□児童期の年齢に該当するピアジェの思考の特徴を確認しましょう。
□小学校での主な学習の問題には何があり、どのように説明できますか。

〈課題・オンライン資料〉

1）**小学校の通常の学級に勤務する学校側（教師側）には、児童の教育的支援についてどのような種類や場面での困りごとがあるか考えてみよう。**
文部科学省（2022）通常の学級に在籍する特別な教育的支援を必要とする児童生徒に関する調査結果（令和４年）について　https://www.mext.go.jp/b_menu/houdou/2022/1421569_00005.htm

2）**小学校にはどのような児童の問題行動があるか、その種類や傾向を考えてみよう。**
文部科学省　児童生徒の問題行動・不登校等生徒指導上の諸課題に関する調査　https://www.mext.go.jp/a_menu/shotou/seitoshidou/1302902.htm

3）**小学校の児童が警察に補導された非行の事案にはどんな罪種があるか、児童が被害を受けた性被害にはどのような内容や背景があるか考えてみよう。**
警察庁　少年非行及び子供の性被害（令和５年）　https://www.npa.go.jp/publications/statistics/safetylife/syonen.html

〈引用文献〉

Bandura, A.（1977）*Social Learning Theory*. Prentice-Hall.（原野広太郎（監訳）（1979）社会的学習理論―人間理解と教育の基礎―　金子書房）

Erikson, E. H.（1950）*Childhood and Society*. W. W. Norton.（エリクソン, E. H.（著）仁科弥生（訳）（1977）幼児期と社会Ⅰ　みすず書房）

Festinger, L.（1954）A theory of social comparison process. *Human Relations, 7*, 117-140.

Flavell, J. H., Beach, D. R., & Chinsky, J. M.（1966）Spontaneous verbal rehearsal in a memory task as a function of age. *Child Development. 37*, 283-299.

Flavell, J. H. (1979). Metacognition and cognitive monitoring: A new area of cognitive-developmental inquiry. *American Psychologist, 34*(10), 906–911.

保坂亨・岡村達也（1986）キャンパス・エンカウンター・グループの発達的・治療的意義の検討　心理臨床学研究, *4*, 15–26.

Mead, G. H. (1934) *Mind, Self, and Society: From the Standpoint of a Social Behaviorist.* University of Chicago Press.（ミード, G. H.（著）稲葉三千男・滝沢正樹・中野収（訳）日高六郎ほか（編）（1973）精神・自我・社会　現代社会学大系 10　青木書店）

Piaget, J. (1952) *La psychologie de l'intelligence.* Librairie Armand Colin.（波多野完治・滝沢武久（訳）（1967）知能の心理学　みすず書房）

Seligman, M. E. P., & Maier, S. F. (1967) Failure to escape traumatic shock. *Joumal of Experimental Psycho1ogy, 74*, 1–9.

Seligman, M. E. P. (1975) *Helplessness: On Depression, Development, and Death.* W. H. Freeman.

Selman, R. L., & Braine, M. D. S. (1976) Development of role-taking in children. *Journal of Child Psychology and Psychiatry, 17*(3), 285–299.

Thrasher, F. M. (1927) *The Gang: A Study of 1,313 Gangs in Chicago.* University of Chicago Press.

東京都教職員研修センター（2008）自尊感情や自己肯定感に関する研究　東京都教育職員センター紀要, 8, 3–26.

東京都教職員研修センター（2011）子供の自尊感情や自己肯定感について Q&A https://www.kyoiku-kensyu.metro.tokyo.lg.jp/09seika/reports/files/bulletin/h22/materials/h22_mat01a_01.pdf（2024 年 9 月 30 日閲覧）

渡辺弥生（編）（2001）VLF による思いやり育成プログラム　図書文化社

Weiner, B. (1972) *Theories of Motivation: From Mechanism to Cognition.* Rand McNally.

Weiner, B. (1985) An attributional theory of achievement motivation and emotion. *Psychological Review, 92*(4), 548–573.

第 6 章

◎ ◎ ◎ ◎ ◎

青年期の発達

【ねらい】
・青年期に始まる認知発達の特徴を理解する。
・第二次性徴が青年に与える影響を身体と心の両面から理解する。
・思春期から青年期の発達に関する社会的問題に関心を持つ。

1　子どもではなく、大人にもなりきれない青年期の誕生

(1)　青年期が生まれた歴史的背景

青年期は「子どもでもなく大人でもない」移行期にあたる。**レヴィン**(1956)は、境界に位置する青年を**境界人**(marginal man)とした。青年期は、人類史で普遍的なものではなく時代と社会構造の変化により、若者が労働を猶予され、職業選択や人生を考える準備期間が社会に位置づいたときに初めて誕生した。

ヨーロッパでは産業革命が青年期誕生に大きな影響を与えた(白井, 2002a)。産業革命以前は、子どもが徒弟制のもとで職業訓練を受けるのが一般的であった。産業革命以降、封建制の中で土地に拘束されていた人々が都市部に流入していく。工業化の中で生まれた資本家階級ブルジョワジーは、わが子を専門職に就かせることで自分たちの階層を維持しようとした。労働者階級と資本家階級との間に対立が生じ、それが社会の秩序を脅かすものになった。治安維持と労働力確保のために、道徳教育や最低限の読み書き計算を子どもに教授するための国民教育が整備された。若者の労働の義務が猶予され、教育を受ける時間が確保されたことが青年期の形成につながった。

⑵　青年期の延長と長期化

戦後の日本では、社会の経済発展に伴い栄養状況が改善し、思春期・青年期の始まりが早まる**発達加速現象**が起きている。発達加速現象により、青年期の始まりが10歳頃に早期化している。発達加速現象には、同じ年齢段階でも昔より体格が大きくなる成長加速現象と、後に生まれた世代の方が第二次性徴の始まりが早くなる成熟前傾現象がある（伊田, 2021）。初潮と身長・体重の発達加速が同時進行し、12歳頃に身体の非連続的で劇的な変化を受け止めなければならないことで、不安定な青年期が長期化していく（田口, 2010）。

一方、青年期の終わりはいつなのだろうか。非正規雇用の増大で安定した就労が得られなくなった日本においては、それが生育家庭からの離家を妨げ、結婚可能性を低下させ、30歳頃までに青年期が引き伸ばされている（乾, 2016）。

発達加速現象による青年期の早期化（10歳頃）と、社会状況の変化に伴う若者の自立の遅れ（30歳頃）の2つが合わさることによって、青年期は10代から20代までの広い年齢が対象となる。この青年期はどのような時期なのだろうか。以下では、青年期の認知発達と身体発達の2つに分けて、思春期から青年期の発達をとらえていく。

2　青年期の認知発達

⑴　抽象的思考の始まり

青年期に入ると、抽象的な思考が可能になる。**ピアジェ**（1972）は、思考の段階を7〜8歳頃までの**具体的操作期**と、11〜12歳以降からの**形式的操作期**に分けている。具体的操作期は、自分の目で見たり、手で触ったりできる具体物、もしくは生活に根差した具体物や実生活で経験した体験をイメージし、それに基づいて論理的に考えることができる段階である。一方、形式的操作期は、具体的な体験から離れた抽象的な概念の操作ができる段階である。たとえば、A、B、Cという抽象的な記号を用いて「A＞BかつB＞CならA＞C」と論理的に導き出せるようになるのが形式的操作期である。仮定のもとで論理的に結論にたどり着く思考が可能になっていき、問題解決や命題的論理学への仮説演繹アプローチが可能になっていく（コールマンとヘンドリー, 2003）。

子どもが青年期に入り論理的になっているにもかかわらず、大人が権威的に返すことで生じるのが反抗期であり、子どもの主張に論理を見出し、耳を傾けることで思春期に対する理解を周囲の大人は示さなければならない（加藤・岡田, 2019）。これに関して、鴻巣（2023）に掲載されている「のぞこさん（15歳）」のインタビューが参考になる。インタビュアーからの「どんなときに大人は子どもの気持ちがわかっていないと感じますか？」に対し、のぞこさんは次のように回答している。「学校がつらくてつらくてしかたがなかったときは、とにかくこの苦痛から逃れることしか考えられなかった。でもそのつらさ、なにが苦しいのかはきいてくれずに、とにかく学校に行かせようとばかりされた」「ただ義務（教育）だから、行かなきゃいけないとしか言われませんでした。そう言われても納得はしなかったです」。

ただ学校に行けとしかいってくれない大人の論理に対して、のぞこさんは学校に行けない理由とつらさについて青年の論理に寄り添って理解して欲しかったと訴えている。青年期で獲得される抽象的な思考によって、大人の論理の不合理さに気づき、批判できる力が育つ。この変化は親との葛藤や心理的離乳を通じた自立の始まりであり、親との関係よりも友人との関係が重視されるようになっていく（都筑, 2021）。

(2) 自己を客観視する思考の発達の始まり

青年期は、自分の思考過程を意識化できるようにもなる（白井, 2002b）。自分の認知過程に対する認知を**メタ認知**（市川, 1995）という。メタ認知が可能になると、悩みの水準が深まる場合がある。たとえば、ある出来事に単に「悩んでいる」と感じる状況だったものが、メタ認知によって「こんなことで悩む自分が情けない」と客観的に自己をとらえることで、ネガティブな自己評価がさらに加わり、悩みが雪だるま式に増幅する。

このような青年期は、矛盾や葛藤を感じやすい時期であり、一見ネガティブにみえる反応が特徴的な時期である。加藤ら（2014）の縦断調査によれば、中学入学時における批判的思考の高さが、**自尊心**の低下や大人への反抗につながる可能性が指摘されている。思春期以降の自尊心の低下は、発達しているからこそ起きるものであり、これも成長の証として周囲の大人が子どもと共有していくことが必要である（加藤, 2022）。

(3) アイデンティティの形成

青年期では思考が深まり「自分とは何か」「自分は何者なのか」といった問いへの探求と将来の生き方を考えていくことが始まる。

この自我**アイデンティティ**の形成を論じたのが**エリクソン**である。自我アイデンティティとは社会的現実に位置づく自我の発達感覚であり、これは斉一性と連続性の２つで構成される（エリクソン, 2011）。

たとえば、進路選択をする大学生を例に斉一性と連続性を考えてみよう。学生が将来やってみたい仕事があり、企業の採用試験を受けて内定を得た。自分のやってみたい気持ちが組織や他者から認められたということである。これが斉一性である。さらに内定を得た企業が第１希望であり、幼少期から積み上げられてきた過去から現在までの自分とも調和し、将来に向かって進んでいこうとする自分の中で一貫する感覚を持てるとき、これが連続性となる。

自分はこうしたい、こうなりたいと独りよがりに願うだけでは自我アイデンティティを形成することはできない。こうなりたいと思うことが、周囲から求められることにも調和し、そして他者から認められ、自分を社会に位置づけられることで自我アイデンティティが形成される。過去・現在・未来という**時間的展望**を確立し、自分の一貫性を感じることができることが自我同一性達成の基礎となる（都筑, 1999）。

エリクソン（2011）は、心理・社会的危機を通してパーソナリティが開かれていくプロセスを８段階に分けている。思春期から青年期に関係するのが第Ⅳ段階「勤勉性 対 劣等感」と第Ⅴ段階「アイデンティティ 対 アイデンティティ拡散」である。

第Ⅳ段階「勤勉性 対 劣等感」は学童期にあたる。子どもは小学校に通い、学校で勉強したり、友だちと遊んだりしながらさまざまなことを身につける。それを教員や養育者、周囲の友人に賞賛されることで自信をつけていく。このプロセスで得ることができるのが「勤勉性」である。自分なりにできる・できた、という感覚を抱いている感覚である。反対に、自分にはどうせ何も達成できないという感覚が残る場合、それは「劣等感」となる。

第Ⅴ段階「アイデンティティ 対 アイデンティティ拡散」は思春期・青年期にあたる。青年がこうなりたいと思う肯定的で確信的な回答であり、それが他者から求められるものとも調和し、斉一性と連続性を保ち、全体として統合されるときに「アイデンティティ」が形成される。

しかし、これは青年にとって容易ではない。たとえば、就職活動で努力しても不採用の通知が続くことはめずらしくない。自分がチャレンジしても、それが社会から認められないことによって葛藤を抱くことになる。これが**アイデンティティ拡散**である。

青年がアイデンティティを形成していくためには、親になることや仕事をすることが猶予される期間としての心理・社会的**モラトリアム**が必要であり、この期間に自由な役割実験を通して、社会の中に自分を位置づけ、自分の居場所を探す試行錯誤が必要である（エリクソン, 2011）。

鑪（1990）は、エリクソン自身がアイデンティティの確立に苦労したことを述べている。エリクソンは養子として育ち、ユダヤ人でありながら北欧人の風貌を持つなど、ユダヤ人と北欧人の境界、父親と養父の境界、実子と養子の境界のように、どこにも所属を持てず境界に位置する周辺的な存在であった。高等学校卒業後には画家を志し、試行錯誤の中で心理・社会的モラトリアムを経験した。その後、私塾で子どもたちに絵を教える仕事をきっかけに精神分析の道に入っていく。エリクソン自身も試行錯誤する中で偶然出会った社会的関係をきっかけにしてアイデンティティを形成していった。

エリクソンの「アイデンティティ 対 アイデンティティ拡散」は、二分法的なとらえ方であると指摘し、4つの**アイデンティティ・ステータス**を提唱したのが**マーシャ**（Marcia, J. E., 1937-　）である。Marcia（1966）は、アイデンティティの確立には、試行錯誤や模索の過程である「危機」と、試行錯誤を経て自分なりの決断や判断を下し、信念や進路に積極的に関与する「コミットメント」の2つの組み合わせが必要とし、これによって4つの類型を構成

表 6-1　マーシャのアイデンティティ・ステータスの分類

ステータス	危機の経験	コミットメントの程度	特徴
アイデンティティ達成	経験し乗り越えた	積極的	自身の進路や価値観について真剣に悩み続け、自分なりの解釈を経て、最終判断をしている。
モラトリアム	経験している最中	していない／曖昧	自身の進路や価値観を模索中であり、自分なりの最終判断はできていない。積極的なコミットメントに近づくように努力している。
フォークロージャー（早期完了）	経験していない	積極的	自分で深く考える前に、親や社会の価値観や自分に向けられた期待を疑うことなく内面化し、それに寄り添った判断をしている。
アイデンティティ拡散	一時的に経験／経験していない	していない	一時的に進路や価値観を考えたことがあっても自分なりの最終判断までには至っていない。進路や価値観を探索し続けることを意識的に放棄している。もしくは、自分の進路や価値観をどうするかを考えたことがない。進路や価値観を考えることに興味関心を持たず、どれでもよく、流されやすい状況にある。コミットメントが存在しない。

した（表 6-1）。「アイデンティティ達成（identity achievement）」は、試行錯誤を経て進路や価値観を明確にし、コミットメントしている状態である。「モラトリアム（moratorium）」は、試行錯誤の最中であり、危機は経験しているが、自分なりの進路や価値観の最終判断を下せていない状態である。「フォークロージャー（foreclosure）」は、試行錯誤を経験せず、親や社会の価値観をそのまま受け入れ、自身の進路や価値観を決定した早期完了の状態である。「アイデンティティ拡散（identity diffusion）」は、危機を経験している場合とそうでない場合があるが、いずれにせよコミットメントを欠いた状態である。Marcia（1966）は、4つで構成されるアイデンティティ・ステータスと青年の認知や行動との関連を実証的に検討した。

3　青年期の身体発達

(1)　第二次性徴が青年に与える影響

第一次性徴とは、生殖腺（精子を形成する精巣や卵を形成する卵巣などの器官）と生殖器の違いとして出生直後にみられる特徴を指す。それに対して**第二次性徴**とは、思春期以降に起こる性的成熟に伴う身体的変化を指す。たとえば、初潮、精通、性毛やひげが生える、変声があげられる。男性は筋肉が発達した体つきになり、女性は丸みを帯びた体つきになっていく。身長と体重の増加が加速する**発育スパート**と呼ばれる現象もみられる。第二次性徴のあらわれには個人差があるが、一般的には10歳前後とされており、これが思春期の始まりである。

第二次性徴の発現は、子どもにとって唐突に訪れる急激な身体変化であり、それは子どもの心理的健康や適応に大きな影響を与える。第二次性徴の受け止め方には、性差の要因が大きい。男子は主観的に早熟だと感じるほど「自分の今の身体に満足している」という身体満足度を高まり、抑うつが軽減される（上長, 2007a）。男子の場合は早熟であることが運動面での活躍や周囲からの注目を集めることになり、自己評価を向上させるポジティブな影響がある（向井, 2010）。

一方、女子は早熟であるほど「自分の体重は重い」という体重評価を高め、身体満足度が低下し、抑うつが高まる傾向がある（上長, 2007a）。女子の場合は痩身体型が理想とされるため、体重増加を伴って皮下脂肪が蓄積し、丸みを帯びた体型への変化は自己評価を低下させる（上長, 2007b）。

このように第二次性徴の発現による身体変化は、青年の自己に揺さぶりをかける。青年は、自身の身体に起きる変化に向き合いながら、必死に折り合いをつけたり、対処していたりすることを周囲の大人が理解する必要がある。

(2)　性の多様性に基づく青年期の理解

性を生物学的な男性と女性の二元論でとらえるのではなく、４つの側面から多様に理解することが重要である（森山, 2022）。

１つ目は「身体的な性（からだの性）」で、出生時に生物学的に判断された性である。2つ目は「性自認（こころの性）」で、自分自身が、自身の性のあり方についてどのように考えるかに関係する。3つ目は「性的志向（好きになる性）」で、どの性を恋愛や性愛の対象として見るかに関係する。4つ目は「性表現（表現する性）」で、服装や髪型、自分を指し示す言葉遣いなど、社会的に自分がどう見られたいかに関係する。これらのうち、「身体的な性」「性自認」「性的志向」の3つの組み合わせによって、性的マジョリティ（多数派）と性的マイノリティ（少数派）に分類される。以下では、石田（2019）を参考に、性の多様性について述べていく。

身体的な性と性自認が一致し（シスジェンダー）、異性愛者（ヘテロセクシュアル）の場合、性的マジョリティに分類される。

一方、身体的な性は女性、性自認は女性、性的志向が女性の場合はレズビアン（L）、身体的な性は男性、性自認は男性、性的志向が男性の場合はゲイ（G）、男女どちらも恋愛と性愛の対象となる場合がバイセクシュアル（B）、生物学的な性に違和感があり、違う性別になりたいといった場合がトランスジェンダー（T）となる。この頭文字をとったのが**LGBT**であり、性的少数者を総称する。

さらにLGBTの範疇を超え、性的少数者をあらわす、さらに多様な分類が存在する。たとえば、**Xジェンダー**は、こころの性として、男性と女性の中間、男性でも女性でもない、日によって変化するといった中間的な性を指し、**クエスチョニング**は、こころの性を決められない・わからない状態を指す。

バイセクシュアルを使わずに、**パンセクシュアル**と表現されることもある。バイセクシュアルという表現には、恋愛対象として男性と女性のどちらかという前提があり、男女二元論を前提とした考え方である。男女二元論を前提としたとらえ方は、性のとらえ方は多様であるという前提になっている現状にそぐわない。パンセクシュアルには、恋愛と性愛の対象があらかじめ性別によって固定されない、という意味が含まれている。

このように性的少数者は幅が広く、LGBTという枠だけではとらえきれない。そのため、性的志向と性自認の2つの軸から、性的マイノリティだけでなく性的マジョリティも含めて人の性を連続性（スペクトラム）を持つものとして多様にとらえていこうとする**SOGI** (Sexual Orientation and Gender Identity)の概念が提唱されている。

(3) 学校現場における性の多様性の課題と対応

性的マイノリティに該当する子どもたちは、学校でさまざまな困難を経験している。たとえば、中学校や高等学校の制服、トイレや更衣室など、男女によって分けられている学校環境に戸惑いを感じる（福本, 2016）。丸井（2020）は、小学校から子どもの発達段階に合わせて、性の多様性について学ぶ授業実践の充実を提言している。性の多様性について、教員、子ども、保護者、そして社会全体として理解を深め、学校環境を調整していくことが必要である。

性的マイノリティの生徒がより自分らしく生活できるよう、学校環境を大幅に見直した事例もある。温度調節をする制服とはどうあるべきなのか、そして性的マイノリティの生徒も着用できる制服はどうあるべきなのか、この2つについて生徒の考えを尊重しながら新しい制服を導入した公立中学校の事例である（加藤・松尾, 2021）。この事例では、ブレザー、スラックス、スカート、リボン、ネクタイ、カーディガン、ベストの7アイテムを男女問わずに生徒が自分で選び、自由に組み合わせができる。

丸井（2020）の調査では、性的マイノリティの生徒が第二次性徴による身体的変化への嫌悪や学校生活への適応の難しさから自殺念慮を抱えるケースが報告されている。思春期から青年期の子どもたちが性と向き合う過程を、教員や保護者、そして子ども同士で理解し合い、生きづらさがあれば環境を見直していことが必要である。

性的マイノリティ本人の同意を得ることなく、他者にセクシュアリティを暴露することを**アウティング**という。2015年には、アウティングが原因で大学生が転落死した事例がある。本人の同意なくアウティングすることは危険であり、許されない行為である。性的マイノリティの人から相談を受けた場合は、「教えてもらえてよかった」と傾聴することや、必要に応じてLGBTの相談窓口や支援団体に紹介するなど、相手との関係性に応じた対応が求められる（石田, 2019）。

森山（2022）は、異性愛のシスジェンダーを「普通」とする前提で記述された2017年に改訂された学習指導要領に課題があると指摘する。性の多様性を理解し、すべての子どもが自分らしく生活できる環境を整えるためには、教育現場における前提を根底からとらえ直す必要がある。

(4) 性被害と性加害防止に向けた取り組み

性加害は、被害者の尊厳を著しく踏みにじる行為である。深刻ないじめ事例では、被害者の服をみんなの前で脱がせるといった性被害が報告されている。このような問題への関心と対策が求められる。

誰もが性犯罪や性暴力の加害者・被害者にならないために、**生命（いのち）の安全教育**が推進されている（文部科学省, 2020）。生命の安全教育では、幼児から高校生までの発達段階に応じた教材が作成されている。小学校高学年では対面やSNS上での人との適切な距離感のとり方、中学生・高校生ではデートDVやSNSを通じて性被害を受けたときの対応について考える内容などの教材が用意されている。すべての児童生徒が安心して生活できる学校環境づくりが目指されている。

4　青年期における現代的課題

(1) いじめ

いじめとは、児童生徒に対して当該児童生徒が在籍する学校に在籍している等当該児童生徒と一定の人的関係のある他の児童生徒が行う心理的または物理的な影響を与える行為（インターネットを通じて行われるものも含む）であって、当該行為の対象となった児童生徒が心身の苦痛を感じているもの。起こった場所は学校の内外を問わない（文部科学省, 2013）。いじめは、4層構造（森田, 2010）とプロセス（中井, 2016）から理解する必要がある。

まず、**いじめの4層構造**（森田, 2010）である。いじめは、加害者と被害者の2者だけで成り立つものではない。直接加害行為に加わらないものの、それを面白がる観衆や、見て見ぬふりをする傍観者の4層でいじめは構成される。傍観者の行動が重要であり、傍観者が暗黙の支持に回るといじめはエスカレートし、傍観者が仲裁者になると、いじめにブレーキがかかる。しかし、日本の場合、小学校5年生から中学校3年生までの学年が上がるにつれて、仲裁者が減り、傍観者が増える傾向がみられる。

次に、**いじめプロセス**（中井, 2016）である。孤立化、無力化、透明化の3段階で構成される。

孤立化の段階では、加害者がターゲットを決め、いじめを正当化するPR作戦が行われる。いじめを正当化する理由は、どんなことでもその対象となり得る。教員や保護者が「いじめられるあなたにも原因がある」といった態度をとると、教員や保護者自身もPR作戦に加担することになる。

無力化の段階では、加害者による過剰な暴力による制裁と内面の支配により、加害者側が被害者を支配していく。さらに「大人に助けを求めるのは恥ずかしいこと」という加害者が作り上げた道徳を被害者に植えつけ、被害者もそれを内面化していく。

透明化の段階では、加害者は、身体的に心理的に、被害者を完全にコントロールし支配下に置く。これによって、加害者と被害者の関係は、いつも一緒にいる友だちグループのような関係として周囲には見え、日常の風景となる。家からお金を持ってこさせるといった加害者から被害者に対する無理難題もエスカレートする。被害者が無理難題に加担することで、被害者は親からお金を盗んだ加害者にもなる。これによって、被害者は家族関係など重要な絆が絶たれ孤立し、さらに追い詰められていく。

いじめは、教師や親など、周囲の大人までもが自然に巻き込まれていくプロセスであることを理解し、いじめの初期段階の孤立化で、いじめの芽を摘むことが重要である。

(2) 青少年の非行・犯罪

犯罪白書（法務省法務総合研究所, 2024）によると、1983年頃をピークに少年による刑法犯・特別法犯の検挙人員は減少を続けており、人口比でみても、少年による非行や犯罪は減少している（図6-1）。

しかし、統計からみえる青少年の**非行**や犯罪の実態と、世間一般の認識にはずれが生じる。内閣府（2015）による世論調査では、「少年非行は増加しているか」という質問に対し、増えているととらえている回答が8割近くに達

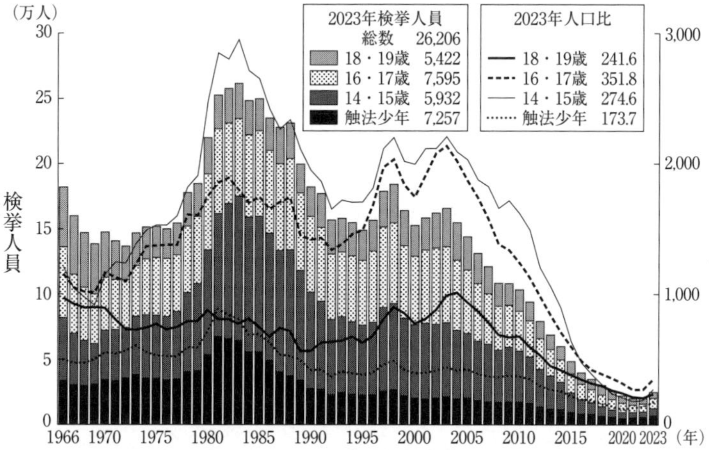

注 1：警察庁の統計及び総務省統計局の人口資料による。
注 2：犯行時の年齢による。ただし、検挙時に20歳以上であった者を除く。
注 3：検挙人員中の「触法少年」は、補導人員である。
注 4：「人口比」は、各年齢層の少年10万人当たりの刑法犯検挙(補導)人員である。なお、触法少年の人口比算出に用いた人口は、10歳以上14歳未満の人口である。

図 6-1　少年による刑法犯検挙人員
(法務省法務総合研究所, 2024)

している。治安が悪化したように感じるのは、青少年の問題を報道するマスコミの要因や犯罪被害者支援への関心の高まりが関係する (浜井, 2004)。

少年非行や犯罪が減少する一方、若者の中で増加傾向にあるのが薬物乱用、特に大麻使用である (図 6-2)。

1982 年頃にピークを迎えていたシンナー・覚醒剤による薬物犯罪は、2014 年頃までに減少を続けていた (法務省法務総合研究所, 2024)。しかし、2014 年以降大麻使用が増加傾向にあり、2018 年から 2022 年までの 5 年間の間に大麻事犯で検挙された人数は、18 歳と 19 歳において特に上昇がみられる (警察庁組織犯罪対策部, 2023)。違法薬物使用経験のある男子大学生は、自尊心と精神的健康度の低さが明らかとなっている (入江, 2021)。大学内で大麻使用が広がる要因として、自由で開放的な大学キャンパスや学生寮という環境、大麻に寛容な国からの留学生、大麻事件発覚後の大学の対応等の課題があげられて

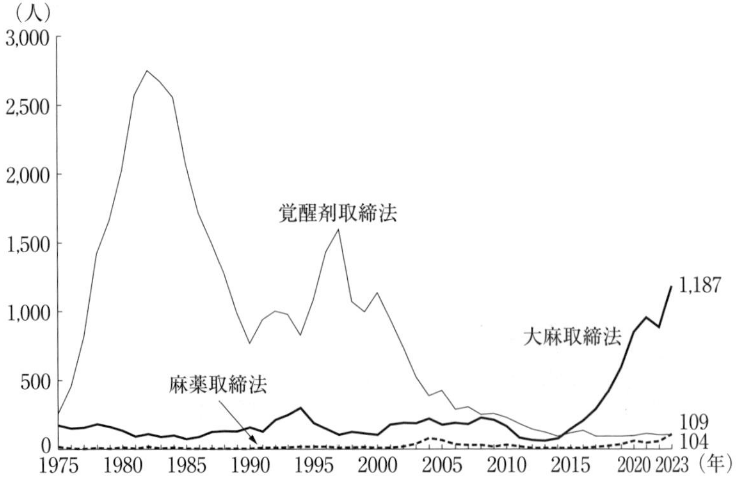

注 1：警察庁の統計による。
注 2：犯行時の年齢による。
注 3：触法少年を含まない。

図 6-2　少年による薬物法違反の検挙人員の推移
（法務省法務総合研究所, 2024）

いる（北ら, 2020）。

廣末（2023）は、薬物の売人や特殊詐欺等の犯罪に手を染める若者を生み出す社会構造として、虐待や経済的な困窮をあげている。そして、そういった若者を社会から排除するのではなく、更生を望む若者には再チャレンジの機会を与えるべきだとする。青少年がどのような社会背景の中で生活しているのか、時代背景や社会構造にも焦点をあてながら青年期の非行や犯罪について考えていく必要がある。

(3) 不　登　校

文部科学省（2024）は、**不登校**を、年間に 30 日以上登校しなかった児童生徒であり、何らかの心理的、情緒的、身体的、あるいは社会的要因・背景により、児童生徒が登校しないあるいはしたくともできない状況にある者。ただし、病気や経済的理由、新型コロナウイルス感染回避によるものを除くと定義している。

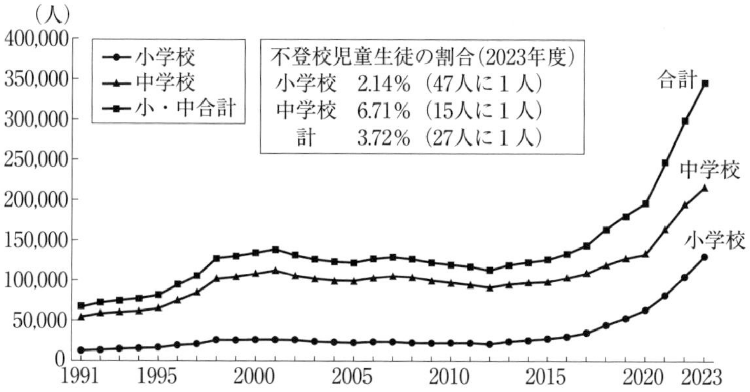

図 6-3　不登校児童生徒数の推移

（文部科学省, 2024）

不登校児童生徒数の推移（図 6-3）をみると、小学校、中学校ともに不登校児童生徒数は増加している。2023 年が過去最高となっており、不登校児童数が 13 万 370 名、不登校生徒数 21 万 6112 名となっている。

「不登校児童生徒への支援の在り方について（通知）」（文部科学省, 2019）では、「『学校に登校する』という結果のみを目標にするのではなく、児童生徒が自らの進路を主体的に捉えて、社会的に自立することを目指す必要があること。また児童生徒によっては、不登校の時期が休養や自分を見つめ直す等の積極的な意味を持つことがある一方で、学業の遅れや進路選択上の不利益や社会的自立へのリスクが存在することに留意すること」とある。児童生徒の視点から学校生活をどうとらえているのか、学校に行けないことがその児童生徒にとってどんな意味があるのかを考えていくことが必要である。

不登校児童生徒について把握した事実（文部科学省, 2024）の中で割合として多いものは、「学校生活に対してやる気が出ない等の相談があった」「不安・抑うつの相談があった」「学業の不振や頻繁な宿題の未提出が見られた」「いじめ被害を除く友人関係をめぐる問題の情報や相談があった」「親子の関わり方に関する問題の情報や相談があった」があげられている。前掲した学校に登校することへの不安を語る「のぞこさん（15 歳）」の事例（鴻巣, 2023）のように、児童生徒の視点から学校生活をどうとらえているのか、学校に行けないことがその児童生徒にとってどんな意味があるのかを考えていくことが必要である。児童生徒本人も自覚できない漠然とした不安、教師との関係、いじめといった児童生徒間の対人関係の問題等、不登校となるきっかけはさまざまなものが考えられる。学校環境の問題に焦点をあてつつ、一つひとつのケースを個別具体的に理解し、考えていく必要がある（横湯, 2006）。

文部科学省（2023）は、「誰一人取り残されない学びの保障に向けた不登校対策（COCOLOプラン）」を示した。具体的には不登校特例校や校内教育支援センターの設置、教育支援センターの機能強化、ICTを活用した教室外での学習活動への参加等、学校が置かれた環境を見直しながらチーム学校として組織的に対応する方針がまとめられている。児童生徒、教職員、保護者と地域、行政や民間のフリースクールが連携しながら対応していくことが、今後求められる。

〈チェックページ〉

- □反抗期を迎えたり、情緒が不安定になったりする青年期の心理を形式的操作や自我アイデンティティをキーワードにして説明できますか。
- □第二次性徴が青年に与える影響を性差に基づいて説明できますか。また性の多様性を踏まえて学校環境を見直すとしたら、どのような案が考えられますか。
- □いじめ、青少年の非行・犯罪、不登校の３つテーマについて、それらが関係する社会背景や学校環境の問題は何でしたか。

〈課題・オンライン資料〉

1) 文部科学省（2022）生徒指導提要（改訂版） https://www.mext.go.jp/a_menu/shotou/seitoshidou/1404008_00001.htm
2) こども家庭庁（2024）令和６年版こども白書 https://www.cfa.go.jp/resources/white-paper/r06

〈引用文献〉

コールマン, J., & ヘンドリー, L.（著）白井利明・若松養亮・杉村和美（訳）（2003）青年期の本質 ミネルヴァ書房 pp.41-60.

エリクソン, E. H.（著）西平直・中島由恵（訳）(2011) アイデンティティとライフサイクル　誠信書房
福本美樹 (2016) 性同一性障害当事者が抱える困難と困難を乗り越える要因　学校メンタルヘルス, *19*(2), 164-172.
浜井浩一 (2004) 日本の治安悪化神話はいかに作られたか—治安悪化の実態と背景要因（モラル・パニックを超えて）—　犯罪社会学研究, *29*, 10-26.
廣末登 (2023) 闇バイト—凶悪化する若者のリアル—　祥伝社　pp.183-208.
法務省法務総合研究所（編）(2024) 令和 6 年度版犯罪白書　https://www.moj.go.jp/housouken/housouken03_00134.html（2025 年 2 月 14 日閲覧）
市川伸一 (1995) 学習と教育の心理学　岩波書店　pp.109-113.
伊田勝憲 (2021) 青年期の発達プロセス　心理科学研究会（編）中学・高校教師になるための教育心理学　有斐閣　pp.36-53.
乾彰夫 (2016) 学校から仕事への移行期間延長と青年期研究の課題　発達心理学研究, *27*(4), 335-345.
入江正洋 (2021) 日本の大学生の薬物乱用に関する意識、実態とその背景　第 2 報　2012 年度の結果との比較検討を含めた 2014 年度の調査　健康科学, *43*, 127-137.
石田仁 (2019) はじめて学ぶ LGBT　基礎からトレンドまで　ナツメ社
上長然 (2007a) 思春期の身体発育のタイミングと抑うつ傾向　教育心理学研究, *55*, 370-381.
上長然 (2007b) 思春期の身体発育と抑うつ傾向との関連　教育心理学研究, *55*, 21-33.
加藤弘通・太田正義・松下真実子・三井由里 (2014) 思春期における思考の発達と自己および人間関係への影響—批判的思考態度についての縦断調査をもとに—　子ども発達臨床研究, *5*, 21-30.
加藤弘通・岡田智 (2019) 子どもの発達が気になったら　はじめに読む発達心理・発達相談の本　ナツメ社
加藤弘通 (2022) 問題からみる子どもの発達—発達がうまくいっていないから問題が起きるのか？—　都筑学（監）半澤礼之・坂井敬子・照井裕子（編著）発達とは？　自己と他者／時間と空間から問う生涯発達心理学　福村出版　pp.84-104.
加藤靖・松尾由希子 (2021) 制服を通した集団指導体制のみなおしによる学校改革の取り組み—「総合的な学習の時間」を活用し、個の尊重をふまえた社会的自立をめざして—　静岡大学教育研究, *17*, 53-68.
警察庁組織犯罪対策部 (2023) 令和 4 年における組織犯罪の情勢　https://www.npa.go.jp/publications/statistics/kikakubunseki/index.html（2024 年 3 月 1 日閲覧）
北浩樹・伊藤千裕・木内喜孝 (2020) 大学と学生の大麻情勢—大麻リスクとその対策—　東北大学高度教養教育・学生支援機構紀要, *6*, 193-204.
鴻巣麻里香 (2023) 思春期のしんどさってなんだろう？—あなたと考えたいあなたを苦しめる社会の問題—　平凡社
レヴィン, K.（著）猪股佐登留（訳）(1956) 社会科学における場の理論　誠信書房　pp.131-154.
Marcia, J. E. (1966) Development and validation of ego-identity status. *Journal of Personality and Social Psychology*, *3*, 551-558.
丸井淑美 (2020) 性的少数者の学校生活の実態と学校教育の課題に関する研究—女性同性愛、男性同性愛、性同一性障害（性別違和）の当事者インタビュー調査より—　日

本健康相談活動学会誌, *15*(2), 143–152.
文部科学省（2013）いじめの問題に対する施策　https://www.mext.go.jp/a_menu/shotou/seitoshidou/1302904.htm（2024年2月27日閲覧）
文部科学省（2019）不登校児童生徒への支援の在り方について（通知）　https://www.mext.go.jp/a_menu/shotou/seitoshidou/1397802.htm（2024年2月27日閲覧）
文部科学省（2020）生命の安全教育　https://www.mext.go.jp/a_menu/danjo/anzen/index2.html（2024年2月27日閲覧）
文部科学省（2023）誰一人取り残されない学びの保障に向けた不登校対策（COCOLOプラン）について　https://www.mext.go.jp/a_menu/shotou/seitoshidou/1397802_00005.htm（2024年12月16日閲覧）
文部科学省（2024）令和5年度児童生徒の問題行動・不登校等生徒指導上の諸課題に関する調査結果について　https://www.mext.go.jp/content/20241031-mxt_jidou02-100002753_1_2.pdf（2024年2月27日閲覧）
森田洋司（2010）いじめとは何か　中央公論新社
森山至貴（2022）性的少数者　日本発達心理学会（編）ジェンダーの発達科学　新曜社　pp.68–81.
向井隆代（2010）思春期の身体的発達と心理的適応―発達段階および発達タイミングとの関連―　カウンセリング研究, *43*, 202–211.
内閣府（2015）少年非行に関する世論調査　https://survey.gov-online.go.jp/h27/h27-shounenhikou/（2024年3月1日閲覧）
中井久夫（2016）いじめのある世界に生きる君たちへ―いじめられっ子だった精神科医の贈る言葉―　中央公論新社
ピアジェ, J.（著）滝沢武久（訳）（1972）発生的認識論　白水社　pp.18–71.
白井利明（2002a）青年期へのアプローチ　白井利明・都筑学・森陽子（著）やさしい青年心理学　有斐閣　pp.1–81.
白井利明（2002b）認知の発達　白井利明・都筑学・森陽子（著）やさしい青年心理学　有斐閣　pp.37–52.
Sutton, J., Smith, P. K., & Swettenham, J.（1999）Social cognition and bullying: Social inadequacy or skilled manipulation? *British Journal of Developmental Psychology, 17*, 435–450.
田口久美子（2010）思春期女子の発達加速―初潮・身長・体重―　長崎外大論叢, *14*, 97–111.
鑪幹八郎（1990）アイデンティティの心理学　講談社
都筑学（1999）大学生の時間的展望―構造モデルの心理学的検討―　中央大学出版部
都筑学（2021）自立って何だろう　新日本出版社
横湯園子（2006）ひきこもりからの出発―あるカウンセリングの記録―　岩波書店

第 7 章

◎ ◎ ◎ ◎ ◎

成人期・高齢期の発達

【ねらい】
・成人期、高齢期の発達とその多様性について理解する。
・成人期、高齢期に経験しやすい心理的課題とその対処について考える。

1　成人期とは

「背が伸びてすっかり大人ね」「甘いことばかりいわず、もっと大人になりなさい」など、大人という言葉はさまざまな場面で日常的に使われる。前者の場合は身体の成長、後者の場合には心理的な成熟に関する表現であろう。さて、私たちはいつ、大人になるのだろうか。

成人期の始まりは、医学的には発育が完了する20歳前後とされる。一方、心理学の分野では、成人期の始まりは「親から自立したり、就職したりするなどの社会的な役割を取得したとき」であり、社会的背景や個人の進路選択等により個人差が大きいものの、概ね20代半ば頃と考えられることが多い。また、成人期の終わりは高齢期の始まりの時期であり、具体的には、世界保健機関（WHO：World Health Organization）が高齢者とする65歳頃を指すことが一般的である。すなわち、成人期は青年期と高齢期の間にあり、概ね25歳から65歳頃まで、人生の約40年間を占める時期である。

2　成人期の発達の多様さ

心理学では長い間、子どもの著しい成長や思春期の心身の変化など、乳幼児期から青年期までの心や行動の発達が研究の対象とされ、成人期の心の発達についてはほとんど関心が向けられてこなかった。しかしながら、急速な高齢化に伴い成人期以降の人生が長期化する中で、成人期にもさまざまな出来事や出会いがあり、**ライフスタイル**や発達段階に応じて社会や家族における**役割**を果たしたり、ある役割から他の役割へと移行したりする重要な時期であることがわかってきた。これらの多様な経験から学んだり、影響を受けたりしながら、成人もまた発達し続ける存在なのである。

私たちの発達は、一方向に表現されるものではなく、図 7-1 に描く木のようにさまざまな方向に進行していく。発達にはいくつかの側面があり、この図では、「身体」「心理」「社会」という 3 本の木の枝が、互いに交差し重なり合いながら伸びている。こうして、木の上に登るほど、つまり発達が進行するほどに、さまざまな側面の経験が影響を及ぼし合いながら、人生は多様化していく。このような成人の発達における**多様性**を理解することは、現在の発達心理学の重要なテーマとなっている。

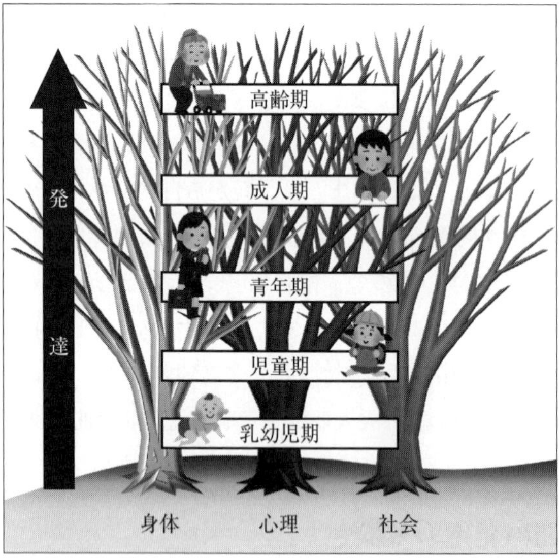

図 7-1　発 達 の 木
（Berk, 2010 を参考に作成）

3　成人期の心理的発達と課題

このように長く多様な成人期に、私たちはどのような心の発達を経験するのだろうか。成人期の心理的発達に関する理論と課題を概観してみよう。

(1) ハヴィガーストの発達課題

アメリカの教育心理学者**ハヴィガースト**（Havighurst, R. J., 1900–1991）は、人生を幼児期、児童期、青年期、壮年初期、中年期、高齢期の6段階に分けて、各段階において達成するべき**発達課題**を提唱した（Havighurst, 1972）。表7–1に、ハヴィガーストが提唱した成人期の発達課題を抜粋する。成人期の前半（壮年初期）には職業に就くことや新しい家族を形成すること、後半（中年期）には社会的責任を負うこと、子どもの自立への援助や身体的な衰退への適応などが達成すべき課題として示されている。

ハヴィガーストの発達課題の重要な特徴は、社会の中で適応した生活を送るために必要なことという基準で、社会教育的な立場から発達の目標としての課題を設定していることである。ある段階の課題を達成すると次の段階の課題も容易になるが、課題の達成に失敗するとその後の人生の課題をクリアすることも難しくなるとされる。しかしながら、先に述べたように、現代は

表7–1　ハヴィガーストの成人期の発達課題

壮年初期 （18歳頃 ～30歳頃）	①配偶者の選択 ②結婚相手と暮らすことの学習 ③家庭を作る ④育児 ⑤家の管理 ⑥職業の開始 ⑦市民としての責任を負う ⑧気心の合う社交集団を見つける
中年期 （30歳頃 ～55歳頃）	①10代の子どもが責任を果たせる幸せな大人になるように援助する ②大人の社会的責任、市民としての責任を果たす ③職業生活での満足のいく地歩を築き、それを維持する ④大人の余暇活動を作り上げる ⑤自分を一人の人間として配偶者に関係づける ⑥生理学的変化の受容とそれへの対応 ⑦老いてゆく両親への対応

（Havighurst, 1972；高橋, 2014をもとに作成）

成人期の生き方がとても多様化している時代である。特に、結婚、子どもを持つことや働き方についての選択肢が多く存在し、個人の価値観もさまざまな現代に、すべての人に共通する発達課題を設定することが果たして可能なのかという議論がある。また、ハヴィガーストの理論はアメリカの中流家庭を想定しているため、文化や時代背景によって、課題そのものが異なるのでは、という批判もある。一方、発達課題の中には身体的な加齢への適応や社会的存在としての成熟など、文化や時代背景を超えた課題も多く、現代日本を生きる私たちにとっても重要な示唆を与えるものと考えられる。

(2) レヴィンソンの人生の四季

レヴィンソン（Levinson, D. J., 1920-1994）は、成人男性数十名の半生をつづった自分史をまとめて、人生を4つの季節にたとえた（Levinson, 1978）。春は生まれてから青年期まで、夏は成人前期、秋は成人後期、冬は高齢期である。そして、それぞれの季節における生活の基本的なパターンに着目し、成人期には、生活パターンが安定している時期と変化する時期が交互にやってくること、それらの橋渡しをする重要な**過渡期**（transitional period）が存在することを明らかにした（図7-2）。過渡期とは人生の危機的な時期でもあり、この時期をうまく乗り越えることが次の安定した生活のパターンを形成すると考えられている。季節の移り変わりの時期ともいえる大きな過渡期は、17

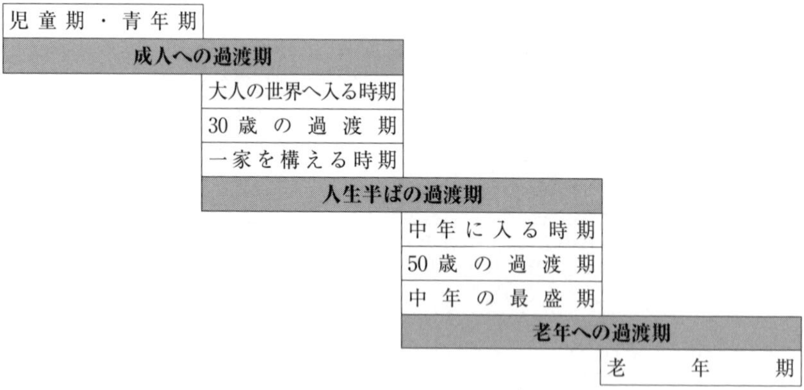

図7-2　レヴィンソンの発達段階
（Levinson, 1978をもとに作成）

〜22歳の「成人への過渡期」、40〜45歳の「人生半ばの過渡期」、60〜65歳の「老年への過渡期」である。レヴィンソンは特に、40代前半の「人生半ばの過渡期」を人生の最も重要な転換期であるとし、「若さの喪失と老いの自覚」「死への対峙と残された生への渇望」などの基本的な対立を調節し、統合していくことが次の人生段階に進むための課題であると考えた。

この研究が行われた当時、成人期は大人の分別を備えた働きざかりで、人生の中で安定した最盛期であると考えられていた。それに対してレヴィンソンは、成人期にも多くの人々が経験する発達のプロセスがあり、そこには急激に心理的な変化の生じやすい時期が存在することを明らかにした点で大きな貢献をしたといえる。なお、図7-2は男性のみを研究の対象とした分析から作成されている。のちにレヴィンソン（Levinson, 1996）は女性を対象とした面接調査を行い、女性にも男性と同じような心の発達がみられること、しかし女性は結婚や出産によって生活パターンが変わりやすいために、より多くの過渡期を経験する可能性があることを指摘している。

(3) エリクソンの生涯発達論

生涯発達論（life-span developmental theory）とは、人は一生を通じて発達していく存在であるとし、乳児期から高齢期までの心の発達を包括的にとらえようとする理論である。現在、最も広く受け入れられている生涯発達論を提唱した研究者は**エリクソン**（Erikson, E. H., 1902-1994）である。エリクソン（Erikson, 1950）は、「人間の８つの発達段階」と題する人間の生涯全般にわたる発達論を提唱した。この発達論によれば、乳児期から高齢期までの８つの発達段階には、各時期に最も顕著となる心理的葛藤がある。人は生涯にわたって、それらの葛藤を克服していく中で人間的な強さ（徳）を獲得していく（図7-3）。

成人期における最初の心理的葛藤は、**親密性** 対 **孤立**（intimacy vs. isolation）である。親密性とは、特定の人と深く長く親密な関係を形成し、維持することを指す。成人期の前の段階である青年期は、自己探求や模索を通じて、自分のあり方や生き方を積極的に選択する時期である。成人期の前半には、青年期に確立したアイデンティティを親密な他者と融合し、親密性を高めるこ

高齢期								統合 対 絶望 **〈知恵〉**
成人期							世代性 対 停滞 **〈世話〉**	
成人初期						親密性 対 孤立 **〈愛〉**		
青年期					アイデンティティ 対 アイデンティティ 拡散 **〈誠実〉**			
学童期				勤勉性 対 劣等感 **〈有能〉**				
幼児期			自主性 対 罪悪感 **〈目的意識〉**					
幼児期初期		自律性 対 恥・疑惑 **〈意思〉**						
乳児期	基本的信頼 対 基本的不信 **〈希望〉**							

心理的葛藤とそこから獲得される人間的な強さを示す。

図 7-3　エリクソンの８つの発達段階
(Erikson & Erikson, 1997 をもとに作成)

とで、人間的な強さとしての愛 (love) を獲得し、相手の幸福や成長が自らの喜びや成熟と直結する状態が望ましいとされる。一方、他者との闘争的で防衛的な関係は孤立を招く可能性がある。

成人期における第２の心理的葛藤は**世代性 対 停滞** (generativity vs. stagnation) である。世代性 (＝世代継承性) とは、子どもを育てること、後進を導くこと、創造的な仕事をすることなどを通じて、次の世代に関心を向け、社会に貢献することにより高まっていく成熟性である。つまり、他者の存在に責任を持ち、重要な他者に自分のエネルギーを注ぐことが、成人期の成長、発達をもたらす。世代性の発達を通じて獲得する人間的な強さは世話 (care) であり、大切な人の幸せのために具体的な行動を実践することができる能力であるとされている。一方、成人になってもなお、自分中心の世界にいて関心が自己に集中しているような場合には、停滞感や自己陶酔に陥る可能性がある。

(4) 人生半ばを超える心理

孔子は有名な論語の中で「四十にして惑わず」と述べた。しかしながら、近年、人生の中で40代は心理的にも身体的にも社会的にも危機を経験しやすい時期であることがわかっている。図7-4は、**人生半ばの危機**（＝**中年期危機**：midlife crisis）、すなわち、40代に体験しやすい変化と心理臨床的な問題をまとめたものである。中核的な問題となるのは心理的変化で、自己の有限性の自覚である。具体的には、人生を折り返す時期となり、死という人生の終末への思索が深まる。そして、30代の頃にはわかっていてもあまり実感がわかなかったこと—自分の体力や能力、働くことができる時間、家族と一緒に過ごすことができる時間が無限ではないこと—を実感するようになる。生物

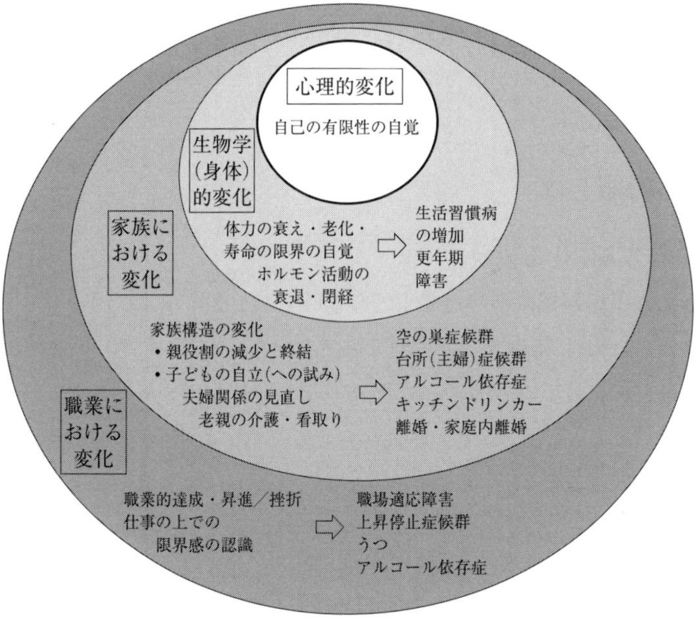

図7-4　人生半ばの危機

（岡本, 2010）

学（身体）的変化としては、体力の衰えを感じるようになり、老いを自覚する。家族における変化として、自立していく子どもとの関係や夫婦関係の見直しが必要となる。特に、子どもが親離れを始めた後の母親の親役割を失うことからくるさまざまな心身の不調は**空の巣症候群**（empty nest syndrome）と呼ばれる。また、老いた親の介護のために、さまざまな調整を行うこともある。さらに職業における変化としては、仕事上の限界感を認識することが多いと指摘されている。先に述べたように、レヴィンソンは40代の前半を「人生半ばの過渡期」として、人生における最も重要な転換期と考えた。その背景には、ここに述べたような複数の側面における心理的な危機が存在していると考えられる。

しかしながら重要なことは、人生半ばにこのような心や身体のネガティブな変化を経験することが、それまでの生き方について主体的に考えて将来の生き方への模索を行い、納得のいく生き方を改めて獲得する大きなきっかけになるということであろう。現代は、成人期から高齢期にかけての人生がとても長い時代である。人生の半ばの時期に改めて自らに向き合い、再獲得した自分らしさや自分の生き方は、人生後半の発達を進めていく大きな力になると考えられる。

4　高齢期とは

(1)　日本の高齢化の現状

日本人の**平均寿命**の推移と将来的な推計を図 7–5 に示す。1950 年、日本人の平均寿命は男性 58.0 歳、女性 61.5 歳であった。一方、約 70 年後の 2021 年には、過去最高の男性 81.5 歳、女性 87.6 歳を記録している。さらに将来推計を追っていくと、人生 90 年の時代がみえてくる。人生 90 年の時代の人生設計は、人生60年の時代とは大きく異なる。仕事からの引退や子どもの自立後の30年をどのように生きていくか。それぞれの個人が、長い人生を展望しながら、人生を主体的に設計していかなければならない時代を迎えている。

(2)　心身機能の加齢変化

1)　身体的・生理的機能の変化　　加齢に伴い、一般的に身体的・生理的

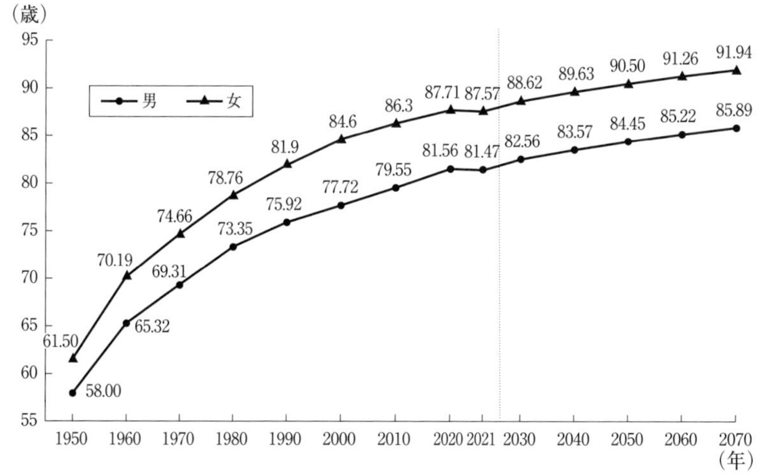

図 7-5　平均寿命の推移と将来推計
（内閣府, 2023 に基づいて作成）

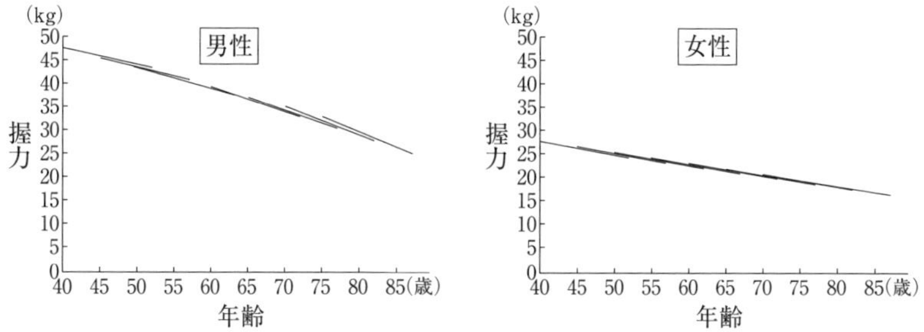

図 7-6　握力の加齢変化
（Kozakai et al., 2020）

機能は低下していく。いくつかのデータをみてみよう。図 7-6 は、40 歳以上の成人および高齢者における握力の加齢変化を示す（Kozakai et al., 2020）。握力は、全身の筋肉量を反映することから活力のバロメーターともいわれる重要な身体的指標であるが、加齢に伴って男女ともに直線的に低下していくことがわかる。また、図 7-7 は、20 歳以上の成人および高齢者における脳の灰白質の容積の加齢変化を示している（Taki et al., 2011）。**脳**の灰白質はニューロン（神経細胞）の代謝や情報処理の中心となる神経領域であるが、その容積

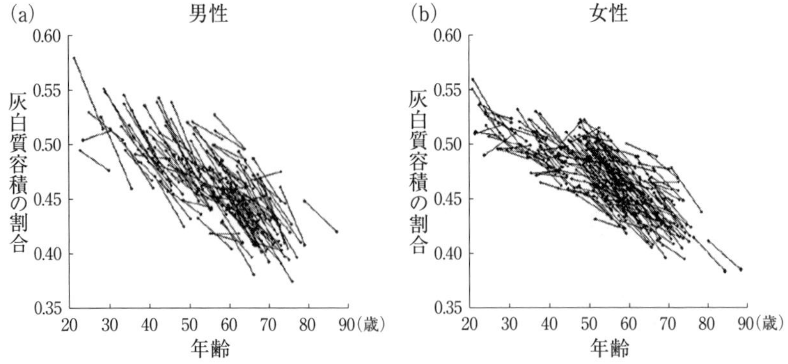

図 7-7　脳灰白質容積の加齢変化

(Taki et al., 2011)

はやはり加齢に伴い顕著に減少している。その他、水晶体の障害により視力が低下したり（いわゆる老眼)、高音域の音が聞こえづらくなることも、ほぼすべての人が経験する加齢現象といえる。

ただし、平均的には加齢に伴い低下する身体的・生理的機能にも、その変化の仕方に重要な個人差があることに着目したい。たとえば、高齢になっても握力の低下が緩やかな場合と顕著な場合があり、握力を高く維持するためには、負荷が少し強めの運動やタンパク質とビタミンDを含む食習慣などのライフスタイルが重要であると報告されている。同様に、図 7-7 をみると、脳の灰白質容積は加齢の影響を受ける傾向があるものの、同じ年齢でも異なった値や変化を示す者がいることがわかる。さらに、脳の機能的な側面を検討した研究（Greenwood, 2007）では、高齢者が記憶をする際に、若年者では活動しない脳の部位が活動することが示されており、脳にも**可塑性**があることが明らかにされている。

2）　知能の変化　　私たちは、大小さまざまな問題を処理しながら生活している。たとえば、買い物をする。食事を作る。ATM を使って出金する。車を運転する。病院を受診する。部下を指導する。子どもたちの安全を守る。**知能**は、生涯にわたりこのような日常の行動を支える重要な心の機能である。図 7-8 に、1950 年代からアメリカで行われている**シアトル縦断研究**のデータ

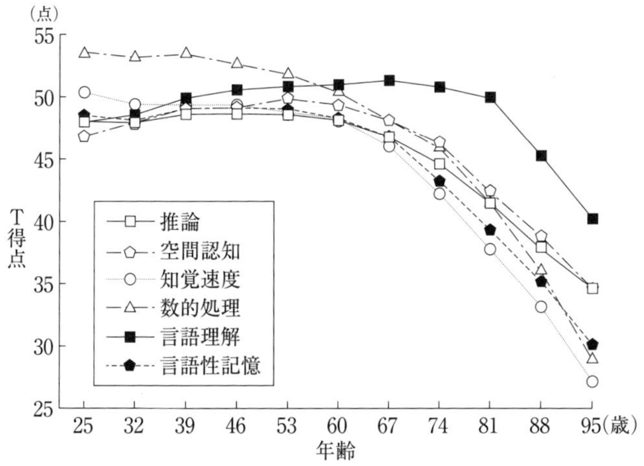

図 7-8　知能の加齢変化
(Schaie, 2013 をもとに作成)

を示す (Schaie, 2013)。シャイエ (Schaie, K. W., 1928-2023) の研究チームは、真の加齢変化を明らかにするために、**縦断研究** (同一の個人を繰り返し検査) と**横断研究** (複数の出生年の人々を検査) を組み合わせた研究デザインを用い、成人期から高齢期にかけての知能の加齢変化を推定した。その結果、空間認知、知覚速度、数的処理、言語性記憶などの得点は60歳頃まで、言語理解の得点は80歳頃まで高く維持されることを報告している (図7-7に示した脳の灰白質容積の減少を考えると、脳の老化と知能の低下が必ずしも連動していないことは興味深い)。さらに、知能の加齢変化には大きな個人差があり、認知機能を高く維持するためには、①心臓病や他の慢性疾患を患っていないこと、②よい環境に住むこと (よい栄養状態を保つことができる等)、③複雑で知的刺激の多い環境にあること、④中年のときに柔軟な生き方をしていること、⑤知的能力の高い配偶者と暮らすこと、⑥脳の情報処理の速さを維持すること、⑦中年のときに自分の人生に満足すること、が効果的であると指摘されている。

5　高齢期の心理的発達と心の健康

(1)　エリクソンの生涯発達論

第3節で述べたように、Erikson (1950) は、人の心は生涯を通じて発達、成長していくという展望を示し、「人間の8つの発達段階」を提唱している(図7-3参照)。

成人期の親密性、世代性の獲得（第3節参照）に続いて、高齢期には、自分のこれまでの人生を振り返り、意味づけ、未解決の問題を処理し、人生を統合していく（心理的葛藤：**統合** 対 **絶望**、人間的な強さ：知恵)。重要なことに、発達段階における課題は、各々が次の課題の先行要因として位置づけられるというよりは、質的に変化しながら重なり合い、発達の連続線上に存在するという。たとえば、Erikson & Erikson (1997) は、高齢期は成人期とは異なる世代性を獲得するチャンスの時期であると述べている。すなわち、高齢者は祖父母の立場から子どもや孫をケアする祖父母的世代継承性を発揮したり、過去の自身の世代継承性に関するエピソードを再解釈したりする。それにより、「私はいなくなるが、私の子どもたちは生き続ける」「私の物語は終わる、しかし、他の人の物語が私の物語に続いていく」といった不死の感覚を得る。そして、そのことが、高齢期の発達課題である統合性の獲得（これまで生きてきたたった一つの人生をよい人生だったと納得して受け入れること）そのものにかかわるのである。

(2)　トルンスタムの老年的超越理論

老年的超越理論は、社会老年学者トルンスタム（Tornstam, L., 1943-2016）が提唱した高齢者の心の発達に関する理論である。トルンスタムは、高齢期には価値観や考え方に大きな変化があらわれると指摘する。すなわち、若い頃には、社会的地位が高いことや、自身の目標を達成することなどの生産的な側面に価値があると感じる傾向があるが、高齢になるとそのような価値観から脱却し、別の事柄やものに価値や幸せを見出すようになるという。老年的超越の特徴としては、社会と個人との関係、自己、宇宙的という3つの領域における変化があげられる。①社会と個人との関係の領域：社会や他者との表面的なつながりよりも、限られた人との深いつながりを重んじるようになる。また、社会的な価値観から脱却し、自分独自の考え方や価値観をもつようになる。②自己の領域：自らの意思や欲求を達成しようとする気持ちが薄れ、他者を重視する態度に変わる。また、身体の機能や容姿を維持することへのこだわりが少なくなる。③宇宙的領域：時間や空間に関する合理的、常識的なとらえ方が変化し、現在ここにいない人々、たとえば過去もしくは未来の人々や、遠くに離れた場所にいる人と強くつながっているという実感、さらに人類全体や宇宙との一体感を持つようになる。このような考え方は、高齢化に伴い急増している80歳代、90歳代といった超高齢者における新しい価値観の形成という点からも重要と考えられる。

(3) 高齢期の心の健康

先述の通り、高齢期は身体的・生理的な機能が低下したり、社会的な役割を喪失しやすい時期であり、心の健康の諸側面に目を向けることがより重要となる。

高齢期の代表的な心の問題は、抑うつ的な気分を引き起こす**うつ病**と認知機能を冒す**認知症**である。うつ病では、気持ちがふさいでやる気が起こらないという気分の障害、頭痛、疲労、不眠などの症状が生じる。特に高齢者では、生きがいや興味の消失、漠然とした不安感、注意や集中力の低下を伴う場合が多い。高齢期のうつ病には、身体疾患がかかわっていることが多く、うつ病そのものが身体疾患の経過や予後に重要な影響を及ぼすことも知られている。また、親しい人の死別や社会的役割の喪失など、何らかの喪失経験を伴うライフイベントがきっかけとなって起こることも多い。しかしながら、これらのことを経験してもなお、心理的に健康を保てる高齢者も多い。高橋(2009)は、高齢期のうつ病を予防するためには、成人期から①多様性のある生き方をする、②孤立しない人間関係とともに自分だけの時間を大切にする、③あいまいさに耐える能力を身につける、④必要な援助を他者に依頼する態度をもつ、⑤過去にこだわる態度から「いま、ここで」の発想への転換をできるようにする、などが重要であるとしている。

一方、認知症とは、脳の器質的疾患によって、いったん正常に発達した認知機能が低下し、日常生活に支障をきたした状態のことである。認知症を引き起こす疾患には、**アルツハイマー病**、**脳血管障害**、**レビー小体病**などがあり、認知症に占める割合が最も大きいのはアルツハイマー病である。認知症になると、料理や買い物、薬の管理などの手段的な **ADL（日常生活活動）** から低下し、進行すると、食事や入浴などの基本的な ADL にも不都合が生じてくる。最近の認知症をめぐる動向として重要なことは、**軽度認知障害**への着目であろう（「精神疾患の診断・統計マニュアル第５版（DSM-5-TR）」でも、軽度認知障害という診断名が新たに採用されている）。軽度認知障害とは、健常高齢者と認知症患者の中間にあたり軽度に認知機能が低下した状態であり、この段階で適切な介入や治療を受けることは、その後の認知機能低下の進行を抑制したり、遅らせたりすると考えられている。

松下（2015）は、アルツハイマー型認知症で生じるアミロイドたんぱくの沈着などの病変は正常加齢の脳にも生じることから、認知症は脳の疾患というより脳の加齢が促進した状態としてとらえるべきであると指摘する。すなわち、高齢になれば誰もが認知症になる可能性があり、認知症とともによりよく生きていくにはどうすればよいかという視点もまた、重要である。

(4) 高齢者に対する心理的支援

高齢者に対する心の支援では、高齢者が抱える問題を心理学的な見地から理解し解決するとともに、社会的サポートの充実などの周囲の環境の調整を通じて **QOL**（Quality of Life：**生活の質**）を高めることを目指す。その際には、うつ病や認知症などの心理的問題に直面した高齢者だけではなく、日常的な悩みやストレスを抱える高齢者も対象となる。また、身体的あるいは心理的な疾患により介護を受けている人（被介護者）だけでなく、介護している人（介護者）の心のケアも重要である。特に介護者では、介護に対して終わりがみえない、先がみえない、あるいは協力者がいないような場合に大きな介護ストレスを感じている場合があり、注意が必要である。

また高齢期には、配偶者や友人など、身近な人々の死を経験することが多い。そのような喪失と悲嘆の過程では、情緒的な反応、食欲不振や不眠などの身体症状が持病の悪化や急激な体調の変化を招いたり、うつ病などの精神障害の誘因となったりすることがある。一方、大切な人の死を経験することで、命、家族とのつながりの大切さを感じたり、人生の意味について真剣に考えるようになったりすることもあり、心理的支援では、その人の思いを理解し適切に支えることが求められる。

高齢者の心理的介入では、認知機能に障害のある場合には行動的技法を中心とした介入、認知機能の障害の少ない高齢者には物事の考え方や受け止め方（認知）に働きかける認知行動療法などの問題解決を目指す介入方法が有効であると考えられている。

〈チェックページ〉

- □エリクソンの生涯発達論における成人期、高齢期の課題は何ですか。
- □人生半ばの危機における中核的な課題をあげてください。
- □高齢者に対する心理的支援において留意すべき点をあげてください。

〈課題・オンライン資料〉

1）令和５年版高齢社会白書（内閣府）を読んで、高齢化の現状とその課題を整理しましょう。
令和５年版高齢社会白書　https://www8.cao.go.jp/kourei/whitepaper/w-2023/zenbun/05pdf_index.html

〈引用文献〉

Berk, L. E. (2010) *Development Through the Lifespan* (5th ed.). Pearson.

Erikson, E. H. (1950) *Childhood and Society*. W. W. Norton.（仁科弥生（訳）(1977) 幼児期と社会Ｉ　みすず書房）

Erikson, E. H., & Erikson, J. M. (1997) *The Life Cycle Completed* (*Extended Version*). Norton.（エリクソン, E. H.・エリクソン, J. M.（著）村瀬孝雄・近藤邦夫（訳）(2001) ライフサイクル、その完結（増補版）　みすず書房）

Greenwood, P. M. (2007) Functional plasticity in cognitive aging: Review and hypothesis. *Neuropsychology, 21*, 657–673.

Havighurst, R. J. (1972) *Developmental Tasks and Education* (3rd ed.). Longman.（ハヴィガースト, R. J.（著）児玉憲典・飯塚裕子（訳）(1997) ハヴィガーストの発達課題と教育　川島書店）

Kozakai, R., Nishita, Y., Otsuka, R., Ando, F., & Shimokata, H. (2020) Age-related changes in physical fitness among community-living middle-aged and older Japanese: A 12-year longitudinal study. *Research Quarterly for Exercise and Sport, 91*, 662–675.

Levinson, D. J. (1978) *The Seasons of a Man's Life*. Alfred A. Knopf.（レヴィンソン, D. J.（著）南博（訳）(1992) ライフサイクルの心理学　講談社）

Levinson, D. J. (1996) *The Seasons of a Woman's Life*. Alfred A. Knopf.

松下正明（2015）認知症とともに生きる　心と社会, *46*(3), 4–6.

内閣府（2023）令和５年版高齢社会白書　第１章　高齢化の状況

日本精神神経学会（監修）髙橋三郎・大野裕（監訳）(2023) DSM-5-TR　精神疾患の診断・統計マニュアル　医学書院

岡本祐子（編著）(2010) 成人発達臨床心理学ハンドブック　ナカニシヤ出版

大川一郎・土田宣明・宇都宮博・日下菜穂子・奥村由美子（2011）エピソードでつかむ老年心理学　シリーズ生涯発達心理学５　ミネルヴァ書房

Schaie, K. W. (2013) *Developmental Influences on Adult Intelligence: The Seattle Longitudinal Study* (2nd ed.). Oxford University Press.

高橋一公（2014）生涯発達心理学の理論　高橋一公・中川佳子（編著）生涯発達心理学15講　北大路書房

高橋祥友（2009）新訂　老年期うつ病　日本評論社

Taki, Y., Kinomura, S., Sato, K., Goto, R., Kawashima, R., & Fukuda, H. (2011) A longitudinal study of gray matter volume decline with age and modifying factors. *Neurobiology of Aging, 32*, 907–915.

Tornstam, L. (2005) *GEROTRANSCENDENCE: A Developmental Theory of Positive Aging*. Springer Publishing Company.（トルンスタム, L.（著）冨澤公子・タカハシマサミ（訳）(2017) 老年的超越―歳を重ねる幸福感の世界―　晃洋書房）

第 II 部

発達の支援

第 8 章

◎ ◎ ◎ ◎ ◎

認知・思考の発達と支援

【ねらい】
・思考や記憶をはじめとした認知的機能の特徴とその発達に関する理論を理解する。
・発達の時期ごとの認知発達の特徴について理解する。
・認知発達における特性や困難さを踏まえた支援の考え方について理解する。

1 認知心理学と情報処理アプローチ

(1) 情報処理アプローチ

人間の行動の基盤をなす、人間の脳における「知」に関する活動を認知と呼ぶ。**認知心理学**では、このような認知的活動を情報処理のモデルを使用して理解しようとする、**情報処理アプローチ**を基盤としている。

本章では、主に思考や記憶の問題を中心に解説する。なお、認知心理学では社会的認知や動機づけなどの社会・情動面の問題もテーマとされるが、それらの内容については第 10 章で扱う。

(2) PASS モデル

認知的な情報処理過程に関する理論にナグリエリ（Naglieri, J. A.）とダス（Das, J. P.）による**PASSモデル**がある（Naglieri & Das, 1990；Naglieri & Pickering, 2003）。PASS とは、**プランニング**（Planning）、**注意**（Attention）、**同時処理**（Simultaneous）、**継次処理**（Successive）の頭文字であり、これら 4 つの認知処理過程が、学習や問題解決に関与すると考える。なお、認知能力の検査である **DN-CAS 認知評価システム**は、PASS モデルに基づいたものである。

プランニングとは、どのような課題であるのかを判断したり、課題に取り組む方法を選んだり、課題の進行状況を確認したり、必要に応じて新しい方略を生み出したりする処理過程である。注意とは、処理すべき対象に注意を向けるとともに、それ以外のものを意図的に無視（抑制）する処理過程である。

同時処理と継次処理は、対照的な情報処理過程である。同時処理は、情報を全体的にとらえ、情報の関係性を視覚的、空間的に分析していく処理である。それに対して継次処理は、情報を連続的にとらえ、時間的に順を追って分析をしていく処理である。同時処理は図形などの空間的・視覚的情報に、継次処理は話し言葉などの音韻的・聴覚的情報との関連が大きいとされる。

2　認知発達の背景にある能力

(1)　表象と象徴機能

認知発達の背景にあるさまざまな能力のうち、まず**表象**と**象徴機能**をあげる。表象とは、心の中に対象を思い浮かべることのできる能力である。たとえば、遊びの中で見立てを行う象徴遊びは１歳半頃からみられ、幼児期前半では自動車ごっこなどの遊びを好むが、本物の自動車がその場になくても自動車をイメージすること（延滞模倣）は、表象能力によって可能になる。象徴機能とは、事物や事象を別のものによって認識する能力を指す。積木を自動車に見立てることは、象徴機能により「積木―自動車」＝「意味（表現）するもの―意味（表現）されるもの」という関係が成立していることを意味する。

表象と象徴機能の発達は、言語発達と大いに関係する。すなわち、言語発達に伴って、たとえば“○”と“マル”は視覚（形態）的には異なるが、意味は共通するというように、言語を用いて形を超えた「意味のあるもの」として対象を認識することができるようになる。このように、意味が表象や象徴機能の中で機能することで、直観によらない、論理的な思考、記憶や概念の発達が促されるようになると考えられる。

(2)　メタ認知

問題を解く際には、その内容を理解するとともに、解答のために使用する

表 8-1　実行機能の内容

注意の制御：注意を主体的にコントロールする能力 選択的注意、自己調整、自己モニタリング、抑制
認知的柔軟性：状況に応じて認知を柔軟に変化させる能力 注意の配分、ワーキングメモリ概念の転換、フィードバック反応の利用
目標の設定：問題解決に向けて見通しを立てる能力 行動の始動、推論、プランニング、方略の形成
情報処理：情報を速く効率的に処理する能力 効率、流暢さ、処理速度

（Anderson, 2002；関口・山田, 2017 を参考に筆者作成）

方略を選択し、進捗状況や誤りの有無を確認しながら解答を進める。そこにおいては、情報処理の上位に認知活動に対する認知であるメタ認知の機能が想定されている（Flavell, 1979）。**メタ認知**には、自分の認知活動に対する知識やコントロール（制御）、モニタリング（監視）、誤りの検出や訂正、注意の選択や抑制といった、認知機能を管理、統制する機能が含まれる。

(3)　実 行 機 能

認知的活動における情報処理が適切に機能するためには、情報処理を管理、制御する必要があり、そのメカニズムを**実行機能**と呼ぶ。実行機能は主に脳の前頭前野の働きに由来するものであると考えられ、表 8-1 に示すようにさまざまな内容が含まれる。

なお、先に述べたメタ認知や、後述するワーキングメモリの理論における中央実行系も、実行機能と関連する概念であると考えられる。

3　思考の発達

(1)　思考の発達段階

私たちの行動の背景には思考、すなわち「考える」という心的活動が存在している。思考には主に問題解決（目標を達成するための手段や方法を見出す）、推論（経験に基づいて前提を立て、それに基づいて結論を導き出す）、意思決定（いくつかの選択枝から1つを選ぶ）、概念形成（抽象化されたまとまりの知識を形成する）等の内容が含まれる。

子どもの認知・思考の発達に関する代表的な理論として、**ピアジェ**（Piaget,

J., 1896-1980）による**発生的認識論**がある（Piaget, 1950）。それによれば、子どもの認知能力の背景には現在持っている認識の枠組みである**シェマ**によって外界の情報を取り入れる働きである**同化**と、環境に適応するために既存のシェマを変更する働きである**調節**とがあり、両者のバランスがとれること（均衡化）によって認知、思考が構造的に変化しながら徐々に発達していくとされる。

ピアジェは、思考の発達的特徴についての**発達段階説**を提唱した。それに基づき、以下では各年齢段階における思考の発達の姿をみていく。

1）乳児期―感覚運動的知能―　発達段階説では、乳児期は**感覚運動期**と呼ばれる。そこにおいては、循環反応と呼ばれる活動を繰り返しながら、自分の身体についての認識（第1次循環反応。例：手足を動かす）、自分を取り巻く周囲の事物に対する認識（第2次循環反応。例：鈴をつかんで振って鳴らす）、自分の行為と周囲との関係（第3次次循環反応。例：鈴の振り方で音が変わることに気づき、さまざまな振り方を試す）に関する認識を形成していく。

生後約8か月頃に**対象の永続性**、すなわち直接目に見えない対象も存在していることを理解するようになる。たとえば、玩具を布で隠しても、そこにおもちゃがあることを理解することができる。ただし、感覚によって体験する以上に思考を巡らすことはまだ難しい。たとえば、布で隠した玩具を見つける経験をした後に、子どもの目の前で玩具を別の布に隠すと、相変わらずもとの布をめくり続け、玩具を発見することができない。

2）幼児期―直観的思考―　幼児期では、経験の積み重ねにより概念化が進み、推論もみられるようになる。また、言語発達に伴って、幼児期後半では言語が思考の道具として機能し始め、**ヴィゴツキー**（Vygotsky, L. S., 1896-1934）はこれを「内言」と呼んでいる。

この時期の思考は**直観的思考**と呼ばれ、知覚的な特性に左右される。その原因として、児童期以降に獲得される保存の概念（表8-2）が未成立であることがあげられる。さらに、中心化、すなわち複数の視点に立った思考の難しさも原因の一つであると考えられる。たとえば、液量の**保存課題**（第4章参照）では、コップの幅と水面の高さという2つの視点を同時に認識できない

表 8-2　保存の概念が成立するための条件

可逆性の概念：もとの容器に戻せば同じであること。
相補性の概念：一方の要素が増加すると、他方の要素が減少する（水面は高くなるが、その代わりに幅は狭くなる）。
同一性の概念：何も加えたり減らしたりしない限り、質量は変化しないこと。

ために、一方のみに注目して解答してしまうと考えられる。

幼児期の特徴的な推論の形式として、**転導推理**があげられる。転導推理とは、特殊から特殊への理論の飛躍（例：跳びはねると床が揺れるので、地中でモグラが跳びはねると地震が起こる）や、因果関係の取り違え（例：雨が降ると傘をさす、だから傘をさすと雨が降る）というようなといった推論の形式である。これらは論理的ではないにせよ、幼児が思考を巡らせて結論を導き出そうとする姿であるといえる。

3)　児童期—具体的操作—　　児童期を迎える就学時期から次第に思考における言語の影響が大きくなり、9 歳頃に記憶や思考の優位性が映像的なものから言語的なものへと変化する。それに伴って、知覚によらない概念的、論理的な思考が可能になる。

ピアジェの発達段階説では、児童期は**具体的操作期**にあたる。この時期は、幼児期にみられる中心化の特徴は薄れ、複数の視点を踏まえた思考が可能になる（脱中心化）。また、保存の概念や系列化（例：A>B、B>C → A>C）、クラス包含（カテゴリーなどの包含関係。例：生物—動物—イヌ）等の理解が成立することで、具体的な事象については論理的な思考や、科学的な概念の獲得が促される。ただし、日常生活の経験を通して獲得された概念や法則に関する知識である素朴概念の影響は依然として強く、具体的に体験できないものや抽象的な概念などについては論理的な思考が難しい場合も多い。

4)　児童期以降—形式的操作—　　ピアジェの発達段階説では、児童期後期の約 11 歳以降は**形式的操作期**と呼ばれる。それ以前の具体的操作期では困難であった、抽象的な事象や概念についても論理的思考が可能になるとされる。ただし、形式的操作期の思考には領域特殊性がみられ、領域によっては論理的な思考が難しく、特に小学校高学年以降の科学領域における学習の困難さの一因になるとされる。

学習場面においてみられる形式的操作期の特徴の一つに公式の利用がある。たとえば、図 8-1 に示す天秤課題において、具体的操作期では左右の重りが釣り合うためには、重りが重い（多い）ほど支点からの距離を短くすればよいということを理解し、具体的な天秤があれば調整して釣り合わせることはできるが、重りの重さと距離との比例関係に関する理解は十分ではない。他方で、形式的操作期になると、児童は「重りの重さ×支点からの距離（の値が大きい方に傾く）」という公式を使用して答えを導き出すことができる。

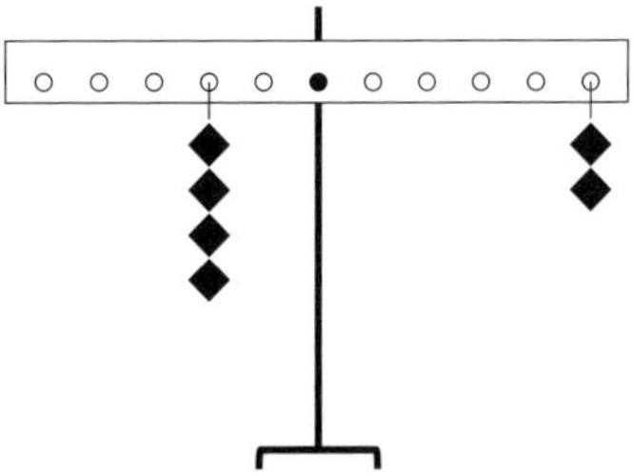

重りをつけたとき、てんびんは
（左に傾く・釣り合う・右に傾く）

図 8-1　天秤課題

(2)　重複波理論

ピアジェの理論に代表される発達段階モデルでは、発達とともに思考の方略が質的に変化すると考える。つまり、ある発達段階において特徴的な思考の方略は、それ以外の発達段階ではみられないとされる。しかし、子どもが興味を示す行動の中には、**領域固有性**、すなわち本来その発達段階においては難しいはずの高度な知識や思考形態がみられることがある。たとえば、自動車が好きな幼児が車種や性能の詳細など、大人にも難しい知識を持つことがある。また、チェスに熟達した小学生を対象にした調査において、通常の記憶課題では特に高い成績は示さないが、チェスの駒の配置の記憶においてのみ卓越した成績を示した（Chi, 1978）。

ピアジェの理論に認知心理学的アプローチを導入して検討しようとする、新ピアジェ派の一人である**シーグラー**（Siegler, R. S., 1949-　）は、天秤課題の解決において、児童が重りの数と支点から距離という 2 つの次元をどのように評価するのかに注目し、表 8-3 に示す 4 段階のルールを見出した（ルール評価アプローチ）（Siegler, 1978）。シーグラーの実験を追試した子安（1981）によれば、小学 2 年生ではルールⅡの使用が多く、小学 4 年生ではルールⅡとⅢが混在し、小学 6 年生ではルールⅣの使用が多いとされる。

表 8-3　天秤課題の問題解決におけるルール

（天秤課題では、優位次元＝「重りの数」、下位次元＝「支点からの距離」となる）
Ⅰ：優位次元（重りの数）のみに基づいて判断する。
Ⅱ：優位次元の値が異なるときは常に優位次元に基づいて判断するが、値が等しいときには下位次元も考慮に入れる（重りの数が同じ場合には、支点からの距離に注目する）。
Ⅲ：優位・下位の両次元を常に考慮するが、一方の選択肢で優位次元の値が大きく、もう一方の選択肢で下位次元の値が大きいときには、この葛藤を解決する一貫した公式を持たず、あてずっぽうの反応をする。重りの数が同じ場合には、支点からの距離に注目する（重りの数と支点からの距離に注目することはできるが、公式を使うことができない）。
Ⅳ：同次元を常に考慮し、それを組み合わせる適切な公式を知っている（「X＝重りの重さ×支点からの距離」という公式を使用して答えを導き出すことができる）。

（子安, 1981 を参考に筆者作成）

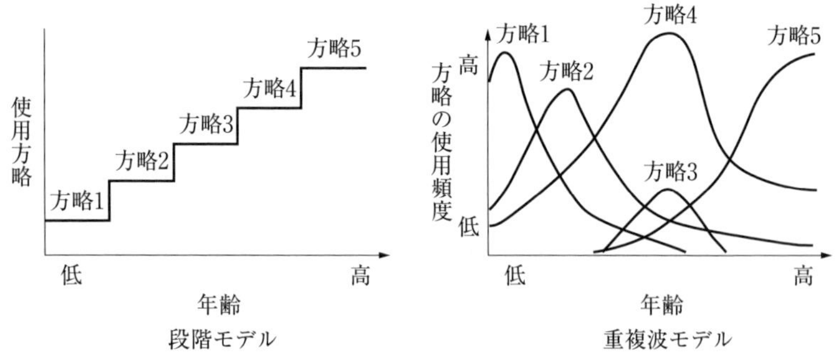

図 8-2　認知発達における段階モデルと重複波モデル
（Siegler, 1996 を参考に筆者作成）

シーグラーは、問題解決の実験結果から、発達段階モデルのように、特定の発達段階に固有の思考の方略があるのではなく、子どもは複数の方略を有していて、その中で多く使用される方略が発達により変化すると考えた（Siegler, 1996）。つまり、子どもは問題解決において状況に応じて発達的により低次または高次の方略を使用することがあるとされる。この理論は、図 8-2 に示すように複数の方略が波のように重なっていると考えることから、**重複波**（multiwave）**モデル**と呼ばれる。

4　記憶の発達

⑴　記憶のメカニズム

1）　二重貯蔵モデル　　われわれがさまざまな経験を通して物事を覚え（記銘）、それを知識として蓄え（保持）、思い出す（想起）といった認知の働きを**記憶**と呼ぶ。さまざまな過去の経験が蓄積されるという点で、記憶は発達にもさまざまな影響を与えている。

記憶における代表的な理論である**記憶の二重貯蔵モデル**（Atkinson & Shiffrin, 1968）によれば、記憶には、今までの生活における学習を通して蓄積された、いわば知識にあたる**長期記憶**と、その時に必要な情報を短期間保持し、重要な情報を長期記憶に送る**短期記憶**に区分される。

2）　ワーキングメモリ　　バドリー（Baddeley, A. D.）らの提唱した**ワーキングメモリ（作動記憶）**は、短期記憶の内容と機能をより詳細に示したモデルである（図 8-3）。二重貯蔵モデルにおける短期記憶が情報を保持できる容量を重視するのに対して、ワーキングメモリにおいては、情報の量だけでなく情報の「内容」と情報を「操作」する機能とに焦点をあてている。

情報の内容として、視覚的・空間的情報を処理する**視空間スケッチパッド**、言語的・聴覚的情報を処理する**音韻ループ**、さらには複数の情報を統合して処理し、長期記憶との情報の接続を担う**エピソード・バッファ**という下位機構が想定されている。

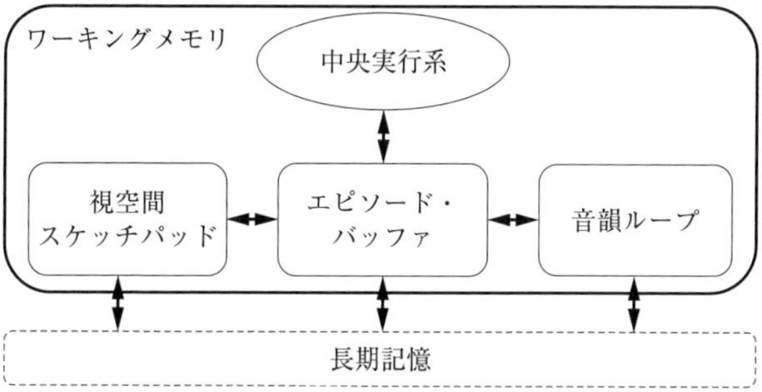

図 8-3　ワーキングメモリのモデル
（Baddeley, 2012 を参考に筆者作成）

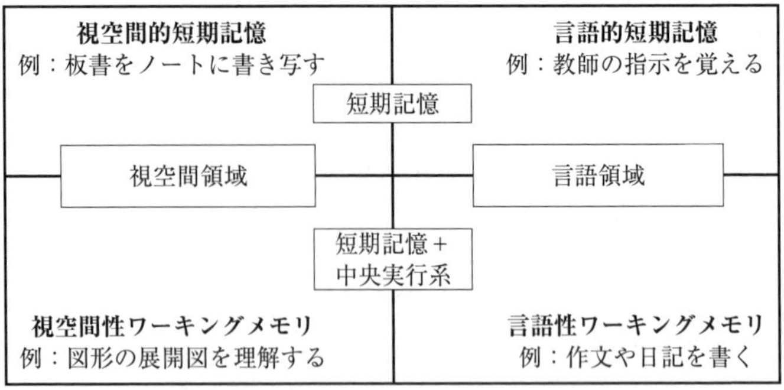

図 8-4　ワーキングメモリの 4 つの側面と関連する学習活動の例
（湯澤ら, 2013 を参考に筆者作成）

情報の操作とは、必要な情報に注意を向け、不要な情報の処理を抑制することで限られた記憶容量を効率的に使用することや、情報に操作を加えるといった機能であり、それを司る**中央実行系**というシステムが想定されている。

視空間スケッチパッドおよび音韻ループに対応する短期記憶の機能がそれぞれ視空間的短期記憶、言語的短期記憶、それらに中央実行系の働きが加わったものがそれぞれ**視空間性ワーキングメモリ、言語性ワーキングメモリ**と呼ばれる（Alloway & Alloway, 2015）。つまり、情報をそのまま覚えておく働きが視空間的短期記憶および言語的短期記憶、それらの情報を保持しながら同時に操作する働きが視空間性ワーキングメモリおよび言語性ワーキングメモリであり、それぞれがさまざまな生活や学習活動と関連すると考えられる（図 8-4）。

(2)　記憶容量と情報処理能力の発達的変化

前項で述べたワーキングメモリの処理機構が適切に機能するためには、十分な情報の処理容量が必要である。発達に伴う情報処理容量の変化に関して、ピアジェの発達段階を定量的にとらえようとしたパスカル-レオーネ（Pascual-Leone, J., 1933-　）は、加齢とともに M 容量と呼ばれる情報処理容量が増加することで、より高次の思考が可能になると考えた（Pascual-Leone, 1970）。

しかしながら、先に述べた領域固有性のように、情報処理容量が少ないはずの低年齢児においても、特定の分野において高度な思考や記憶能力を示すことがある。このことに関して、新ピアジェ派の一人であるケイス（Case, R., 1944-2000）は、加齢による変化は処理容量の増加ではなく、処理効率の向上であると考えた。彼によれば、処理容量は実行中の処理に使用される操作スペースと、処理に必要な情報の一時的な貯蔵に使用される短期貯蔵スペースからなるという。そして、操作スペースは加齢や熟達により処理が自動化されることで容量が少なくて済むようになり、その分短期貯蔵スペースで使用できる容量が増加することで、より高度な思考が可能になると考えられる（Case, 1985）。

(3) 乳幼児期～児童期の記憶の発達

乳児期の記憶は、感覚運動的記憶と呼ばれる、主に感覚や知覚、動作に基づく水準のものである。1歳半頃になると、表象や象徴機能の発達に伴って以前見たものの模倣（延滞模倣）がみられる。

言語発達に伴い言語的（命題的）表象があらわれ、言語が思考の道具として機能し始める幼児期後半以降では記憶においても言語的表象の影響を受けるようになる。たとえば、遠足で芋掘りに行った経験について、その場面の映像的な記憶だけでなく、「芋、畑」あるいはその状況に関する事柄（遠足で畑に行って芋掘りをした）が言語的表象として記憶される。そして、児童期の具体的操作期以降では、映像的表象よりも言語的表象の影響が優位になる。

短期記憶の容量について、単純な記号の記憶の場合成人は7±2桁であるのに対し、幼児では3桁程度であるとされる。また、幼児期では記憶を効率化するための方略（記憶方略）の使用が難しいとされる。記憶方略には**リハーサル**（記銘しようとする内容を繰り返し唱えて言語的に符号化する）、**精緻化**（情報に意味を持たせて符号化する）、**体制化**（カテゴリー化などにより関連する情報を整理する）などがあるが、これらは幼児期にはほとんどみられず、児童期の後半においてメタ認知能力の発達とともにあらわれてくる。

(4) 成人期以降の記憶の発達

記憶の発達的変化はその種類によって一様ではない。たとえば、長期記憶に保持されている内容は、**手続き記憶**（スキルや方略に関する記憶）→**意味記憶**

(一般的な知識などの記憶)→**エピソード記憶**（個人の体験や経験に関する記憶）の順に発達する。その一方で、高齢期では逆の順番、すなわち、エピソード記憶→意味記憶→手続き記憶の順に衰え、その結果、高齢者には幼児期と共通した特徴がみられるようになるとされる（太田, 2008）。

なお、高齢期に生じる認知症は、意味記憶や手続き記憶の機能低下により日常生活に支障をきたすことが原因の一つであると考えられる。

5　認知発達への支援

(1)　認知発達にみられる困難さ

本章の最後に、認知発達における困難さの特徴とそこにおける支援の考え方について述べる。認知機能は加齢とともに発達していく側面と、経験の積み重ねによって発達が促される側面があり、後者については、乳幼児期では遊びや生活、学齢期以降では学習活動が中心的な役割を果たし、そこにおいては教師や保護者等の教育的支援が重要であると考えられる。

特に、非定型発達や発達障害のある子どもにおいては認知の諸機能のうち特定の領域に遅れ、あるいは歪み（機能間のアンバランス）が生活や学習の困難さにつながっていることが多く、それらの特性を十分に踏まえた上での支援が必要となる。たとえば、本章のはじめに取り上げたPASSモデルにおける処理過程の困難さは表8-4に示すような特徴や困難さとしてあらわれる。

また、メタ認知や実行機能の困難さは、問題解決における自身の状態の理解や適切な方略の使用、不要な情報の抑制に困難さをきたすことにつながる。記憶については、幼児期から児童期にかけてその能力が大きく発達すると考えられるが、個人差の大きい領域でもある。短期記憶の容量の少なさは問題解決における情報処理やその結果としての知識獲得の困難さにつながりやすい。また、記憶は容量の問題だけではなく、ワーキングメモリの理論で示されるように、扱う情報の種類や操作にかかわる困難さにも注目する必要がある。すなわち、ワーキングメモリの領域ごとの困難さによって、たとえば先述の図8-4の場面をはじめ、さまざまな学習上の困難さにつながるとされる。

表 8-4　PASS モデルの認知処理過程に関連する学習上の課題

プランニング
単語を読んだり、書いたりする方略を考え出すことができない。
文章の意味を誤って理解したときに修正することができない。
単語のつづりに一貫性がなく、誤りを繰り返す。
算数の問題を手当たり次第に解く。
問題解決のために方略を使わない。
算数や読みの方略を必要に応じて切り替えることができない。
注意
さまざまな活動に対する注意の持続時間が短い。
周囲の気になるものに耐えることができない。
基本的な決まりを思い出すことに時間がかかる。
新しい情報に注意を向けることができない。
細かいことに注意を向けることができない。
必要に応じて一つのことに注意を向けることができない。
同時処理
よく目にする単語を覚えたり、字の形を手がかりとして使えない。
単語や文章、段落の意味を解釈することができない。
単語の中の音節がわからない。
単語を書くときに文字のまとまりとして理解することができない。
文章、特に算数の文章題を理解することができない。
数学に関する概念や問題のパターン・種類の理解定着が不十分。
継次処理
単語を文字に分解するのが苦手で、声に出して読むことができない。
単語の順序をもとに内容を理解することができない。
単語を正しく発音することができない。
単語を書くときに、決まった文字の場所（音が区切れるところ）が覚えられない。
計算をしたり、算数の問題を解いたりするときの手順がわからない。
読むときに単語、文章、段落の順番に従って読み進められない。

(Naglieri & Pickering, 2003, p.17)

(2)　認知発達に対する支援

次に、認知発達の個人差や困難さを踏まえた支援の考え方について述べる。まず大切なこととして、認知発達に何らかの課題が感じられる場合、適切な**アセスメント**を行う必要がある。特に、学童期における学習上の困難さは学習への取り組みの態度や意欲の問題に帰されがちであるが、その背景に認知発達の遅れやアンバランス等の困難さが存在する場合も少なくない。そのため、知能検査や認知発達検査により本人の認知発達についてより詳細に理解するとともに、行動観察等を通して生活や学習上の困難さについての実態の把握に努める必要がある。

コラム　　　　　形式的操作の難しさ―「三角型四角形」問題―

形式的操作について考えるための課題として、「三角型四角形」問題（佐藤・工藤, 2015）をあげる。図 8–5 に示す図形は、直観的には三角形であるが、頂点Ｃがあることで、四角形の定義である「頂点が４つ、角が４つあり、４本の直線（辺）で囲まれた図形」を満たしている。なかには、点Ｃは直線上の点であるので、頂点とは呼べないと考える人もいるだろう。しかしながら、頂点の定義は「辺と辺の共有点」であり、∠BCD=180° である場合もその定義にあてはまるため、やはり点Ｃは頂点である。

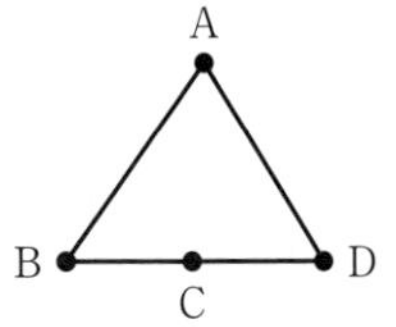

図 8–5　三角型四角形

このように、自身の経験や直観と理論や定義が異なっている場合に、後者に基づいて考えられることが、形式的操作である。しかしながら、三角型四角形を四角形であると判断するのは成人でも難しいとされ、これは形式的操作の難しさをあらわしているといえるだろう。

教師や保育者による支援の基本となるのは、認知発達の特性に配慮した、課題に取り組みやすくなるための足場づくりを行うことである。その際、子どもが苦手とする部分を補うとともに、得意な部分に着目するという考え方がある。たとえば、読みの困難さの背景には継次処理能力や聴覚的処理に弱さがあることが多いが、同時処理や視覚的処理が強みである場合には文章の内容をイラストや相関図であらわすことによって理解が容易になることがある。

さらに、認知の特性に配慮した環境構成上の工夫も有効である。たとえば、指示内容を視覚的にわかりやすく提示する、また注意の困難さに対して一時的に視界を制限したり、不必要な情報を隠したりするなどの支援がある。これらは知的障害や発達障害など特別な支援を必要とする子どもに対して用いられることが多い支援であるが、理解しやすい情報の提示は障害の有無にかかわらず認知発達への支援として有効であると思われる。

〈チェックページ〉

□思考の発達に関するピアジェの発達段階説および重複波理論と、各年齢段階における思考の特徴について説明してください。

□記憶について、二重貯蔵モデルおよびワーキングメモリの理論と、各年齢段階における記憶の発達的特徴について説明してください。

□認知発達にみられる困難さの特徴と、そこにおける支援の考え方について説明してください。

〈課題・オンライン資料〉

1）公益社団法人日本心理学会　高校生のための心理学講座　YouTube 版
https://psych.or.jp/interest/lecture_hs/
高校生を主な対象とした心理学の講義動画が掲載されており、心理学の初学者にも役立つ。心理学のさまざまな分野が網羅されているが、本章にかかわる内容としては、認知心理学や記憶に関する動画が公開されている。

〈引用文献〉

Alloway, T. P., & Alloway, R. G. (2015) *Understanding Working Memory* (2nd ed.). SAGE.

Anderson, P. (2002) Assessment and development of Executive Function (EF) during childhood. *Child Neuropsychology, 8*, 71–82.

Atkinson, R. C., & Shiffrin, R. M. (1968) Human memory: A proposed system and its control processes. In K. W. Spence, & J. T. Spence (Eds.) *The Psychology of Learning and Motivation. Vol. 2.* Academic Press. pp.89–195.

Baddeley, A. D. (2012) Working memory: Theories, models, and controversies. *Annual Review of Psychology, 63*, 1–29.

Case, R. (1985) *Intellectual Development: Birth to Adulthood.* Academic Press.

Chi, M. T. H. (1978) Knowledge structures and memory development. In R. S. Siegler (Ed.) *Children's Thinking: What Develops?* Lawrence Erlbaum Associates. pp.73–96.

Flavell, J. H. (1979) Metacognition and cognitive monitoring: A new area of cognitive-developmental inquiry. *American Psychologist, 34*, 906–911.

Kirby, J. R., & Williams, N. H. (1991) *Learning Problems: A Cognitive Approach.* Kagan & Woo.（カービィ, J. R.・ウィリアムス, N. H.（著）田中道治・前川久男・前田豊（訳）(2011) 学習の問題への認知的アプローチ―PASS 理論による学習メカニズムの理解―　北大路書房）

子安増生（1981）児童における比例概念の発達過程(2)　天秤の均衡と確率について　愛知教育大学教科教育センター研究報告, *5*, 227–238.

Naglieri, J. A., & Das, J. P. (1990) Planning, attention, simultaneous, and successive

(PASS) cognitive processes as a model for intelligence. *Journal of Psychoeducational Assessment, 8*, 303–337.

Naglieri, J. A., & Pickering, E. B. (2003) *Helping Children Learn: Intervention Handouts for Use in School and at Home*. Brookes, Paul H. Publishing Company.（ナグリエリ, J. A.・ピカリング, E. B.（著）前川久男・中山健・岡崎慎治（監訳）(2010) DN-CASによる子どもの学習支援―PASS理論を指導に活かす49のアイデア―　日本文化科学社）

太田信夫（2008）記憶の生涯発達心理学概観　太田信夫・多鹿秀継（編著）記憶の生涯発達心理学　北大路書房　pp.1–5.

Pascual-Leone, J. (1970) A mathematical model for the transition rule in Piaget's developmental stages. *Acta Psychologica, 32*, 301–345.

Piaget, J. (1950) *Introduction à l'épistémologie génétique*. Presses Universitaires de France.（ピアジェ　J.（著）田辺振太郎・島雄元（訳）(1975–80) 発生的認識論序説（全3巻）三省堂）

佐藤誠子・工藤与志文（2015）ルールの適用を阻害する学習者の思考過程の検討―ルールによる仮説的判断の難しさ―　教授学習心理学研究, 11, 54–65.

関口理久子・山田尚子（2017）実行機能質問紙（Executive Functions Questionnaire）の開発　関西大学心理学研究, *8*, 31–48.

Siegler, R. S. (Ed.) (1978) *Children's Thinking: What Develops?* Lawrence Erlbaum Associates.

Siegler, R. S. (1996) *Emerging Minds: The Process of Change in Children's Thinking*. Oxford University Press.

湯澤美紀・河村暁・湯澤正通（編著）(2013) ワーキングメモリと特別な支援――人ひとりの学習のニーズに応える―　北大路書房

第 9 章

◎ ◎ ◎ ◎ ◎

言語の発達と支援

【ねらい】
・言語発達の諸側面について理解する。
・言語・コミュニケーション発達における環境の重要性について理解する。
・言語発達支援の概要について理解する。

人間は、音声言語や文字といった「言語」だけではなく、視線、表情、相手との距離感といった「非言語」的な手段によりコミュニケーションを行っている。コミュニケーションにおいては、他者の意図を的確に読み解く能力や、何かを伝えたい、共有したいと思う動機づけ等も必要である。一方、ことばは、単なるコミュニケーション手段にとどまらず、思考力や行動調整、さらには自身の価値観の形成においても重要な基盤となる。

ことばを獲得するためには、人間が生得的に有しているメカニズムだけではなく、身近な大人を中心とした環境による支えが不可欠である。そのため、大人のかかわり方を工夫することは、子どもの豊かな感性や思考を最大限引き出すことにつながる。本章では、言語発達のプロセスについて学ぶことを通して、人間の発達におけることばの重要性と、その獲得を支える環境の役割について考えたい。

1 前言語期のコミュニケーション

表 9-1 に 0 歳から 6 歳までのことばの発達の概要を示した。

ことばを話し始める前の 0 歳代の子どもは、さまざまな手段でコミュニ

表 9-1　ことばの発達

〈0 歳から 2 歳までのことばの発達の概要〉

年齢	ことば・コミュニケーションの発達 （表出）	 （理解）	大人のかかわり
1 か月	〈準備期・喃語期〉 ・泣き ・自発的微笑		●泣きの意味を理解し、応答する（子どもは、泣くと、大人が応答してくれることがわかるようになる） ●子どもの反応を同じように返す：やりとりをする 笑う→笑う　発声→発声 ●育児語
2〜3 か月	・発声：アー、ウー ・社会的微笑 ・クーイング ・原会話	・笑いかけると喜ぶ ・物音に驚く ・人の声のする方に向く	
6 か月	・喃語 （例：ババ、マママ） ・手差し	・声の調子を聞き分ける（楽しそう、怖い）	●子どもからの反応に、応答する（ことばをかける、実際に要求をかなえる など）
8〜9 か月	・遊びながらいろいろな声を出す	・身近なジェスチャーの理解（ちょうだい、おいで） ・状況の理解 ・三項関係	●ことばだけではなく、ジェスチャーを使う ●代弁（0〜3 歳中心に） ●知識を共有する機会を作る（例：「ごはんおいしいね」／「ワンワンかわいいね」）
10 か月	・指さし ・ジェスチャー（提示行為、手渡し など）	・ごく身近な決まった話しかけが、ことばだけでわかる（ごはんだよ、お風呂に入ろう、バイバイ、おいで、マンマ など）	●子どもが指さしたものを一緒に見る、コメント（共感）する
1 歳	〈一語文期〉 （1〜1 歳半） ・初語 ・一語文（ブーブ）		
1 歳 3〜6 か月	・10〜30 語（名詞が中心）	・「○○どれ？」と尋ねるとその物を指さす ・50 語くらいわかる	
1 歳 6 か月〜2 歳	〈命名期・二語文期〉 （1 歳半から 2 歳） ・二語文（ブーブあった） ・100 語 ・「これなあに？」と物の名前を尋ねる質問が多い（第 1 質問期） ・ことばの模倣がさかん	・「パパはどこ？」などがわかる ・200〜300 語 ・身近なものがことばだけでわかる	●ことばを拡張（付け加える） （例：ブーブ →ブーブあったね 赤いブーブね） ●子どもからの話を待つ、しっかり聴く ●質問には、できる限り応答

〈2歳〜6歳までのことばの発達の概要〉

年齢	ことば・コミュニケーションの発達 （表出）	（理解）	大人のかかわり
2歳	・知っている単語を羅列していく ・自我が出てきて、「ジブンデ」「〜ちゃんが！」「〜くんの！」と話す ・200〜400語くらい		●代弁 ●拡張 ことばを広げる 子どもが助詞をつけていない場合でも、助詞をつけて話す ●子どもからの話を待つ、しっかり聴く
2歳半	・語彙の急激な増加 ・助詞の使用（の、が、を、になど） ・過去のことを尋ねると、単語で答える ・500〜600語 ・人のことばをさかんに真似る	・「〜をどこへ」「〜の上に」など、位置がわかる ・800語くらいわかる	
3歳	・三語文、多語文 ・第2質問期「なぜ」「どうして」多用 ・日常生活に必要な会話はほぼできる （話しことばが一応完成する） ・過去、未来のことが話せる ・接続詞（それで、〜だから） ・800〜1000語	・集団に話しかけていることばがわかる ・ごく簡単なストーリーの理解	●質問には、誠実に応答する 「なぜだと思う？」と逆に尋ね、考える機会を作る ●自分の意志や感情を他の人にどうしてもわかって欲しいという強い欲求を持たせる ●子どもからの話を待つ、しっかり聴く（いいたいことが何か、推測しながら聞き、うまく表現できないことは、補う）
4歳	・順序だてて一連の出来事を話せる（例：昨日は雨が降ったけど、今日は〔外で遊べて〕楽しかったね。また遊ぼうね） ・子ども同士で話す ・話すことに興味が高まり、おしゃべり ・論理的思考も少しずつ可能になる（例：お友だちも使いたいから貸そうね・順番ね） ・1500語くらい	・ストーリーの理解 ・経験していないことも理解できる（さまざまなごっこ遊び）	
5歳 〜6歳	・言語生活の土台完成 （いいたいことをだいたい説明できる） ・副詞、形容詞などの修飾語を使い、出来事について細かく話す ・2000〜2400語くらい ・子音がほぼいえる	・文字、数への興味（鏡文字もある／自分の名前、簡単なひらがなを読む・書く／音節分解・音節抽出…しりとり、かるた） ・ことばだけで行動を抑止したり停止できる（止めて！→動きを止める） ・内言と外言の区別	●文字、数について、日常生活の中で関心を持たせる（ワークとしてではなく） ※内言：声を出さずに心の中で考える、思考の道具 ※外言：声を発して話す、他者との相互作用、伝達の道具

ケーションを行っている。ことばを獲得する前のコミュニケーションは、「前言語コミュニケーション」あるいは**前言語期**と呼ばれている。

(1) 前言語から言語へ

生後3か月頃までは空腹、眠気、不快（暑さ、痛さ）、便意等を訴える「泣き」が多く、生後1か月頃には、睡眠中や摂食直後に**自発的微笑（新生児微笑）**がみられる。人間は、他の動物に比べ、未熟な状態（「生理的早産」）として誕生するため、子どもは「泣き」によって、養育者を巻き込まなくてはならない。昼夜を問わない子どもの泣きの激しさと頻度の多さは、養育者から養育行動を引き出し、相互交渉を行う契機となる。一方で、泣きの激しさは、虐待等の不適切な養育（マルトリートメント）を引き起こす契機になることも少なくなく、留意が必要である。生後2〜3か月頃になると、養育者の働きかけに対して笑ったり（**社会的微笑**）、声を発したりと、泣き以外の快情動を伴う手段が生起する。その後、4〜6か月以降には、**喃語**（「ババババ」等）を発するようになり、生後6か月頃には、欲しい対象に手を伸ばす**リーチング**、10か月頃には、指さしやジェスチャーが出現する。**指さし**は、さまざまな機能をあらわす手段として用いられ、「驚き」、「定位」（あった！）、「再認」（見たことある）、「要求」（欲しい物を指さす）などがみられる。指さしは、発声や視線を伴うことも多い。その後、動作模倣、音声模倣が可能になり、1歳頃に、意味のあることば（有意味語）を表出するようになる。9〜10か月以降、子どもは、伝達効果（伝達することにより他者を動かすことができる）を理解するため、伝わらないと思っても、あきらめずに伝えることができるようになる。

(2) 共同注意の成立

9か月以前の子どもは、「自己―他者」（例：顔を見て笑い合う／イナイイナイバー遊び）、「自分―もの」（例：一人で玩具を操作する）という二項関係で世界とかかわっている。9か月頃になると、「自己―もの―他者」（例：子どもと母親とともに玩具で遊ぶ）という**三項関係**を理解する。三項関係が成立する背景に**共同注意**（joint attention）がある。共同注意とは、他者と同じ事象（ものや出来事）に注意を向けることにより、注意や情動を共有する行為である。共同注意には、さまざまな種類があり（表9-2）、3つのパターンがある（図9-1）。

表 9-2　共同注意行動

視線の追従	他者の視線を追い、視線の先にある対象を注視する。
交互注視	対象と大人を交互に注視する。
指さし理解	大人の指さしを注視する。
社会的参照	新奇な対象に接した際、大人の表情や行動を手がかりにして、行動を決定する。
showing	自分が持っている興味のあるものを他者に提示して見せる。
giving	自分が持っている興味のあるものを他者に手渡す。
指さし	代表的なものは、要求、叙述（自分の興味のある対象を指さす）、応答（「○○はどれ？」という質問に、指さしで応じる）。

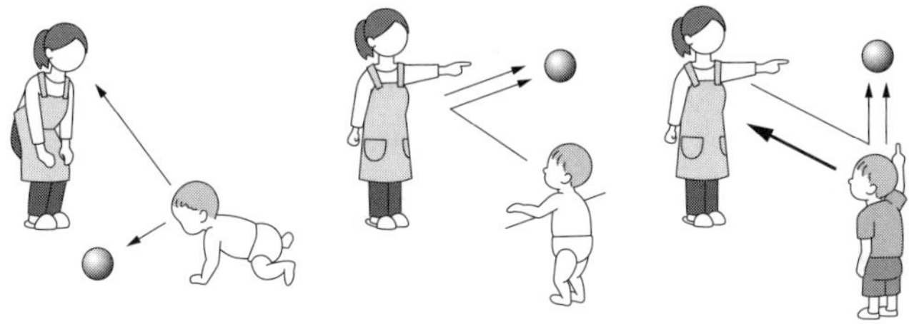

図 9-1　共同注意における 3 つのパターン
（Tomasello, 1999）

共同注意が成立すると、身近な大人を通した学習機会が広がる。たとえば、子どもは、見知らぬ人や新奇な出来事に出会った際、養育者の表情によって自分の行動を調整する（**社会的参照**）。一方で、養育者が抑うつや情緒的に不安定な状態にある場合、子どもの表情が乏しく、探索行動が少なくなる傾向があることが知られている。

2　音声の発達

(1)　聴覚器官の構造と機能

聴覚器官は、**伝音系**（音を物理的振動として伝える外耳、内耳）、**感音系**（音を感じ取り、電気的信号として処理する中耳、聴神経）の構造に分けられる。聴力は、音の大きさ（dB：デシベル）と高さ（Hz：ヘルツ）であらわすことができる。胎児期には、ある程度の聴覚機能が備わっている。子どもの聴覚は、日常の中の聴性反応（音に対する反応）によって、大まかに確認することができる。

(2) 音声理解の発達

音声理解には、聴力だけではなく、特定の音を選択的に聞き取る力、音の違いを認知する弁別能力、音源の方向を理解する能力などが必要である。

音声をことばとして理解する基盤となる音声知覚は、**音韻知覚**と**韻律知覚**が相互に関連しながら発達していく。音韻とは日本語や英語といった言語において、意味ある音として区別できる最小の音声単位（「a」「ka」等）である。子どもは、初期には、母語にはない音韻を区別することができているが、1歳頃には母語の音韻体系に基づいた音声知覚が獲得される。韻律とは、ことばのリズムであり、韻律知覚とは、語のアクセントや抑揚、語の強調、発話の速さなど、音声の韻律的特徴を知覚することである。胎児期（30週頃）には、母語の韻律的特徴を理解しており、生後4～5か月頃には母語と非母語のリズムを明確に区別できるといわれている（権藤, 2017）。

(3) 音声表出の発達

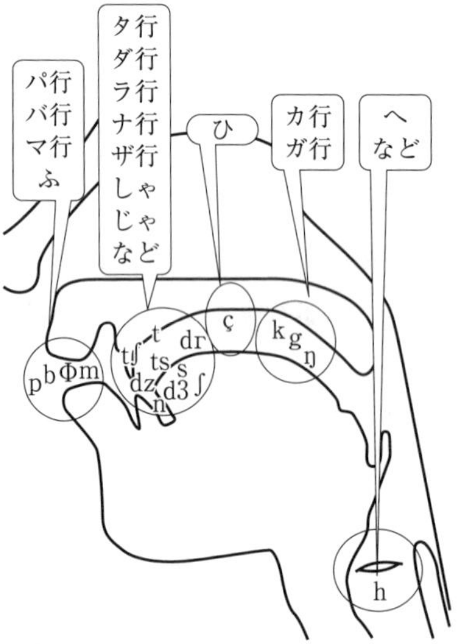

図 9-2 日本語の構音点
（加我, 2013）

音声表出は、呼吸器官、発声器官、構音（言語音声を作り出す）器官の複雑な運動と協調によって可能になる。母語の音声体系に合った音は、歯、歯茎、口唇、下顎、舌、口蓋、鼻腔によって作り出される（図9-2）。

生後2か月頃の、機嫌のよいときに発する喉の奥を鳴らすような声は「クーイング」と呼ばれる。**クーイング**は、養育者の働きかけを引き出しやすく、相互に声でやり取りをする「原会話」が成立する。生後1～2か月から母音を、生後3～4か月頃から、子音を発するようになる。10

か月以降になると、「がぱー」など、異なる音を結びつけるとともに、イントネーションが加わった発話（ジャーゴン）がみられる。子どもがことばを話しているかのように聞こえるため、養育者の反応を引き出しやすい。発する音のレパートリーが増え、模倣ができる頃になると、子どもは音声を模倣する。養育者の**アイコンタクト**（目を合わせること）や口の動きが子どもの音声模倣を促すことが明らかになっている（Imafuku et al., 2019）。

3　意味と文法の発達

(1)　意味の獲得

1)　表象の獲得　　生後10か月頃になると、子どもは、床に落とした物を探したり（**対象の永続性**）、養育者のしぐさを思い出して模倣（**延滞模倣**）したりするようになる。これは、子どもの中に、イメージ（**表象**）が獲得されたあらわれである。このように、ことばを理解するためには、目の前に対象がなくてもイメージできることが必要である。

1歳頃には、**象徴機能**が出現する。象徴機能とは、何か（意味されるもの：所記）（A）をイメージ（表象）し、イメージを媒介として、別の方法（ことば、動作、絵など：能記）（B）であらわす働きである。何か（A）をあらわすための手段（B）を「シンボル（象徴）」と呼ぶ。ことばは、代表的なシンボルである。子どもが、積み木を食べるふりをしながら「マンマ」といっている場面では、実際の食べ物（指し示す対象：所記）が、頭の中にあるイメージと結びついて、「マンマ」というシンボル＝ことばとして表出されたと解釈できる。

2)　意味を獲得するプロセス　　子どもは、1歳頃から、「マンマ」等の意味のある語を発するようになる。この時期の単語は、文の機能があるかのように使用されるため、**一語文**（one word sentence）と呼ばれる（例：「マンマ」は、「マンマがあった」「マンマ食べたい」など、文脈によってさまざまな意味に使われる）。子どもの生活に密着した語が早期に獲得される。語の獲得過程では、四つ足の動物をすべて「ワンワン」と命名するという意味の拡張（過大般用）や、家で飼っている犬のみを「ワンワン」と呼称する（過小般用）といった特徴がみられる。理解語彙は、表出語彙よりも獲得が先行する。障害のある子どもの多くは、この差が非常に大きいことが多い。理解語彙と表出語彙数の差が顕著なタイプには、構音能力に問題がある子どもや、模倣が少なく、気質的に慎重さが目立つタイプである（Fenson et al., 1994）といった報告がある。

品詞では、名詞や指示対象のない語（バイバイ等）が早く獲得され、のちに動詞を獲得する。名詞の方が獲得しやすい理由の一つは、人間が、指示対象に語を対応させる（マッピング）を容易にする「制約」を生得的に持っていることがある。代表的な制約として、初めてことばを聞いた場合、その語は、事物の部分ではなく全体をあらわしていると仮定する**事物全体仮説**（whole object assumption）がある（Markman, 1989）。動詞の獲得が困難な理由としては、①動作のどの部分を表現しているか、判断が困難、②二者の関係（あげる・もらう）が関連するが、発達初期には事物の方が目立つ、③知覚できないものが多い（わかる等）といったことが考えられる。

単語の意味獲得メカニズムを説明する理論に**創発連立モデル**（Emergentist Coalition Model of word learning：ECM モデル）（Holich et al., 2000）がある。子どもは、上述の制約原理と合わせて、最初は、注意・連合過程（知覚的に目立つ／直後であるなど、時間的に接近している／新奇さ）によって語の意味を学習するが、徐々に、社会的手がかり（話し手の意図）によって語の意味を推測するようになる。子ども側の推測能力を引き出す上では、何を指示しているのかを明確化し、子どもの注意を調整する養育者の役割が大きい。

⑵ 文法の発達

1歳半～2歳頃、獲得語彙が急増（語彙爆発）し、単語を50語ほど獲得すると、「ワンワン、いた」のような**二語文**が出現するが、初期の二語文の多くは助詞を省略した電文体（電報のような文）である。

3歳頃には、3語以上の語を組み合わせた発話が出現する。助詞を適切に使用するようになり、多語文の表出も認められる。日本語においては、助詞がさまざまな意味をあらわす上で重要な働きを担う。比較的早期に獲得するのは、所有をあらわす格助詞「の」、共感関係をあらわす終助詞の「ね」共同性をあらわす格助詞「と」、並立（「○○ちゃんも」）をあらわす係助詞「も」等である（小椋, 2017）。

文法発達の前提として、人間には、生得的に文法を獲得する**言語獲得装置**（Language Acquisition Device：LAD）が備わっている（Chomsky, 1957）と考えられている。一方で、文法の獲得における環境の役割の重要性を指摘した理論が**用法基盤モデル**（usage-based model）（Tomasello & Haberl, 2003）である。これは、言語知識を獲得するための基盤は、言語使用にあり、相互交渉の中で発話意図を推測し、発話しながら、文法的パターンや機能的類似性を見出していくという理論である。これは、**動詞島仮説**（verb island hypothesis）（動詞個々が持つ独自のルールが、発達に伴って徐々に一般化されていく）（Tomasello & Haberl, 2003）という動詞獲得理論とも類似している。いずれにしても、可視化しづらい文法や動詞といった言語メカニズムを学習するためには、子ども側の「意図解読」と「認知的・社会的学習スキル」および養育者によるインプットが重要である。

4　語用論の発達

言語・コミュニケーションを分析する視点には、前述した①文法（**統語論**）、②ことばの意味や語彙（**語彙・意味論**）、③音声（**音韻論**）のほかに、④**語用論**がある。語用論とは、文法等の言語の形式（統語・形態）、内容（意味）だけではなく、文脈や、話者の意図や機能を考慮して、話し手が何を伝えようとし、聞き手がその時の文脈（場面、話者の表情や態度、話者との関係等）と照らし合わせてそれをどのように解釈するかという「使用」の側面を重視する。語用論は、コミュニケーションの促進が、文法や語彙獲得につながることが期待されるという視点を含み、発達支援に応用しやすい側面がある。

(1)　発話に含まれる意図の理解

休日の朝、11 時に起床した高校生の娘に対して、母親は、苦笑いをしながら、「まあ早起きね」。それを聞いた娘は、怒った表情に変わった。

この母親のことばは、字義通りにとらえると賞賛であるが、文脈を考慮すると、「嫌味、皮肉」である。このように、ことばの意味を解釈するためには、発話の意味（**発話行為**：locutionary act）、発話の意図（**発話内行為**：illocutionary act）、そして、発話によって相手に影響を与える機能（**発話媒介行為**：perlocutionary act）が必要である（Austin, 1962）。

⑵　会話の発達と関連性理論

会話が成立するためには、「話者交替（turn taking）」、会話のトピックを操作する「トピック操作」、会話の逸脱から回復するための「修復・調整」という3つの機能が必要である（Brinton & Fujiki, 1989）。いずれの機能も、前言語期からその基盤が作られ、話者交替は、原会話やボールのやり取り、「トピック操作」は、事象を共有する共同注意が代表例である。「トピック操作」には、話者間における共有知識も必要である。幼児期における会話の背景には、食事、医者といった、日常的な出来事に関する知識（**スクリプト**）が関与している（小野里, 2010）。

会話においては、双方が積極的に他者の意図を推論することが重要であり、**関連性理論**（Sperber & Wilson, 1986）と呼ばれる。話し手は聞き手に対し、意図明示的（相手に…だと思わせたい）コミュニケーションを行うことにより、相手の認知環境（特定の個人がかかわっている環境）に変化を与え、最小の労力により最大の関連性があるように伝達する。聞き手も、このルールを理解し、積極的に発話意図を解釈することにより、会話が成立するという理論である。これらの前提として、相手の発話を解釈する際は、自分と相手の発話、あるいは他者の発話と現在の状況との関連性が最大になるよう考慮していることが知られている。たとえば、2人の共有状況（相互認知環境）においては、知覚しやすい対象（たとえば、部屋の目覚まし時計の音が突然鳴る）ほど、「顕在性（manifest）」がある、つまり、明確に注目しやすく、かつ、共有しやすくなり、発話解釈における関連性が高くなるとされている。たとえば、次の会話を解釈してみよう。

太郎：「これからファミレスに行かない？」（①）

花子：「頭が痛いんだ」（頭を押さえる）（②）

花子は、「頭が痛いので、夕食に行かない」（③）ことを、一つの発話で伝えようとしている。③を言語化して伝達する方法は効率が悪く、②は最小の労力で「最も効率のよい手がかり」を発話している。聞き手（太郎）は花子の発話を「最も効率のよい手がかり」と信じて推論を行う。このように、関連性理論は、会話における他者意図の推論の重要性を示している。

⑶ ナラティブの発達

ナラティブとは、出来事や事象を語ることを通して意味づける行為である。内容は、自己の体験に基づくパーソナルナラティブ、空想を語るフィクショナルナラティブがある。2歳後半から、過去の出来事をトピックとした発話を理解したり、出来事をともに経験した他者と出来事を語る「共同想起」が可能になったりする。3歳代には、過去形を用いて、「導入」「出来事」「評価」等、ある程度の構造を持つナラティブが可能になる。2歳児を対象とした研究では、子どもから発話を引き出せない場合、WH質問を反復する養育者のタイプよりも、さまざまな角度から質問をしたり、言い換えたり、子どもの発話を賞賛し、評価していく精緻化タイプの方が効果的であり、子どもが「想起スタイル」を確立しやすくなるため、その影響は数年後にも影響することが指摘されている (Fivush et al., 2006)。子どもは、身近な大人の援助を受けながら過去の出来事を振り返り、経験を整理し、評価しながら記憶として定着させていく。このような営みは、自伝的記憶 (過去の自分についての記憶) にも影響を与えると考えられている。「救急車が通る」という出来事を目撃した2事例の親子をみてみよう。

A 親子 (子：8歳)　子：「うるさいね」→母：「そうだね。うるさいね」

B 親子 (子：2歳)　母：「ピーポーピーポーだね。誰かおケガしちゃったのかな」→1年後 (子：3歳)　子：「ピーポーピーポー。おケガしちゃった」

いずれの親子も同じ出来事を経験しているが、焦点のあて方に大きな違いがある。経験した出来事は、パソコンのHDDのように、自動的に記憶されるのではなく、語ることを通して出来事が意味づけられていくことがわかるエピソードである。ナラティブにおいては、経験した出来事について、何を語るのかというトピックの選択や評価が重要であり、そのプロセスの中で、子どもに、それぞれの文化や価値観が伝えられていく。

5　読み書きの発達

文字の読み書きの獲得時期は、話しことばに比べ、環境や本人の興味・関心などによる個人差が大きいのが特徴である。文字の発達において重要なのは、文字への「気づき（awareness）」であり、一般的に、3歳頃に、自分の名前の文字や絵本のタイトルなどに意味があることを理解するなど、特定の文字に興味を持ち始める。3〜4歳頃にひらがなが読めるようになり、5〜6歳にひらがなの書字が可能になる。読み書きの前提となる能力は、視知覚（識別、形の構成理解）、語彙、記憶等の領域のほかに、**音韻意識**（一文字は一つの音と対応していることを理解する）、**音韻抽出**（「りんご」の最初の文字がわかる）が必要である。また、絵本など、文字に触れる機会が興味や関心を高める上では重要である。

6　養育者の役割

(1)　言語獲得支援システム

先に述べた、人間には、生得的に文法を獲得する言語獲得装置が備わっているという説に対し、Bruner（1983）は、言語獲得を支援するシステムが環境側にあるとする**言語獲得支援システム**（LASS：Language Acquisition Support System）を提唱している。**ブルーナー**は、**ヴィゴツキー**の**発達の最近接領域（ZPD）**における他者との相互作用を**足場づくり**（scaffolding）と称し、子どもの言語獲得を支えるメカニズムとして説明している。足場づくりとは、子どもと大人との間で事象を共有することで、子ども一人では学べない事柄について、経験から学ぶことを可能にするものである。

ことばの獲得は、食事や遊び等の日常文脈と、養育者と子どもの相互交渉によって促される。養育者は、子どもがことばの使い方や意味を発見しやすいように、**フォーマット**（format）というパターン化された行為を繰り返すことが指摘されている。Bruner（1983）は、1歳1か月の母子による絵本遊びにおいて、次のような相互交渉のパターンがあることを指摘している。

【母親：「ほら！」（注意喚起）→子ども：（絵に触る）→母親：「これは何？」（質問）→子ども：（喃語を発声し、微笑む）→母親：「そう、ワンワンよ」（フィードバックと命名）→子ども：（発声し、微笑み、母親を見上げる）→母親：（笑）「そう、ワンワンね」（フィードバックと命名）】

「注意喚起」→「質問」→（子どもの反応）→「フィードバックと命名」というフォーマットの中で、母親は、対象に注意を集中させる。子どもはこの「型」に参加しながら、意味を推測し、ことばの理解や発話が促される。

(2) 養育者のかかわりと言語発達への長期的な影響

養育者の働きかけは、子どもの言語発達に長期的に影響を与える。養育者が子どもの行動に敏感に反応することが、ことばやコミュニケーションの発達における「足場づくり」の役割を果たしている。

養育者は、子どもの行動の背景にある心（mind）に目を向ける（minded）傾向（mind-mindedness）がある（Meins, 1997）。養育者のこのような傾向は、明確な伝達意図を持たない子どもの表現を伝達手段として意味づけたり、心情を言語化（代弁）したりすることになり、のちの**心の理論**の発達に影響を及ぼすとされている。

また、共同注意における養育者の効果的な働きかけ（子どもが注意を向けている対象にコメントする／注意共有時間が長い）は、子どもの語彙量の多さなど、良好な言語発達に関連している（Tomasello & Farrar, 1986）。さらに、1歳代において、子どもの内的状態（感覚、感情等）を多く代弁した母親の子どもの方が、1年後の子どもの言語発達（語彙、発話の長さ、内的状態への言及数）が良好である（Beeghly et al., 1986）という指摘がある。

このような子どもの意図や注意を調整する養育者のかかわりには個人差があり、その背景には、母親自身の育児観が反映されている。齋藤・内田（2013）は、3～6歳児を対象とした絵本場面の観察から、子ども中心で子どもの体験を享受する「共有型」養育態度の母親は、子どもに共感的で、子どもに考える余地を与えるようなかかわりが多い一方、子どもにトップダウン的にかかわり、罰を与えることも厭わない「強制型」養育態度の母親は、指示的で、子ども自身に考える余地を与えないかかわりが多い傾向があることを指摘している。そして、「共有型」養育態度の母親の子どもの方が、発話の主導が多い傾向にあると報告している。

これまでみてきたように、ことばの前の時期から、養育者は子どもを一人の意図ある存在として認識し、かかわっているといえる。換言すると、人間のコミュニケーションの特徴は「協力的」であり、大人側も子どもの影響を受けて相互交渉を行っている。子どもに発達の遅れがあり、表出手段が少なく、意図がわかりづらいといった特徴がある場合、大人側もかかわりが少なくなる傾向があり、支援が必要である。

7　ことばの支援

支援において重要なのは、苦手意識の克服と自尊心の低下を防ぐことである。日常生活の中で発達に即した無理のないかかわりが重要である。

(1)　話しことば

1)　適切な発達評価（**生育歴、教育歴、発達検査、言語検査、質問紙、行動観察等**）**に基づいた支援計画の設定**　行動観察の指標としては、語彙（理解、表出）・構文の量や前言語的手段の種類（ジェスチャー等）だけではなく、それらを実用的に使用できているか、機能のレパートリー（手段／機能：要求、拒否、叙述、質問等）や語彙（理解、表出）・構文の数や機能の偏り、コミュニケーションの主導性等について評価を行う。

2)　支援方法　前提として、「今、ここ」を楽しみ、共有するコミュニケーション経験の蓄積が重要である。共同注意やコミュニケーション機会を意図的に設定し、子ども主導による自発的かつ機能的な発話（「ありがとうでしょ」といった促しではなく、大人が「待つ」ことにより、子どもから発すること）を保障することが重要である。ことばの遅れのある子どもは、獲得したことばを多様な場面で使用すること（**般化**）が困難であるため、食事、入浴、朝の会といった日常生活ルーティンの文脈において、他者と相互交渉しながら、発話（「開けて」等）を促すことが効果的である（語用論的アプローチ）。児童期においては、援助要請スキル（「教えて」等）の獲得が、集団生活におけるサバイバルスキルとして重要である。会話やナラティブについては、同じ出来事を経験した者同士が語り合う共同想起や、子どもの好みをトピックとして会話を広げていくことが有効である。構音について、専門機関による構音訓練が可能になる以前の発達年齢４歳までは、口唇機能を高める日常的な活動（吹く、吸う、固いものを噛む、なめる）が有効である。

(2) 文字について

読字や書字が困難な場合、要因を評価することが重要であり、**限局性学習症**（SLD）のような読字や書字の発達に明らかな背景がある場合は、タブレットによる文字の音声読み上げ、黒板の写真撮影等の合理的配慮が必要である。

一般的な支援としては、以下があげられる。

・絵本、持ち物の名前など、文字に触れる機会を増やす。絵本については、ストーリーの読み聞かせにこだわらず、絵で楽しむことを通して、絵本への抵抗をなくすことが重要である。

・語彙が少ないことも多いため、語彙を増やす。

・作文については、①大人と会話しながら思い出し、大人がメモしたキーワードをもとに作文する、②いつ、どこで、誰と、何をという作文メモの書式に埋めていく、③連想できることをつなげて図式化（マインドマップ）した後、文章化するといった支援方法がある。

・小学校以降の学習面での配慮としては、教科書の拡大、行間を空ける、情報量を抑える（1行の長さ、1ページの文字量）、文節の区切りにスラッシュを入れる、ふりがなをふる、文字構造の視覚化（漢字の「偏（へん）」と「旁（つくり）」）、ゲーム形式による単語探し、マスの大きいノートの使用、絵や音声教材の利用、扱いやすい文具の工夫等があげられる。

・眼球運動に問題がある場合、読む情報以外を目隠しする補助教材の活用も有効である。文字と音の変換が困難な場合、音読は有効である。

・得意な認知処理を生かす：たとえば、イメージ化に問題がない場合、「親」という漢字を「立って木の横で見ているのが親」などと、イメージと結びつけて記憶する方法は有効である。

8　言語発達における社会環境の影響と今日的課題

言語発達は、養育者によるかかわりのほかに、社会文化的な影響を強く受けることがわかっている。方言の存在、性別や役割により使用することばが異なることなどはその一例であり、経済的要因が、使用する言語に影響を及ぼすことも明らかにされている（Hart & Risley, 1995）。日本人の母親とアメリカ、イギリスの母親の子どもに対する接し方には大きな違いがあることが指摘されている（Richards, 1999）。全般的に、日本人の母親は、子どものニーズ（空腹、不機嫌等）に応えることに主眼が置かれ、身体接触や、歌など、非言語的手段、擬声語、擬態語が多いのに対し、英米の母親が話す発話は、常に情報の提供が多いことが報告されている。また、日本人の母親は、子どもの発話を評価することは少なく、子どもの話の確認や承認が多く、子どもの発話を推測する傾向が強いのに対し、英米の母親は、一つの出来事について、話の詳細を尋ねるなど、子どもにできるだけ発話させようとしたり、幼い子どもであっても、できるだけ正式なことばで話すことを求めたりする傾向が認められている。このように、社会文化的背景とことばの使用やことばの発達を支援する側の働きかけは密接に関連しているといえる。

情報化、都市化は、一方的な情報伝達、間接的体験の増大、自然体験やさまざまな他者とかかわる経験の不足をもたらす。目の前にいる他者の意図や感情を汲み取りながら行う相互作用経験の不足は、他者理解、生活経験に根差した実感を持った言語獲得を妨げることにつながる。加えて、これまで述べてきたことを踏まえると、ことばの希薄さは、伝達力の弱さにとどまらず、思考力や自己形成の未熟さ、他者性の希薄さ、社会化の課題へと至る。人間におけることばの重要性について再確認し、子どもの豊かな言語発達を支えていくことが重要である。

〈チェックページ〉

□乳幼児の言語の発達支援では、言語の「表出」、言語の「理解」に分けてとらえる。

□言語・コミュニケーションの発達は、共同注意をはじめとした、養育者のかかわりやコミュニケーションの経験が大切である。

□読み書きに向けての支援は、音韻意識や音韻抽出、絵本などで文字に触れる機会を増やす。

〈課題・オンライン資料〉

1）ことばの発達の遅れに悩む保護者への助言を考えよう。

一般社団法人日本言語聴覚士協会　言語聴覚士のための乳幼児健診入門ガイド　https://files.japanslht.or.jp/notifications/2024/11/15/guidebook_Infantcheckup_For_the_general_public.pdf

ことばときこえにかかわる健診と保護者支援のポイントを学ぶことができる。

2）読み書きが苦手な児童への支援にはどのような方法があるか調べてみよう。

NPO法人スマイルプラネット　―認知特性別読み書き支援―スマイル式プレ漢字プリント　https://smileplanet.net/specialty/smilekanji/

小学校で一般的に使われている、漢字教材では漢字の学習が困難な児童を支援する目的で開発した教材である。児童の認知特性（得意・不得意）に合わせた内容のプリントを選ぶことができる（監修：小池敏英〔東京学芸大学名誉教授／尚絅学院大学教授〕）。

文部科学省　音声教材のサイト　https://www.mext.go.jp/a_menu/shotou/kyoukasho/1374019.htm

発達障害等により、通常の検定教科書では一般的に使用される文字や図形等を認識することが困難な児童生徒に向けた教材で、パソコンやタブレット等の端末を活用して学習について紹介している。

〈引用文献〉

Austin, J. L. (1962) *How to Do Things with Words*. Harvard University Press.（オースティン, J. L.（著）坂本百大（訳）言語と行為　大修館書店）

Beeghly, M., Bretherton, I., & Mervis, C. B. (1986) Mothers' internal state language to toddlers. *British Journal of Development Psychology, 4*, 247–260.

Brinton, B., & Fujiki, M. (1989) *Conversational Management with Language-Impaired Children: Pragmatic Assessment and Intervention*. Aspen Publishers.

Bruner, J. S (1983) *Child's Talk: Learning to Use Language*. Oxford University Press.（ブルーナー, J. S.（著）寺田晃・本郷一夫（訳）(1988) 乳幼児の話しことば　新曜社）

Chomsky, N. (1957) *Syntactic Structures*. Mouton.

Fenson, L., Dale, P. S., Reznick, J. S., Bates, E., Thal, D. J., Pethick, S. J., Tomasello, M., Mervis, C. B., & Stiles, J. (1994) Variability in early communicative development. *Monographs of the Society for Research in Child Development, 59*, 1–173.

Fivush, R., Haden, C. A., & Reese, E. (2006) Elaborating on elaborations: Role of maternal reminiscing style in cognitive and socioemotional development. *Child Development, 77*, 1568–1588.

権藤桂子（2017）音声の理解と産出の発達　秦野悦子・高橋登（編著）講座・臨床発達心理学⑤　言語発達とその支援　ミネルヴァ書房

Hart, B., & Risley, T. R. (1995) *Meaningful Differences in the Everyday Experience of Young American Children*. Paul H Brookes Publishing.

Holich, G. J., Hirsh-Pasek, K., & Golinkoff, R. M. (2000) Breaking the language barrier: An emergentist coalition model for the origins of word learning. *Monographs of the Society for Research in Child Development, 65*(3), 262.

Imafuku, M., Kanakogi, Y., Butler, D., & Myowa, M. (2019) Demystifying infant vocal imitation: The roles of mouth looking and speaker's gaze. *Developmental Science*, e12825.

加我君孝（編）(2013) 新耳鼻咽喉科学（改訂 11 版） 南山堂

Markman, E. M. (1989) *Categorization and Naming in Children: Problems of Induction*. MIT Press.

Meins, E. (1997) *Security of Attachment and the Social Development of Cognition*. Psychology Press.

小椋たみ子（2017）話し言葉の発達　秦野悦子・高橋登（編著）講座・臨床発達心理学⑤　言語発達とその支援　ミネルヴァ書房　pp.90-117

小野里美帆（2010）言語・コミュニケーション発達における「スクリプト」の役割再考　文教大学教育学部紀要, *44*, 167-175

Richards, B. J. (1999) Input interaction and bilingual language development. In A. Yamada-Yamamoto, & B. J. Richards (Eds.) *Japanese Children Abroad: Cultural, Educational and Language Issues*. Multilingual Matters. pp.40-44.

齋藤有・内田伸子（2013）幼児期の絵本の読み聞かせに母親の養育態度が与える影響―「共有型」と「強制型」の横断的比較―　発達心理学研究, *24*(2), 150-159

Sperber, D., & Wilson, D. (1986) *Relevance: Communication and Cognition*. Blackwell.（スペルベル, D.・ウイルソン, D.（著）内田聖二・宋南先・中逵俊明・田中圭子（訳）(1993) 関連性理論　伝達と認知（第 2 版）　研究社

Tomasello, M., & Farrar, M. J. (1986) Joint attention and early language. *Child Development, 57*, 5-63.

Tomasello, M. (1999) *The Cultural Origins of Human Cognition*. Harvard University Press.（トマセロ, M.（著）大堀壽夫・中澤恒子・西村義樹・本多啓（訳）(2006) シリーズ文化と認知 4　心とことばの起源を探る　勁草書房）

Tomasello, M., & Haberl, K. (2003) Understanding attention: 12-and 18-month-olds know what is new for other persons. *Developmental Psychology, 39*(5), 906-912.

第 10 章

◎ ◎ ◎ ◎ ◎

社会・情動の発達と支援

【ねらい】
- 社会・情動の発達をスキルやコンピテンスという観点から理解する。
- 自己の発達、他者との関係性の発達、情動制御の発達について学ぶ。
- 子どもや親を対象に行われている社会・情動発達の支援について学ぶ。

1 社会・情動の発達とは

(1) 社会情動的スキルへの着目

人が幸せな人生を送っていく上で、どのような力が必要なのだろうか。集団の中で他者とかかわり生活をしている私たちにとっては、知識がたくさんあることや物事を早く処理できるといった知的能力の高さ（認知的なスキル）だけでなく、目標に向かってやる気を持ち続け、仲間と協力しながら、互いに気持ちよく生活していくための力が必要ではないだろうか。このような力は、**社会情動的スキル**（非認知的スキル、社会情緒的コンピテンス）と呼ばれ、国内外で重要性が指摘されており（ヘックマン, 2015）、幼児教育をはじめとする多くの分野で、21 世紀の教育を語る上で必須のキーワードとなっている。

OECD は、**認知的スキル**と社会情動的スキルの両面を示し、特に社会情動的スキルを構成するものとして「目標の達成」「他者との協同」「情動の制御」の 3 つをあげている（池迫ら, 2015）。さらに 2030 年の教育に求められている未来像を描いた **OECD ラーニング・コンパス（学びの羅針盤）**では、スキル

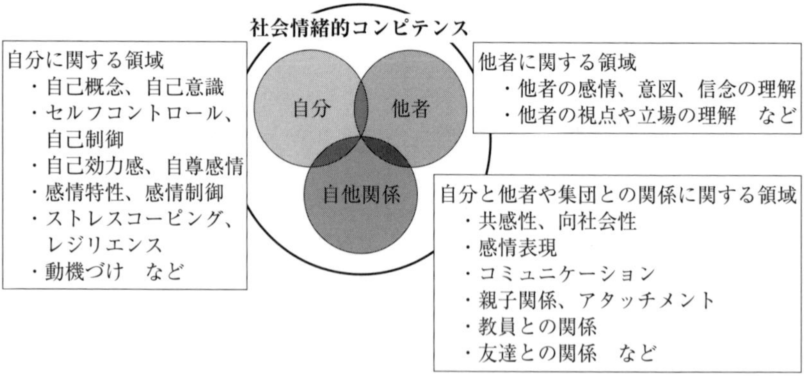

図 10-1　社会情緒的コンピテンスに含まれる３つの領域についての概念図
（国立教育政策研究所, 2017）

を、①（メタ認知を含む）認知的スキル、②社会・情動的スキル、③身体・実用的スキルの３つに分類しており、また変革をもたらす**コンピテンシー**として「新たな価値を創造する力」「対立やジレンマに対処する力」「責任ある行動をとる力」を位置づけている（白井, 2020）。「対立やジレンマに対処する力」は、VUCA（予測困難で不確実、複雑で曖昧）が進行する時代において、物事をさまざまな観点からとらえ、納得できる解決策を見つけ折り合いをつけていく力のことである。この力の構成要素として、他者の視点の獲得、共感性、問題解決能力、**レジリエンス**や寛容さなどが想定されている。

(2)　自己と他者から社会・情動をとらえる

日本では、国立教育政策研究所（2017）が、社会情緒的コンピテンスを「自分と他者や集団との関係に関する社会的適応」および「心身の健康・成長」につながる行動や態度、そしてまた、それらを可能ならしめる心理的特質と定義し、「自分」「他者」「自他関係」の３つの領域から整理している（図 10-1 参照）。

これらの内容はいずれも従来から発達心理学に含まれる重要な領域である。本章では、社会・情動の発達を扱っていく上で、社会情動的スキルや社会情緒的コンピテンスを踏まえ、自己と関係性、さらに情動（特に情動制御）の発達について解説し、それぞれに焦点をあてた支援についても解説していく。

2　自己と関係性の発達

(1)　自己の発達

1)　**自己主張と自己抑制**　人が自分自身を認識する上で、環境とは異なる自分としての身体感覚といった**主体的な自己**の感覚は誕生時からあるが、鏡に映った自分を認識するというような**客体的な自己**の認識は1歳半から2歳頃に可能となる。この時期は自我の芽生えあるいは**第1次反抗期**（イヤイヤ期）と呼ばれる時期でもある。自分でできることが増えていく中で、自分でやりたいという気持ちが強くなったり、こだわりが強くなったりする。しかしすべてをうまくできるわけではないため、できなくて泣いたりかんしゃくを起こしたりすることも多い。こだわりは親に受け入れてもらえないことも多く、親からの制止や禁止に対して、イヤという気持ちを表出する。このような子どもの姿から反抗期やイヤイヤ期と呼ばれるわけであるが、自分の思いを他者に主張すること、また他者から禁止されることは、自分と他者の思いの違いを知り、他者の意識にも気づく機会となる。

一方、自分を抑制する力は、脳の前頭前野の働きを中心とする**実行機能**と関連があり、3〜5歳の間に顕著な発達をみせる。**自己抑制**は、単に自分の思いをがまんすることではなく、目標を達成するために自分の欲求や考えをコントロールする能力と考えられ、重要な社会情動的スキルの一つである。

2)　**自己概念と自己評価**　自分がどのような人であるのかについての経験や知識は、**自己概念**と呼ばれる（Harter, 1999）。自己概念の内容については、幼児期から児童期前期は活動や持ち物といった他者から見える具体的な特徴（例：「サッカーが好き」）や、やさしい、かっこいいなどの全般的特性語が中心である。児童期中期から後期になると能力（例：「スポーツが得意」）や対人的特徴（例：「おしゃべり」）が多くみられるようになる。青年期では社会的魅力に影響を及ぼす対人的属性（例：「明るい」「面白い」）が重要となり、より抽象的な自己属性が構築される。

自己評価については、幼児期から児童期前期は概ね肯定的である。この時期は他者からの評価を自己評価に反映させることはまだ難しい。急速にさまざまな能力が発達するために、肯定的な自己評価を持ち続けることができる。一方、児童期中期になると、自己評価のために**社会的比較**が可能になり、他者と比較して自分の能力をとらえることができるようになる。そのために評価が正確かつ現実的になり、肯定・否定の両面からとらえられるようになる。

青年期になると、他者への敏感さが高まり、他者からどう見られているのかを気にするようになる。**重要な他者**（例：父親、母親、友人）と一緒にいるときの自己や、**社会的文脈**（例：学校、家庭）における自己が、関係や状況に応じてより区別されるようになる（例：友だちと一緒にいるときはおしゃべりだが、父親と一緒にいるときは大人しい）。それぞれの自己はあまり一致せず、矛盾していることがあるため、葛藤、混乱、不安が生じ、「どれが本当の自己か」という自己の真正性に関する懸念を抱いてしまう。

全般的な自己評価である**自尊感情**の発達に関する研究（小塩ら, 2014）によると、青年期（中高生）は他の時期に比べて最も低く、大学生で上昇し、成人期以降にさらに上昇していくことが示されている。また青年期には、自分とは何者であるかと思い悩み、**アイデンティティ**（自我同一性）を確立することが重要な課題となる。青年期には他者への関心が出てくる時期であり、かつ自分について深く考える時期である。健常な個人であっても、自己についてのさまざまな懸念が生じ、自己評価が否定的になりやすいという特徴がある。

⑵　関係性の発達

1）　養育者（親）との関係　　養育者と子どもとの間に形成される絆は**アタッチメント**と呼ばれる。生後3〜6か月頃までに特定の人物（養育者）を区別して、より多くのアタッチメント行動（見る、声を聞く、微笑む、泣く）を示す。さらに6か月を過ぎて移動（ハイハイ）ができるようになると、養育者に対して積極的に接触を求めるようになり、養育者がいなくなると苦痛を示したり（分離不安）、見知らぬ人に不安を示したりする（人見知り）。子どもは不安や不快なときに養育者にくっつくことで安心感を得て、自分の力で周りを探索することができるようになる。つまり養育者は子どもにとっての**安心の基地**であり**安全な避難所**となるのである。2〜3歳になると、アタッチメント対象のイメージが内在化され、養育者のイメージが安心の拠り所となる。アタッチメントにより形成された人に対する基本的な信頼感（内的作業モデル）は、適応を支えるものとして生涯にわたって機能し続ける。

アタッチメント対象となるのは、子どもの身体的・精神的ケアをしている人物であり、子どもの生活の中に持続的にいる存在で、子どもに対して情緒的にかかわっている人物である。親が主な対象となるが、加えて、親以外の家族（祖父母やきょうだい）、保育者や教師も上記の条件を満たすと考えられ、子どもにとって重要なアタッチメント対象になる。

アタッチメントの個人差は、ストレンジ・シチュエーション法によって、**安定型（B タイプ）**と**不安定−回避型（A タイプ）**、**不安定−抵抗型（C タイプ）**、**無秩序・無方向型（D タイプ）**の４つのタイプに分けられる。これらの個人差を生み出す要因として、子ども側の要因（気質など）と養育者側の要因（敏感性など）が関与している。

アタッチメントの形成に伴う障害として、**DSM−5−TR**（精神疾患の診断・統計マニュアル第５版）には、誰に対してもアタッチメントを示さず抑制的で情動的に引きこもった行動を一貫して示す**反応性アタッチメント症**と誰に対しても無差別に愛着を示す**脱抑制型対人交流症**の２つのタイプが示されている。虐待やネグレクトによって基本的な情動的欲求を持続的に無視されることや、主要な養育者が頻繁に入れ替わること、子どもの数に対してケアする大人が極端に少ないことなどの劣悪な環境要因によるものと考えられる。アタッチメント障害は、誰に対してもアタッチメント関係を形成できないことを指すため、子どもが特定の大人との関係を持っていて、その関係に難しさを感じている「アタッチメントの問題」とは整理してとらえるべきであることが指摘されている（篠原, 2024）。

2）　**仲間関係**　　保育園・幼稚園などの集団生活の場に入ると、親から離れて家族以外の同年代の子どもと過ごすようになる。一緒に遊び、生活をする経験によって、**仲間意識**が生じ、いつも一緒に過ごす子どもを仲間や友だちと認識をするようになる。またごっこ遊びやルールのある遊びなどの集団遊びを通して、**自己主張**や自己抑制や規範意識が育ち、いざこざや葛藤場面を経験することで、お互いの思いに折り合いをつけることを学んでいく。

児童期においては、学校という環境を中心に、子どもだけで遊ぶことを楽しむようになる。友だちと同じ活動をして一緒に過ごし、排他的で閉鎖性が強い集団が形成されることある。児童期の後半にかけて、興味や関心などが一致することを通じて仲よくなるなど、内面的なつながりが重視されようになるが、**同調的行動**（同じものを持つ、決まった言葉遣いをするなど）も起こりやすくなる。集団で相手を無視したり、孤立させる**関係性攻撃**がみられ、いじめや対人関係のトラブルも生じることもある。

青年期から成人期に移行していく中で、進学、就職、結婚などのさまざまな出来事を経て、対人関係も大きく変化していく。養育者との関係は生涯にわたって重要であるが、仲間・友人関係、恋人との関係、夫婦関係など個人にとって重要な人々との関係性が、その人の幸福感（well-being）を支えていく。

3　情動の発達—情動制御に着目して—

(1)　情動の発達と情動知能

情動はいつ頃からどのように生じているのだろうか。**ルイス**（Lewis, 2008）によると、誕生時に満足、興味、苦痛がみられ、生後3か月までに、喜び、驚き、悲しみ、嫌悪が、生後6か月頃までに怒りや恐れが生じ、これらは**一次的情動**と呼ばれる。1歳6か月頃に客体的な自己認識が可能になると、**自己意識的情動**（照れ、嫉妬、共感）が生じ、さらに2歳半から3歳に基準やルールに合わせて自己を評価することができるようになると**自己評価的情動**（誇り、恥、罪悪感）が生じる。より複雑な情動を表出できるようになるとともに、他者の情動の理解も進んでいく。

メイヤーと**サロヴェイ**（Mayer & Salovey, 1997）は、**情動知能**（emotion intelligence）として、情動を知覚すること、思考と言語を促進するために情動を使用すること、情動を理解すること、自己と他者の情動を管理することの4つを定義している。またサーニ（Saarni, 1999）は、社会的やり取りの際に情動を適応的に用いる能力を**情動コンピテンス**として定義し、情動制御を含む8つのスキルを提示している。以下では、情動知能や情動コンピテンスに含まれる、**情動制御**に着目し、その発達過程について説明していく。

(2) 乳幼児期から高齢期にかけての情動制御の発達

1) 乳幼児期　幼い子どもにとっては、自分に生じた不快な情動を、独力で制御することは難しい。養育者との関係の中で、養育者主導から、養育者に支えられながら、子ども自身での制御へと変化していく（金丸, 2014）。子どもが自力で不快な状態に対処するための運動能力の発達や、不快な状態の原因を認識し考察するための表象能力や記憶能力などの発達に伴い、不快な原因から逃げたり、目を背けたり、気を紛らわすような行動もするようになる。そして言葉が発達することで、不快な状態のときに泣いたりぐずったりするのではなく、言葉で自分の情動を伝え、他者と交渉ができるようになる。幼児期を通してより複数の洗練した方法で不快な状態に対処することができるようになる。

他者との関係の中での情動制御としては、他者に対する自分の表情の制御があげられる。**社会的表示規則**（文化や社会と結びついて情動の表出や抑制に関するルール）に着目した課題として、期待外れのプレゼント課題がある。この課題では、事前に複数のプレゼントの中から最も欲しいものや最も欲しくないものを尋ねておく。そして子どもは調査者の手伝いをした最後に、最も欲しくないプレゼントを調査者から渡され、その際の表情や行動を観察するものである。プレゼントをくれた人の気持ちを考えるならば、欲しくないプレゼントであっても嫌な顔をしない方が望ましい。この状況で、4～5歳までには、ネガティブな表出（表情や発言）を抑制し、ポジティブな情動表出を行えることが示されている（Cole, 1986）。またこの課題で適切に情動制御ができる幼児は、そうでない幼児に比べて仲間から受容されていることが示されている（Nakamichi, 2017）。情動制御の発達や個人差には、子どもの要因として実行機能や、注意や行動を自発的・意図的に調整する気質的な特徴である**エフォートフル・コントロール**が関連していると考えられる。

2) 児童期　自分の情動を制御する方略は、反すう、気晴らし、問題解決、認知的再評価の4つに分けられる（Aldao et al., 2010）。**反すう**は、不快な情動が生じた原因や起こり得る結果に対して、何度も繰り返し考えてしまう状態を指す。**気晴らし**は、ほかのことを考えたり、別のことをしたりして、注意をそらす行動や認知活動である。**問題解決**は、他者に相談したり、自分で考えたりして、原因や状況を意図的に変えようとすることである。**認知的再評価**は、原因となる状況をネガティブでないものとしてとらえ直すことである。

これらの情動制御方略のうち、当然ながら「問題解決」が望ましい方略ではあるが、問題の困難さによって、いつもうまく解決できるとは限らない。「気晴らし」は一時的にはよいが、根本的な問題解決に至っていないことから望ましいとはいいきれない。一方、「反すう」は非機能的な対応であり、事態を悪化させてしまう可能性もある。小学校4年生から中学校3年生を対象にした研究によると、「気晴らし」「問題解決」をよくする子どもは抑うつが低く、「反すう」をよくする子どもほど抑うつが高いことが明らかになっている（村山ら, 2017）。「認知的再評価」も問題そのものの解決にはなっていないが、問題に対して自分自身の認知や解釈を変えることで、ネガティブ情動を低減させることができ、適応的な情動制御と考えられている。児童期前半では養育者の支援を受けて、児童期後半では自発的に認知的再評価が行えることが示されている。

他者に対する情動制御に関しては、期待外れのプレゼントを受け取る場面などを呈示して主人公の本当の情動や情動を制御する理由を尋ねた研究によると、6、8歳よりも10歳児の方が成績がよく、児童期後半になると情動制御の理解がより進むことが明らかになっている（Saarni, 1979）。また主人公が本当の情動を隠して別の情動を表出する場面の理解（他の子どもにからかわれた場面で微笑んだ主人公が本当はどのような情動であったか）を調べた研究（Pons et al., 2004）では、課題の正答率は幼児では低く、9歳と11歳では80〜95％であることが示されている。先に述べたように、幼児（4〜5歳）は実際の場面で相手のことを考慮して行動や表情を抑制することができる。しかし他者が置かれている状況や他者の信念に基づいて、どのような情動を感じ、表出するのかを理解するのは、児童期になってからなのである。

3）**青年期**　青年期は、自己の発達で述べたようにさまざまな面で変化が生じる時期であり、情動制御の発達にとっても特徴的な時期といえる。なぜならば情動制御にかかわる能力がより洗練されていくのではなく、一時的に低下したり、不安定になったりするからである（Riediger, 2024）。たとえば、回避や反すう、言葉による攻撃などの非適応的な制御方略が使用される可能性が、青年期初期から中期においてピークになる。

青年期における情動制御能力の不安定さの理由として、神経生物学的成熟度の不均衡があげられる。青年期では扁桃体や腹側線条体などの皮質下の情動システムが早期に発達する一方で、前頭前皮質の認知制御システムの発達が十分ではないという成熟のずれが生じていることが影響を及ぼしていると考えられる（Tottenham, 2024）。

また動機づけの観点から情動制御について検討した研究では、青年が否定的な情動体験にとどまったり、強めたり、肯定的な情動体験を弱めたりする傾向があることも示されている。つまり青年期に特有の非適応的な状態は、認知制御能力を持っていたとしてもあえて使用することを望まないという青年自身の意図が反映されているとも考えられるのである。

4） **成人期・高齢期**　情動制御と年齢との関連を検討した研究によると、ネガティブな情動を制御する際に、年齢は抑制や認知的再評価の使用とは無関係であること（Benson et al., 2019）や、対人情動制御をどのくらいの頻度で行うかとも無関係であることが示されている（Liu et al., 2021）。つまり年齢が高いから情動制御もうまくできるとはいえないのである。

一方で高齢者は高いレベルの幸福感（well-being）を報告することが示されている。高齢者はポジティブな刺激により多く、ネガティブな刺激により少ない注意を払い、それを記憶することが示されており、これは**ポジティビティ効果**と呼ばれる（Carstensen & DeLiema, 2018）。認知処理においてポジティブな情報を好むことは、ポジティブな情動状態につながりやすいと考えられる。

4　社会・情動発達の支援

社会・情動発達における支援は、発達に困難を抱えている子どもへの療育的な支援や、スクールカウンセラーを中心とした学校での支援など、発達にかかわるさまざまな課題や問題に対して行われている。一方で不適応状態ではないすべて子どもや親を対象に実施されている予防的な支援もある。以下では支援をより幅広くとらえ、社会・情動発達を支えるために開発された具体的なプログラムを、家庭での養育と学校教育に分けて紹介する（個々のプログラムの詳細は引用欄の文献や〈課題・オンライン資料〉に記載したwebページを参照のこと）。

(1) 養育や子育てにかかわる関係性や情動発達の支援

1) アタッチメントや子育てに関するプログラム　アタッチメント理論に基づいたCOSプログラム（the Circle of Security program）（北川, 2017）は、親が子どものアタッチメント欲求をとらえられるようになること（内省機能の向上）、そして適切に応答できること（敏感性の向上）を目指したプログラムである。乳幼児を持つ養育者を対象として、介入前に構造化されたアセスメント（ストレンジ・シチュエーション法やCOSインタビュー）を行い、各親子の介入目標を設定し、ビデオを用いた介入を行いながら、約半年間かけて行うものである。またCOSプログラムをベースに開発された簡便なプログラムとして「安心感の輪」子育てプログラム（the Circle of Security Parenting program：COS-P）もある。このプログラムの参加者は、親子の映像が収録されたDVD教材を視聴しながら、ファシリテーターと内省的な対話を行う。個別から20組ほどの人数のグループを対象に、標準的には8週間で、養育者を「安心の基地」としながら探索をする状態と「安全な避難所」である養育者に戻ろうとする状態をあらわす**安心感の輪**についての心理教育と行動観察を通して、子どもの欲求への気づきを高め、さらに親自身の課題に目を向ける内容となっている。

COSプログラム実施前後で比較すると、子どものアタッチメントの改善と養育者の内省機能の高まりが認められ、特に介入前に内省機能が低かった養育者において顕著な向上がみられたことや、親が評価した子どもの行動や感情の問題、および教師が評価した行動上の問題が改善したことが示されている。また児童養護施設のケアワーカーに向けたプログラムの実践（徳山,

2017）や自閉スペクトラム症児と親を対象とした実践など、多様な対象者への実践も行われている（久保, 2017）。

その他の、養育者を対象とした親子関係の支援のプログラムとして、トラウマインフォームドな視点から子どもとよりよい関係を築くときに大切な養育のスキルを体験的に学ぶことができるペアレンティングプログラムである「**CARE**（Child-Adult Relationship Enhancement）」や、オーストラリアで開発され、世界40か国以上で実施されている親向けの子育て支援プログラムである**Triple P：前向き子育てプログラム**などもある。

2） 情動の社会化に焦点をあてた支援　子どもの最適な情動制御を促進するために、情動に焦点をあてた育児プログラムでは、子どもの情動のニーズを考慮し、「情動のコーチ（emotion-coaches）」になることが奨励されている。情動のコーチングに焦点をあてた幼児の親向けのプログラムの例としては、Tuning in to Kids（TIK）の一連のプログラムがあり、乳幼児や青年の親、父親や教師を対象としたプログラムも開発されている（Havighurst et al., 2009）。情動に焦点をあてた育児介入は、親のさまざまな情動関連行動（たとえば「情動についての話し合い」）を強化し、幼児の情動制御を改善するのに効果的であることが示されている。

以上のように、海外を中心に養育を支援するプログラムが多数開発されている。核家族化や少子化の影響で、自分が子どもを持つまでにほとんど子どもとかかわる機会が持てず、子育てについて実践的に経験する機会が少ない現代において、ファシリテーターと一緒に養育のスキルを体験的に学ぶことへのニーズはますます高まるだろう。これらの養育を支援するプログラムは時代にあった意義のある支援と考えられる。また専門家から子育てを学ぶだけではなく、地域の子育て広場などは、養育者に子育て学ぶ機会や場所を提供しているだろう。

⑵ 学校教育における社会性と情動に関する学習

ソーシャル・エモーショナル・ラーニング（Social Emotional Learning：**SEL**）は、「自己の捉え方と他者との関わり方を基礎とした、社会性（対人関係）に関するスキル、態度、価値観を育てる学習」（小泉, 2011）である。SELは総称であり、世界中でSELの学習プログラムが開発されている。SELの推進母体であるキャセル（CASEL）のwebページには、学習効果に関するエビデンスが確認されている約100のプログラムのリストが掲載されている。

SELの一つであるRULERは、イェール大学のエモーショナルインテリジェンスセンターが開発したものであり、情動の認識（Recognizing）、理解（Understanding）、ラベリング（Labeling）、表現（Expressing）、制御（Regulating）の5つの頭文字で特定されるスキルにより構成される社会的・情動的学習のエビデンスに基づいたアプローチである。プログラムの中や日常的に使用可能ないくつかのツールが開発されており、その一つであるムードメーターは、色分けされた4つのゾーンに分けて情動を可視化したものである。情動価（快—不快）を横軸、情動の覚醒度（高—低）を縦軸として組み合わせて、情動をとらえることができる表で、情動をあらわす言葉も掲載されている（日本語の例は渡辺, 2019）。たとえば、子どもたちが登校（登園）したときの気持ちをムードメーター上に示すことで、今感じている気持ちを確認するのに使うこともできる。また情動の語彙の学習にも取り入れられており、年齢に合わせて設定されたムードメーターに分類されている情動をあらわす言葉を、話し合いや、絵や物語による表現を通して、認識し、理解し、名づけることを学習する。さらに否定的な情動を取り扱う際には、その情動をどのように制御するか話し合ったり、ロールプレイを行ったりする。情動をより細かくとらえることや、情動に関する語彙を増やすことにも役立てることができる。

日本でのSELの実際の例としては、小中学生用のSEL-8S（小泉, 2022）や幼児用のSEL-8N（山田, 2022）がある。表10-1に示す5つの基礎的社会的能力と3つの応用的社会的能力が身につくように、学習内容は8つの学習領域に区分され、日本の学校や子どもの現状に合うように工夫された学習の授業案や教材が複数準備されている。実践にあたっては、研修を受けた学級担任が学級単位や学年単位で実施する。現状では、特別活動や総合的な学習の時間などの教育課程に位置づけられることが多い。プログラムの効果として、集中的な実践によって小学生の社会的能力が向上すること、長期の実践事例では、中学生の自己評価が全体的に高まること、小学校や中学校での問題行

表 10-1　SEL-8S プログラムで育成を図る社会的能力

	能力	説明
基礎的社会的能力	自己への気づき	自分の感情に気づき、また自己の能力について現実的で根拠のある評価をする力
	他者への気づき	他者の感情を理解し、他者の立場に立つことができるとともに、多様な人がいることを認め、良好な関係を持つことができる力
	自己のコントロール	物事を適切に処理できるように情動をコントロールし、挫折や失敗を乗り越え、また妥協による一時的な満足にとどまることなく、目標を達成できるように一生懸命取り組む力
	対人関係	周囲の人との関係において情動を効果的に処理し、協力的で、必要ならば援助を得られるような健全で価値のある関係を築き、維持する力。ただし、悪い誘いは断り、意見が衝突しても解決策を探ることができるようにする力
	責任ある意思決定	関連するすべての要因と、いろいろな選択肢を選んだ場合に予想される結果を十分に考慮し、意思決定を行う。その際に、他者を尊重し、自己の決定については責任を持つ力
応用的社会的能力	生活上の問題防止のスキル	アルコール・たばこ・薬物乱用防止、病気とけがの予防、性教育の成果を含めた健全な家庭生活、身体活動プログラムを取り入れた運動の習慣化、暴力やけんかの回避、精神衛生の促進などに必要なスキル
	人生の重要事態に対処する能力	中学校・高校進学への対処、緊急緩和や葛藤解消の方法、支援の求め方（サポート源の知識、アクセス方法）、家族内の大きな問題（例：両親の離婚や別居）や死別への対処などに関するスキル
	積極的、貢献的な奉仕活動	ボランティア精神の保持と育成、ボランティア活動（学級内、異学年間、地域社会での活動）への意欲と実践力

（小泉, 2011）

動の減少や不登校児の割合の減少傾向が示されている。

これまで紹介してきたプログラムは、有効性を維持するために、実施に際して、専門家による研修が必要なものがほとんどである。一方、一般向けに販売されている絵本の中に、社会性と情動に関する学びに活かせるものがある。アトウッド（2008）の**アンガーマネジメント**に関するワークブックは、自閉スペクトラム症児のための認知行動療法プログラムに基づくものであるが、呼吸法やストレッチなど、日常的に取り入れやすい怒りの気持ちを静める方法が多く紹介されている。渡辺（2024）の「やさしくわかるきもちのえほん」シリーズも、園や学校で子どもと一緒に情動について考える教材として参考になるだろう。

5　社会・情動の発達と文化的・歴史的時間の影響

本章では、社会・情動について、社会情動的スキルやコンピテンシーの概念に基づき現代社会での重要性を述べるとともに、自己や関係性、情動制御の発達について説明してきた。個人とその個人を取り巻く関係性の中での発達を中心に扱ってきたが、より大きな視点にも触れておきたい。それは文化的影響や歴史的時間の影響である。特に適応を基準とすると、その個人がどのような文化的価値観の影響を受けているかによって、適応状態はかなり異なってくる。たとえば、日本人は自尊感情が諸外国に比べてかなり低いが、謙遜や和を大切にする価値観によるものと考えられ、日本国内においては、自尊感情を高めることが必ずしも適応的であるとはいえないかもしれない(中間, 2016)。文化的影響も、時代の流れによって変わっていく可能性をはらんでおり、特に多様性が重んじられるこれからの時代では、自己のとらえ方や、情動の表出や制御のあり方も変化していく可能性があるだろう。

支援を考える上でも同様である。支援対象者の適応や能力を高めるための支援であるが、その目標がその人の生きていく文化や時代に合っているかを考えていく必要がある。発達の特徴を踏まえた、現実的で、生活に直結するような、実体のある支援が求められる。

〈チェックページ〉

□社会・情動の発達をスキルやコンピテンスの観点から説明してください。

□自己の発達、他者との関係性の発達、情動制御の発達について、年齢時期ごとに特徴を説明してください。

□本章で取り上げた社会・情動発達の支援を web ページで調べてください。

〈課題・オンライン資料〉

1）子育てに関するプログラムが紹介されているサイト。
Circle of Security International 日本サイト　https://circleofsecurity.jp/

CARE Japan　https://www.care-japan.org/
Triple P Japan　http://triplep-japan.org/index.html
Tuning in to Kids　https://tuningintokids.org.au/

2) 学校教育における社会性と情動に関する学習について紹介されているサイト。
RULER　https://www.ruleraapproach.org/
CASEL　https://casel.org/
SEL-8研究会　http://sel8group.jp/index.html
※2024年9月時点

〈引用文献〉

Aldao, A., Nolen-Hoeksema, S., & Schweizer, S. (2010) Emotion-regulation strategies across psychopathology: A meta-analytic review. *Clinical Psychology Review, 30,* 217-237.

アトウッド, T.（著）辻井正次（監訳）東海明子（訳）(2008) ワークブック　アトウッド博士の〈感情を見つけにいこう〉1　怒りのコントロール　明石書店

Benson, L., English, T., Conroy, D. E., Pincus, A. L., Gerstorf, D., & Ram, N. (2019) Age differences in emotion regulation strategy use, variability, and flexibility: An experience sampling approach. *Developmental Psychology, 55,* 1951-1964.

Carstensen, L. L., & DeLiema, M. (2018) The positivity effect: A negativity bias in youth fades with age. *Current Opinion in Behavioral Sciences, 19,* 7-12.

Cole, P. M. (1986) Children's spontaneous control of facial expression. *Child Development, 57,* 1309-1321.

Havighurst, S. S., Wilson, K. R., Harley, A. E., & Prior, M. R. (2009) Tuning into kids: An emotion-focused parenting program—Initial findings from a community trial. *Journal of Community Psychology, 37*(8), 1008-1023.

Harter, S. (1999) *The Construction of the Self: A Developmental Perspective.* Guilford Press.

ヘックマン, J. J.（著）古草秀子（訳）(2015) 幼児教育の経済学　東洋経済新報社

池迫浩子・宮本晃司・ベネッセ教育総合研究所 (2015) 家庭、学校、地域社会における社会情動的スキルの育成―国際的エビデンスのまとめと日本の教育実践・研究に対する示唆―　ベネッセ教育総合研究所

金丸智美 (2014) 情動調整（制御）の発達プロセス　遠藤利彦・石井佑可子・佐久間路子（編著）よくわかる情動発達　ミネルヴァ書房　pp.82-83.

北川恵 (2017) アタッチメントに基づく親子関係の理解と支援―COSプログラムと「安心感の輪」子育てプログラムにおけるアセスメントと実践―　北川恵・工藤晋平（編著）アタッチメントに基づく評価と支援　誠信書房　pp.146-158.

小泉令三 (2011) 社会性と情動の学習（SEL-8S）の導入と実践（子どもの人間関係能力を育てるSEL-8S-1）　ミネルヴァ書房

小泉令三 (2022) 小中学生用のSEL-8S　渡辺弥生・小泉令三（編著）ソーシャル・エモーショナル・ラーニング（SEL）非認知能力を育てる教育フレームワーク　福村出

版　pp.168–176.
国立教育政策研究所（2017）非認知的（社会情緒的）能力の発達と科学的検討手法についての研究に関する調査報告書　国立教育政策研究所　https://www.nier.go.jp/04_kenkyu_annai/div09-shido_02.html（2025 年 2 月 17 日閲覧）
久保信代（2017）自閉症を抱える子どもと親の関係支援　北川恵・工藤晋平（編著）アタッチメントに基づく評価と支援　誠信書房　pp.146–158.
Lewis, M. (2008) The emergence of human emotions. In M. Lewis, J. M. Haviland-Jones, & L. F. Barrett (Eds.) *Handbook of Emotions* (3rd ed.). Guildford Press. pp.304–319.
Liu, D. Y., Strube, M. J., & Thompson, R. J. (2021) Interpersonal emotion regulation: An experience sampling study. *Affective Science, 2,* 273–288.
Mayer, J. D., & Salovey, P. (1997) What is emotional intelligence? In P. Salovey & D. J. Sluyter (Eds.) *Emotional Development and Emotional Intelligence: Educational Implications.* Basic Books. pp.3–34.
村山恭朗・伊藤大幸・髙柳伸哉・上宮愛・中島俊思・片桐正敏・浜田恵・明翫光宣・辻井正次（2017）小学校高学年児童および中学生における情動調整方略と抑うつ・攻撃性との関連　教育心理学研究, *65,* 64–76.
中間玲子（2016）「自尊感情」概念の相対化　中間玲子（編著）自尊感情の心理学―理解を深める「取扱説明書」―　金子書房　pp.192–215.
Nakamichi, K. (2017) Differences in young children's peer preference by inhibitory control and emotion regulation. *Psychological Reports, 120,* 805–823.
日本精神神経学会（監修）髙橋三郎・大野裕（監訳）(2023) DSM-5-TR　精神疾患の診断・統計マニュアル　医学書院
小塩真司・岡田涼・茂垣まどか・並川努・脇田貴文（2014）自尊感情平均値に及ぼす年齢と調査年の影響―Rosenberg の自尊感情尺度日本語版のメタ分析―　教育心理学研究, 62, 273–282.
Pons, F., Harris, P. L., & de Rosnay, M. (2004) Emotion comprehension between 3 and 11 years: Developmental periods and hierarchical organization. *European Journal of Developmental Psychology, 1,* 127–152.
Riediger, M. (2024) Emotion regulation in adolescence. In J. J. Gross, & B. Q. Ford (Eds.) *Handbook of Emotion Regulation* (3rd ed.). Guilford Press. pp.136–142.
Saarni, C. (1979) Children's understanding of display rules for expressive behavior. *Developmental Psychology, 15,* 424–429.
Saarni, C. (1999) *The Development of Emotional Competence.* Guilford Press.
篠原郁子（2024）子どものこころは大人と育つ―アタッチメント理論とメンタライジング―　光文社
白井俊（2020）OECD Education2030 プロジェクトが描く教育の未来―エージェンシー、資質・能力とカリキュラム―　ミネルヴァ書房
徳山美知代（2017）社会的養護における関係支援　北川恵・工藤晋平（編著）アタッチメントに基づく評価と支援　誠信書房　pp.146–158.
Tottenham, N. (2024) Developing the neurobiology of emotion regulation. In J. J. Gross, & B. Q. Ford (Eds.) *Handbook of Emotion Regulation* (3rd ed.). Guilford Press. pp.121–128.

渡辺弥生（2019）感情の正体―発達心理学で気持ちをマネジメントする―　筑摩書房
渡辺弥生（2024）きもちってなあに？（やさしくわかるきもちのえほん）　金の星社
山田洋平（2022）幼児用のSEL-8N　渡辺弥生・小泉令三（編著）ソーシャル・エモーショナル・ラーニング（SEL）非認知能力を育てる教育フレームワーク　福村出版 pp.218-224.

第 11 章

◎ ◎ ◎ ◎ ◎

発達と心理検査・心理療法

【ねらい】
・乳幼児期、児童期の子どもに用いる主な心理検査について学ぶ。
・幼児期、児童期の子どもに用いる主な心理療法、および養育者を対象としたペアレント・トレーニングについて学ぶ。

本章では、心理検査と心理療法について概説する。これらは多様で広範囲にわたることから、乳幼児期、児童期の子どもへの適用に焦点を絞って解説する。

乳幼児期、児童期は、生涯発達の中でも特に発達的変化が大きい期間である。なかには、同年齢児者と比べて発達がゆっくりな子どももいれば、得意不得意の凸凹が大きく、適応に困難さを抱えている子どももいる。そのような場合、その子どもの発達は順調であるか、適応に問題はないかといった発達的視点からの理解が重要であり、心理検査が発達や適応の状態を客観的にとらえ、支援を検討するための助けとなる。さらに、そこで得られた情報に基づいた心理療法は、その子どものより健全な発達を支え、日常生活上のウェルビーイングを高めるための支援となり得る。

1　心理検査

(1)　心理検査とは

心理検査は、知的水準、発達水準、人格などを評価し、支援を検討するために実施される。子どもに気がかりな問題や症状があるからといって、ただちに心理検査を行うことはしない。通常は、子どもの状態、経緯、家族関係、生育歴、身体的側面などの聞き取りを丁寧に行った上で、まずは問題の発生状況やその背景について考察し、その上でさらに詳細な情報が必要な場合に、**行動観察**、**アセスメント面接**、**心理検査**のいずれかの方法での情報収集を行う。得られたすべての情報から子どもの発達状況や心理的な状態を総合的に理解し、適切な支援方法を検討するという手順を踏む。

心理検査の大きな特徴はその客観性にある。行動観察やアセスメント面接には、検査者の主観が影響し、情報のとらえ方に違いが生じるリスクがあるが、心理検査は、その開発過程において多数の情報の収集、集計、分析を経て標準化されているため、検査者の主観によらず客観的な指標に基づいて対象者の状態をとらえることができる。

現在、心理検査は数千種類以上が存在し、一般的には知能検査と人格検査に分類される。しかし、子どもを対象とした現場では、子どもの発達状況をとらえるための発達検査、症状や特性の程度をとらえるための検査、生活能力や適応行動を評価するための検査などが多く使用されている。それらを含め、子どもに用いられる心理検査の主要なものを図 11-1 に示す。

心理検査の実施においては、目的に沿って複数の検査を組み合わせることが多い。この組み合わせを**テスト・バッテリー**という。たとえば学習場面での困難を抱える子どもの場合、知能検査に加え、**DN-CAS 認知評価システム**や **KABC-Ⅱ**などの認知能力や学習に関する特性をとらえる検査を組み合わせて実施する場合がある。テスト・バッテリーを検討する際は、子どもの負担が最小限になるよう考慮し、対象児の状態や症状に応じて適切な選択を行う。

(2) 心理検査実施における留意点

心理検査の実施に際しては、**インフォームドコンセント**の手続きを行う。これは、検査実施前に被検査者に対して、検査の目的、方法、結果のフィードバック方法などについて説明し、同意を得る手続きである。被検査者が幼い子どもである場合には、対象児が心理検査の必要性を理解できるように平易な言葉に置き換えて説明する配慮が大切である。この丁寧な手続きが検査者と対象児の信頼関係に影響する。

- 知能検査
  - 田中ビネー知能検査Ⅴ（新版はⅥ）
  - ウェクスラー式知能検査（WPPSI-Ⅲ、WISC-Ⅴ）
  - 認知機能検査
    - KABC-Ⅱ
    - DN-CAS認知評価システム
- 発達検査
  - 新版K式発達検査2020
  - 遠城寺式乳幼児分析的発達検査法
  - 津守・稲毛式乳幼児精神発達診断法
  - KIDS乳幼児発達スケール
  - 生活能力・適応行動
    - Vineland-Ⅱ適応行動尺度
    - S-M社会生活能力検査第3版
    - ASEBA
    - MSPA
  - ことば
    - PVT-R
    - LCスケール
  - 症状の程度
    - 限局性学習症に関連する症状
      - STRAW-R
      - LDI-R
    - 自閉スペクトラム症に関連する症状
      - CARS2
      - PARS-TR
      - AQ
    - 注意欠如・多動症に関連する症状
      - CAARS
      - AD/HD-RS
- 人格検査
  - 投影法
    - バウムテスト
    - HTP
    - DAP
    - SCT
    - P-Fスタディ

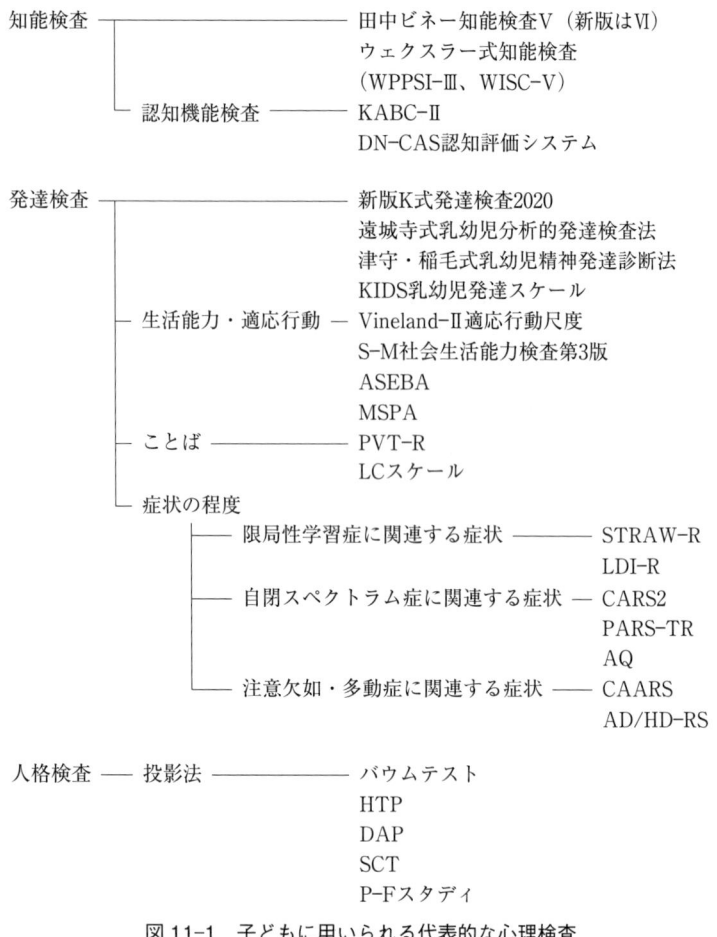

図 11-1　子どもに用いられる代表的な心理検査

（著者作成）

また、心理検査中は対象児がどのように考えてその正答あるいは誤答を導き出したのか、養育者への聞き取りを実施する場合は養育者がどのような文脈で語ったのかに注目する。そして、それらの情報を結果の解釈に生かすことが重要である。そうした情報を含めての結果の解釈、および支援の検討は対象児とその養育者にとって意味深いものとなる。

2　子どもに用いる代表的な心理検査

近年、健診の場の充実や子どもの発達に関する理解の広がりから、**知能検査**や**発達検査**を受ける子どもが増えている。本節では、発達臨床や発達支援など、子どもを対象とした現場で使用されている代表的な知能検査と発達検査について概説する。

(1)　知 能 検 査

1)　**田中ビネー知能検査Ⅴ**　　**田中ビネー知能検査Ⅴ**は、2歳0か月から成人の幅広い年齢層を対象にした個別式の知能検査である。「知能を各因子に分かれた個々別々の能力の寄せ集めと考えるのではなく、1つの総一体として捉える」(田中教育研究所, 2003, p.40) という**ビネー** (Binet, A., 1857–1911) の知能観に従い、知能を一つのまとまった能力として評価する。ただし、14歳以降は、知能は年齢に伴って分化するとの考えから、知能を4領域 (結晶性、流動性、記憶、論理推理) に分けて分析的に評価する。

本検査は年齢尺度で構成されている。各年齢に応じた問題があり、特定の年齢に対する問題はその年齢の級と呼ばれる。1歳級から3歳級は各年齢級に12問、4歳級から13歳級は各年齢級に6問が設定されている。問題はその年齢の子どもの50～70％が正答できる内容で作成されており、やさしいものから次第に難しいものへと配置されている。子どもが正答できればその年齢級の発達水準に達しているとみなされる。

結果の得点は、子どもがどこまで到達できたかによって決まり、その結果から**精神年齢 (MA)** が算出される。**知能指数 (IQ)** は、MAを生活年齢で割って100をかける計算式で算出し、IQが100より大きければその年齢の標準的な子どもより高い、100より小さければ低いとみなされる。対象が14歳以降の場合は、年齢との関係だけでは知能発達がとらえられなくなるため、MAではなく、**偏差知能指数 (DIQ)** が算出される。これにより、対象児が同年齢集団と比較してどの程度の発達水準に位置するのかを把握することができる。なお、2024年には新版となる田中ビネーⅥが発売されている。

田中ビネー知能検査Ⅴは対象者の知能を包括的にとらえる検査であるため、

結果が単一でわかりやすいという利点がある。しかし、知能の構造を分析する目的で作成されてはいないため、発達のどの部分が問題であるのかという評価が必要な場合は次の WISC-V が有効である。

2) WISC-V　**WISC-V** (Wechsler Intelligence Scale for Children-5th Edition：ウェクスラー児童用知能検査第 5 版) は、5 歳 0 か月から 16 歳 11 か月までの年齢層を対象にした個別式の知能検査である。ビネー式検査の単一の知能観とは異なり、**CHC** (Cattell-Horn-Carroll) **理論**に基づき、10 種の異なる能力の評価とその総合評価によって、知能の構造的な特徴を把握するための知能検査である。

WISC-V では、主要指標の算出に必要な 10 種の主要下位検査と主要指標

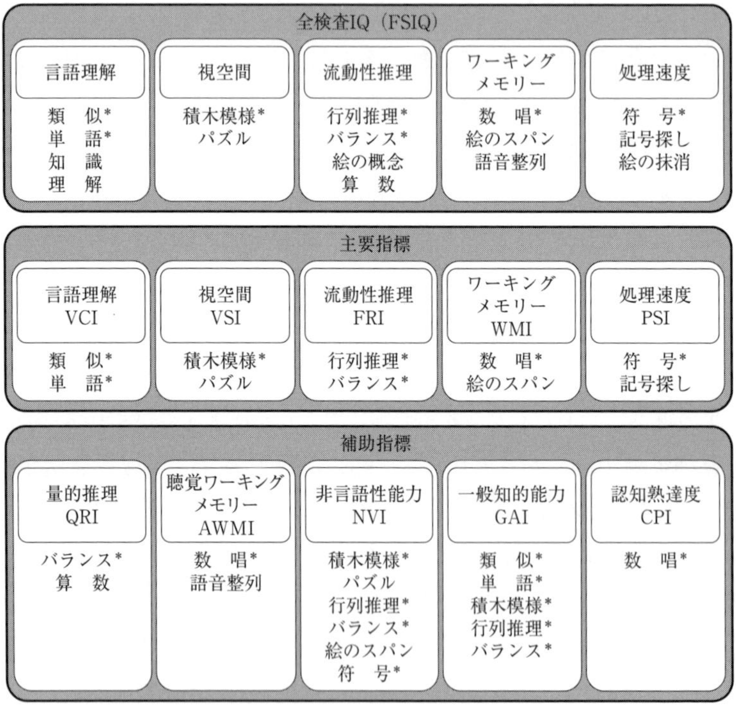

*FSIQの算出に必要な主要下位検査

図 11-2　WISC-Vの枠組み
(ウェクスラー, 2022, p.22)

の算出に関与しない6種の二次下位検査を行う。これらの結果から、特定の認知領域の知的機能をあらわす5つの主要指標得点、さらに臨床的ニーズに基づいて分類された認知能力をあらわす5つの補助指標得点、全般的な知能をあらわす合成得点を算出する。WISC-V の枠組みを図 11-2 に示す。

合成得点は 100 が同年齢集団の平均であるので、100 を基準として、対象児の能力の高低を評価する。また、各指標や下位検査間の顕著な差異（ディスクレパンシー）を比較し、回答を質的に分析することで、対象児の個人内差や認知特性を詳細にとらえることができる。

子どものつまずきの能力的な原因を特定の認知領域の結果から詳細にとらえ、対応策を具体的に検討できることが WISC-V の長所である。

(2) 発達検査

発達検査では、養育者への聞き取りや対象児への直接的な検査を行い、精神発達や身体運動発達の状態を評価する。

1) **新版 K 式発達検査 2020**　**新版 K 式発達検査 2020** は、0 歳から成人を対象にした個別式の発達検査である。幅広い年齢層への実施が可能だが、就学前までの年代を対象とした検査項目の割合が多く、就学前児の発達状況を詳細にとらえることができる。本検査は、**ゲゼル**（Gesell, A., 1880-1961）、ビネー、**ピアジェ**（Piaget, J., 1896-1980）、**ビューラー**（Bühler, C., 1893-1974）、**ウェクスラー**（Wechsler, D., 1896-1981）などの発達理論や発達研究をもとに、個々の発達過程の特徴をとらえる目的で京都市児童福祉センターにて開発された。「K 式」は「京都式」を意味する。

検査は、**姿勢・運動領域**、**認知・適応領域**、**言語・社会領域**の 3 領域からなる。検査項目は、その年齢層の約 50 %が通過する内容で構成されている。項目の課題が達成できると「通過」と評価され、「通過」項目の上限と下限が確定される。その結果から、3 領域および全領域の**発達年齢（DA）**と**発達指数（DQ）**が算出される。DA は発達水準が何歳に相当するかを示す数値であり、DQ は実年齢と発達年齢が同じ場合を 100 として、その差を示す数値である。これら全体、および領域ごとの DA と DQ から、対象児の発達状況を解釈する。DQ が 100 より大きければ標準より進み、100 より小さければ遅れているとみなされる。また、通過できた項目の上限と下限を示すプロフィールから、対象児の発達のバランスを理解する。

新版K式発達検査2020の特徴は、この検査が構造化された観察場面であることである。検査者から与えられる課題に対象児がどのように反応するかを観察することにより、その子どもの強みや弱みを理解することができる。それは、結果の解釈や支援策の検討の際の有効な手がかりとなる。たとえば、模写課題は「通過」できていても鉛筆の持ち方が異常であったり、筆圧の弱さが観察されたりする場合、微細運動の発達に問題がある可能性が推定できる。鉛筆の持ち方は結果の数値には反映されないが、対象児のつまずきを理解し、支援を検討する際の根拠的な情報となる。

2) **遠城寺式乳幼児分析的発達検査法**　**遠城寺式乳幼児分析的発達検査法**は、障害の早期発見のために乳幼児の多様な状態像をとらえる必要性から作成された日本最初の発達検査である。0歳から4歳8か月までの乳幼児を対象とし、課題への対象児の反応や回答に加え、養育者への聞き取りも併用し、発達状態を把握する。所要時間が短いことや、特別な用具が不要という利便性がある。また、「脳性麻痺、自閉スペクトラム症、精神遅滞、言語遅滞等の凡その鑑別ができる」(黒川, 2021, p.50) という特徴を持つ。

検査では、**運動**、**社会性**、**言語**の3領域をさらに2側面に分けた、合計6つの下位領域から発達状態をとらえる。運動領域では全体的な身体発達をみる**移動運動**と物への操作能力をみる**手の運動**に関する発達を、社会性領域では身辺自立に関する**生活習慣**と人との関係に関する**対人関係**に関する能力を、言語領域では、言葉の出現や言葉の記憶に関する**発語**と状況に適した言葉の理解や概念獲得に関する**言語理解**に関する能力を評価する。検査項目は、日常生活場面で頻繁に観察され、かつ各年齢層の約60～70％が通過する内容で作成されている。たとえば「対人関係」の検査項目には、「身ぶりを真似する」「人見知りする」「ともだちと手を繋いで遊ぶ」「砂場で協力」などの項目がある。

検査結果は、6領域の凹凸が発達グラフの形で示される。このグラフにより、実年齢に対し各領域の発達水準が同等か、差異があるとしたらどの程度かといった発達の状況や特徴を理解することができる。

3　心理療法

こころの中にある自分の気持ちをうまく表現できなかったり、発達特性によって引き起こされる不適応の問題が、子どものさまざまな症状を引き起こす原因となっている場合がある。子どもの心理的な症状は、暴力をふるう、落ち着きがなく多動、話さない、他児とかかわらない、集団活動に参加しない、などの行動としてあらわれることが多い。子どもの行動様式の形成はその後の発達や人格形成に影響を与える。したがって子どもの心理療法においては子どもの行動の意味を解釈しつつ、新たな行動や能力の習得に焦点をあてながら、子どもの健全な自我発達や人格的成長を支援することを目指す。その意味では、子どもへの心理療法において発達的視点は欠かせない。

心理療法には心理教育的要素と心理療法的要素があるが、実際のアプローチでは両者を区別する必要はない。また、対象児本人への介入に加え、対象児の周囲の環境、特に養育者へ介入するアプローチ（たとえばペアレント・トレーニング）もある。

心理療法の本質を理解するためには、すべての心理療法の根底に流れている基本要素を理解しておく必要がある。**河合隼雄**（1992）は、心理療法を「悩みや問題の解決のために来談した人に対して、専門的な訓練を受けたものが、主として心理的な接近法によって、可能なかぎり来談者の全存在に対する配慮をもちつつも、来談者が人生の過程を発見的に歩むのを援助すること」（p.3）と定義している。本節における「心理療法」では、特に上記の「**全存在に対する配慮**」の重要性を強調する。それは、生まれも育ちも異なる一人ひとりの子どもの個別性、つまりは子どもの全存在を尊重することと解釈できる。カウンセラーとして“個の全存在を尊重する眼差し”を向けるとともに、問題の解決をめぐって、さらには心の成長を目指して、子どもに寄り添って歩んでいく営みが、「心理療法」といえる。

4　子どもを対象とした心理療法

臨床場面で子どもに用いられることが多い心理療法を表 11-1 に示す。本節では、その中でも遊戯療法と行動療法、および親子に対するペアレント・トレーニングに焦点をあてて解説する。

(1)　遊戯療法―遊びを媒介とした心理療法―

「鳥は飛び、魚は泳ぎ、そして子どもは遊ぶ」(Landreth, 2012, p.21)。アメリカの著名な遊戯療法家の言葉は、子どもの「遊び」の心理学的な重要性を示唆している。

表 11-1　子どもに用いられる主な心理療法の概要

精神分析	フロイト（Freud, S., 1856-1939）が創始した。意識や無意識のメカニズムに焦点をあて、心の深層を見つめる。カウンセラーとクライエントの対話により、無意識に抑圧された過去の経験、記憶、感情などを意識化し、心の健康を促進することを目指す。
来談者中心療法	ロジャーズ（Rogers, C., 1902-1987）が創始した。カウンセラーはクライエントに対して無条件の受容と共感を提供し、非指示的に聴く。対話を通じてクライエントが自らの感情や価値観に気づき、その結果としての自己受容と成長が促されるプロセスを重視する。
行動療法	学習理論に基づいて行動の変容を促す心理療法である。不適応行動を減らし、適応的行動を増やしていくことで、不健康な習慣や反応を改善し、より健康的で適応力のある行動に移行させる。
認知行動療法	行動だけでなく考え方や信念などを含めた認知の問題に焦点をあて、その問題やそれに伴う感情を整理するプロセスを通してクライエントの自己理解を促す。無意識下に存在する認知パターンに気づいたクライエントが、それらを修正することにより、心の問題の解決を目指す。
箱庭療法	ユング（Jung, C. G., 1875-1961）の理論をもとにカルフ（Kalff, D. M., 1904-1990）が確立した。木箱に入った砂の上に人、動物、建物などのミニチュアを配置することで自己イメージや感情を表現する。カタルシス効果により自己治癒力が促進される。言語を必要としないので内的感情の言語化が困難なクライエントにも有効である。
遊戯療法	自分の気持ちや考えを言葉で十分に表現できないクライエントを対象に、遊ぶことを通して行われる心理療法。カウンセラーは子どもが自由に遊ぶ様子を観察し、心の状態を理解する。
家族療法	個人の問題を家族「システム」の機能不全によるものとしてとらえ、家族全体に介入する。家族関係の相互作用や力動構造を理解し、家族が共同で問題に取り組むことで、個々のメンタルヘルスや家族全体の調和を向上させることを目的としている。

（筆者作成）

遊戯療法は、自分自身の感情や行動について言葉で表現する能力をまだ十分に持たない子どもに対し、「遊び」を媒介として行われる心理療法である。玩具は対象児とカウンセラーのコミュニケーションを媒介する「言葉」であり、遊びを通した非言語的な表現は言葉と同様、あるいはそれ以上に深い意味を持つ。対象は2歳頃から思春期頃までである。子どもの心因的症状の治癒だけでなく、子どもの自己成長力の促進にも寄与する。

遊戯療法には「遊び」の治癒的な機能がある。砂遊びや戦いごっこに熱中した子ども時代を思い出してみて欲しい。遊びはエネルギーを発散する場であり、心の世界を生き生きと表現できる場でもあったことであろう。遊戯療法にはこうした遊びそのものが持つカタルシス効果がある。そして、遊びを通して表現された子どもの感情がカウンセラーに受容されることによって、子どもに内在していた自己治癒力が動いていく過程をみていく。

また、遊戯療法では子どもに内在する自己成長的な力が発動していく過程も重視する。遊戯療法の発展に貢献した**アクスライン**（Axline, V. M., 1911-1988）は著書『遊戯療法』（1972）において、遊びの中で自発的に成長する子どもの潜在的可能性を強調している。遊戯療法においては、子どもはカウンセラーとの感情的交流を通して、自分自身の感情を見つめ、それをコントロールすることを学習していく。結果、自分自身を受け入れ、現実的な経験に応じた健康な自己認識を築き、適応的な行動の選択ができるようになっていくのである。したがって、遊戯療法は発達的な課題を抱える子どもの自己成長力の促進のために用いられることもある。

(2) 行動療法—行動を変える—

行動療法は学習理論に基づいた心理療法である。子どもの症状や問題行動は誤った学習の結果、もしくは適応的な行動が学習されていない結果であると理解し、子どもに新たな行動を学習させ、症状や不適応行動の除去、または適応的な行動の形成や増強を図っていく手法が行動療法である。現在の行動療法のさまざまな技法は、2つの基本原理、すなわち**古典的条件づけ**と**オペラント条件づけ**に基づいて分類できる。さらに、古典的条件づけに基づく**系統的脱感作法**や**エキスポージャー法**、オペラント条件づけに基づく**トーク**

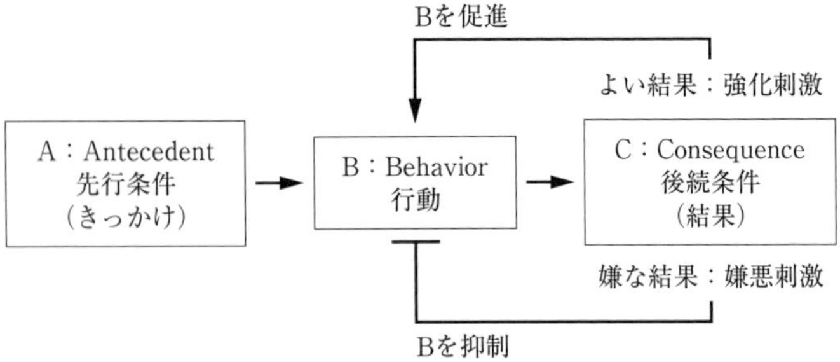

図 11-3　応用行動分析における三項随伴性

（著者作成）

ンエコノミー法、タイムアウト法、シェイピング法、プロンプティング法、応用行動分析などがある。ここでは、子どもに用いられることが多い応用行動分析について説明する。

応用行動分析では、**三項随伴性**（図 11-3）の分析に基づき、症状や行動問題へ介入する。「三項随伴性」は、きっかけとなる先行条件（Antecedent：A）に対して行動（Behavior：B）があり、その結果として後続条件（Consequence：C）がもたらされるという一連の関係をいう。後続条件が本人にとって「よいこと」である場合は行動を促す「強化刺激」となり、逆に「嫌なこと」である場合、行動を抑制する「嫌悪刺激」となる。応用行動分析では、この分析をもとに、欲しい結果（C）を得るための行動（B）を社会的に望ましく、対象児にもメリットのあるものに変える介入を行う。

応用行動分析を用いた問題行動への介入の例を図 11-4 に示す。子どもに身につけて欲しい目標行動（B'）を定め、その行動の開始を促すような先行刺激（A'）を与え、目標行動が生じた際にはその行動を促進するような後続刺激（C'）を与える（強化）。改善の手がかりを与えたり（プロンプト）、手本を示したり（モデリング）することも、目標行動の形成の重要な支援である。応用行動分析による介入のポイントは**強化**である。目標行動の促進に強化刺激を用いたり（「プラスの強化」）、嫌悪刺激を取り除いたりする（「マイナスの強化」）。たとえば「宿題をしたら、先生にほめられた」というよい出来事があると、自発的に宿題をする行動が増える。この場合、「ほめる」というプラスの**強**

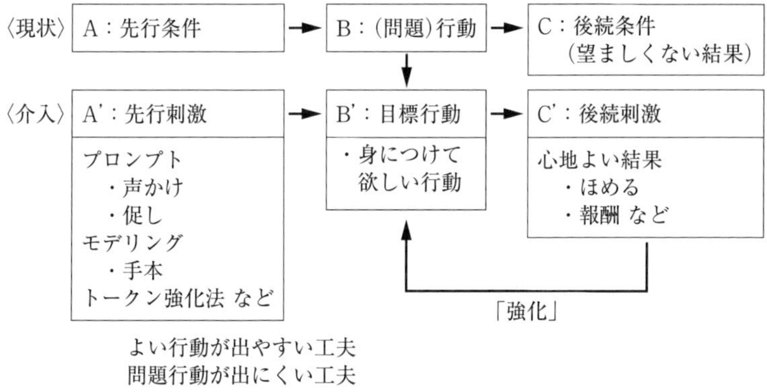

図 11-4 応用行動分析に基づいた介入

（著者作成）

化子が、自発的に宿題をするという行動を強化したことになる。

応用行動分析は、子どもの行動を変えようとする方法と誤解されることがあるが、そうではない。対象児にどのような行動を習得してもらうことが本人の生きやすさにつながるのか、そこでどのような手がかりや強化子を与えるのが対象児の心身に負荷をかけずに自発的な適応行動の獲得につながるのか、心と行動の関係から理解して介入する方法である。

(3) ペアレント・トレーニング

ペアレント・トレーニング（PT）は、養育者がわが子に対する理解を深め、適切な子育てのコツを身につける心理教育プログラムである。養育者向けのアプローチであるが、最終的な目標は子どもの健全な発達にある。それは、PT によって養育者の子どもへのかかわり方や親子間の相互交流が改善されることによってもたらされる。

PT は、主に神経発達症を抱える学齢期までの子どもの養育者を対象とし、4〜8 人のグループ形式で実施される。1 クールにつき全 5 回以上のセッションで構成され、1 回の実施時間は 90〜120 分である。

PT で扱う基本内容を、日本ペアレント・トレーニング研究会が推奨する基本プラットホーム（＝PT の基本要素）に準じて説明する。PT は応用行動分析を用いたプログラムであるため、「行動」に着目する。基本内容は PT のコアエレメントと呼ばれ、①行動理解、②環境調整、③子どもの不適切な行動への対応、④子どもが達成しやすい指示、⑤子どもの行動の3つのタイプわけ、⑥子どもの良いところ探し&ほめる、の6つである（図11-5）。PT実施の際は、対象親子のニーズに合わせて各要素の組み合わせ方や順序を考慮する。さらに、対象親子のニーズに合わせてオプション（表11-2）を追加する。たとえば学齢期の子どもを持つ養育者の場合は「環境調整」や「学校や園との連携」をより詳細に検討する回を追加し、思春期の子どもを持つ養育者の

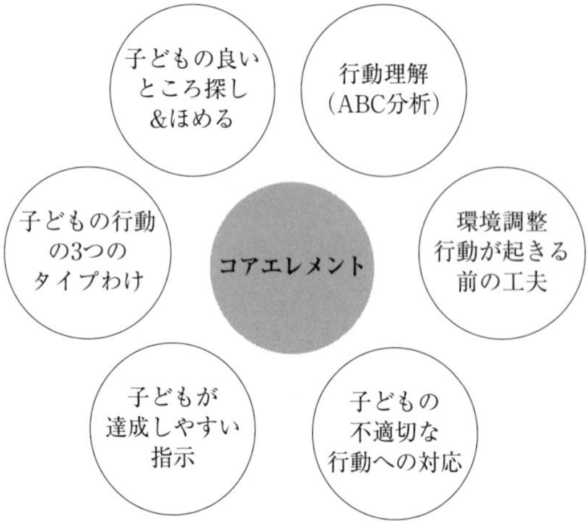

図11-5　PTの基本的内容（コアエレメント）
（日本発達障害ネットワークJDDnet事業委員会, 2020, p.12）

表11-2　オプションの例

1. 個別の目標行動の設定
2. 代替行動を考える（計画的無視）
3. ASDの特性に合わせた環境調整の徹底
4. トークンエコノミー
5. スペシャルタイム（親子タイム）
6. 警告やタイムアウトを用いた不適切な行動への対応
7. 学校や園との連携
8. 思春期の子どもの理解と対応
9. その他

（岩坂, 2021, p.67）

表 11-3　行動の３つの分類と対応

好ましい行動	好ましくない行動	許し難い行動
・ほめる ・よい注目を与える ・ご褒美	・計画的無反応 ・指示 ・わかりやすい教示 「ほめる」と併用	・限界設定 ・警告 ・タイムアウト 「ほめる」と併用

場合は「思春期の子どもの理解と対応」の回を追加したりする。

PT では「ほめて育てる」をキーワードに、そのための知識や技術に関する心理教育を養育者に提供する。子どもの行動を“好ましい行動”“好ましくない行動”“許し難い行動”の3つに分類し、各行動に対して一貫性を持って対応する方法を教示する（表 11-3）。特に、子どもの“好ましい行動”をほめることが重要であり、養育者は座学で学んだ後、ロールプレイ演習でほめ方の練習を行う。セッションで学んだ内容を家庭でわが子を相手に実践し、次のセッションでその結果を振り返り、自分のかかわりの何がうまくいったのか、何が失敗だったのか、養育者同士で話し合う。こうした取り組みを継続的に行う中で、養育者は新たな発見や気づきを得て、わが子の実態に合ったかかわり方のコツをつかんでいくのである。

グループ形式で実践されることが多い PT は、養育者として子どものために変わりたいという共通の目標を持った者たちの集団でもある。養育者たちが新しい子育てのあり方を獲得する中で、同じ問題や子育ての苦労を抱えた人がほかにもいるという共通性を実感し、孤立感から脱却できることも PT の特色である。

〈チェックページ〉

□心理検査には、対象となる人のことをよく知り、どのような支援が適切であるかを考えるためのものであることを理解しましたか。

□心理検査における知能検査と発達検査の特徴の違いについて理解しましたか。

□子どもに用いられる心理療法には、その人のより健全な発達を支え、日常生活上のウェルビーイングを高めるためのものであることを理解しましたか。

〈課題・オンライン資料〉

1）発達障害領域でよく使用されるアセスメントツールやその活用の仕方、事例について紹介しているサイト。
発達障害児者支援とアセスメントに関するガイドライン（特定非営利活動法人アスペ・エルデの会） https://www.as-japan.jp/j/file/rinji/assessment_guideline2013.pdf

2）ペアレント・トレーニングの枠組みや具体的な実施方法等、詳細に学ぶことができるサイト。
日本ペアレント・トレーニング研究会 https://parent-training.jp/
日本発達障害ネットワーク JDDnet 事業委員会（作成）（2020）令和元年度厚生労働省障害者総合福祉推進事業 ペアレント・トレーニング実践ガイドブック https://parent-training.jp/document/guidebook.pdf

〈引用文献〉

Axline, V. M. (1969) *Play Therapy*. Ballantine Books.（アクスライン, V. M.（著）小林治夫（訳）（1972）遊戯療法 岩崎学術出版社）

遠城寺宗徳（2022）遠城寺式・乳幼児分析的発達検査法（九州大学小児科改訂新装版）慶應義塾大学出版会

岩坂英巳（編著）（2021）困っている子をほめて育てるペアレント・トレーニングガイドブック―活用のポイントと実践例―（第2版） じほう

河合隼雄（1992）心理療法序説 岩波書店

厚生労働省（2022）診療報酬の算定方法の一部改正に伴う実施上の留意事項について（通知）、医科点数表 令和4年度診療報酬改定について https://www.mhlw.go.jp/content/12404000/000984041.pdf（2024年2月10日閲覧）

久保信代（2022）応用行動分析（第5章3節）、その他の心理療法（第5章7節） 宇惠弘・多田美香里・木村志保（編著）心理学と心理的支援 最新・はじめて学ぶ社会福祉② ミネルヴァ書房

久保信代・太田あかね・河野いずみ（2023）児童・思春期―養育者に対する助言、ペア

レント・トレーニング―　精神科, *42*(6), 788–794.
黒川徹（2021）遠城寺式乳幼児分析的発達検査法について　認知神経科学, *23*(2), 45–51.
Landreth, G. L. (2012) *Play Therapy: The Art of the Relationship*. Brunner–Routledge.（ランドレス, G. L.（著）山中康裕・江城望・勅使川原学（翻訳）（2014）新版プレイセラピー　関係性の営み　日本評論社）
日本発達障害ネットワーク JDDnet 事業委員会（2020）令和元年度厚生労働省障害者総合福祉推進事業―ペアレント・トレーニング実践ガイドブック―　https://parent-training.jp/document/guidebook.pdf（2024 年 2 月 19 日閲覧）
沼初枝（2020）臨床心理アセスメントの基礎（第 2 版）ナカニシヤ出版
新版 K 式発達検査研究会（編）郷間英世（監修）清水さとみ（著者代表）（2020a）新版 K 式発達検査 2020 解説書　理論と解釈　京都国際社会福祉協力会
新版 K 式発達検査研究会（編）（2020b）新版 K 式発達検査 2020 実施手引書　京都国際社会福祉協力会
滝吉美知香・鈴木恵太・名古屋恒彦（2023）改訂版　特別支援教育に生きる心理アセスメントの基礎知識　東洋館出版社
田中教育研究所（編）杉原一昭・杉原隆（監修）（2003）田中ビネー知能検査Ⅴ　実施マニュアル、採点マニュアル、理論マニュアル　田研出版
ウェクスラー, D.（著）日本版 WISC–Ⅴ刊行委員会（訳）（2022）日本版 WISC–Ⅴ　理論・解釈マニュアル、実施・採点マニュアル　日本文化科学社
矢澤美香子（編）（2018）基礎から学ぶ心理療法　ナカニシヤ出版

第 12 章

◎ ◎ ◎ ◎ ◎

発達障害のある人への支援

【ねらい】
- 障害の「社会モデル」を理解する。
- 発達障害のある人への支援の優先順位を理解する。
- 発達障害のある人への支援の内容を理解する。

1　発達障害の理解と支援の基本

(1)　発達障害とは

発達障害は、生まれつき脳の機能に違いがあり、その人自身と周囲の環境や人間関係とのミスマッチから生活に支障をきたしている状態である。脳機能の違いが生じる理由については明確にはなっておらず、一部には遺伝的な要因が絡んでいるとされている。しかしながら、単一の遺伝子ではなく、複合的な遺伝的要因とそのほかにもさまざまな環境要因が影響し合った結果として、脳機能の違いが生じると推測されている。決して、保護者の育て方や本人のわがままで発達障害が発症するわけではない。

現在、通常の学級に在籍する発達障害の可能性のある特別な教育的支援を必要とする児童生徒は、8.8 %であると推定されている（文部科学省初等中等教育局特別支援教育課, 2022）。発達障害には、主に**自閉スペクトラム症**（Autism Spectrum Disorder：**ASD**）、**注意欠如・多動症**（Attention Deficit/Hyperactivity Disorder：**AD/HD**）、**限局性学習症**（Specific Learning Disorder：**SLD**）、**発達性協調運動症**（Developmental Coordination Disorder：**DCD**）が含まれる。ASD は、対人コミュニケーションの困難や興味・関心の限定、特定の行動を繰り返すなどの特徴がある。年齢によってその臨床像も異なるが、たとえば幼児期には、視線が合いにくく、名前を呼んでも振り向かない、興味があるものを指さしで知らせない、他の同年齢の子どもとごっこ遊びをしない、一方的に話す、などが行動特徴としてあげられる。AD/HD は、忘れ物や遅刻などの不注意、じっとしていられなかったりなかなか集中できなかったりするような、多動性・衝動性を主な特徴とする障害である。SLD は、読み書きや聞く・話す、計算・推論することなどが著しく苦手な特徴がある。DCD は、運動の不器用さがきわめて大きい障害である。発達障害の診断や判断は、行動面の特徴によってなされるが、生まれつきの脳機能の障害が神経生理学的な障害、認知的な障害につながり、最終的に行動面に影響が出ていることを理解しておく必要がある。障害名が同じであっても個人の性格や環境によって一人ひとり困りごとは異なる。また、複数の障害を併存して抱えている場合もあり、一人ひとりの特性を踏まえ、テーラーメイドな支援を提供していく必要がある。

(2) 支援の基本的な方針

発達障害のある人への支援を検討する際には、ICF（国際生活機能分類）の考え方を基本とする。かつて障害は、個人の心身機能によるものであり、個人的な問題として「医学モデル」でとらえられてきた。しかし、現在では、障害の概念は「社会モデル」に変化している。障害は、社会（モノ、環境、人的環境等）と個人の心身機能の障害があいまって作り出されているものであり、その障壁を取り除くのは社会の責務であるとし、社会全体の問題としてとらえる。**社会モデル**は、2006 年に国際連合で採択された**障害者権利条約**において、その考え方が示されており、2011 年に改正された**障害者基本法**においても、この考え方が採用されているなど、すでに障害の概念は「医学モデル」から「社会モデル」へと変化している。障害のある人への支援については、この ICF に基づく「社会モデル」に沿って検討していく必要がある。

障害は、社会や環境とのミスマッチにより生じるが、それに関係する**社会的障壁**（バリア）として、物理的なバリア、制度的なバリア、文化・情報上のバリア、意識上のバリアの 4 つがある。これら社会的障壁の多くは、障害のある人を意図的に排除しようとして生まれたものではなく、そのようなマイノリティの人たちがいることを考慮していない、もしくはマジョリティのみ優遇されていることを意識していないためにできていることが多い。肢体不自由など身体障害のある人への建物の段差などは物理的なバリアであり、スロープやエレベーターの設置などによる物理的なバリアフリーなどは、社会や環境を変えることの理解が容易であろう。他方、発達障害は、見た目にはわかりにくい障害であるため、社会や環境をどんな風に変えればよいのか、あるいは、どんな調整をすればよいのかがわかりにくい。本章では、発達障害のある人に対する調整の方法についても述べていくが、まずは、障害がある個人に努力を強いるのではなく、社会が多様性を理解して変容し、いろいろな人が生活しやすくしていく社会を目指す必要があることを心に刻んで欲しい。

(3) 発達障害のある人が抱える文化・情報上のバリア

発達障害のある人は、生まれつきの脳機能の違いがあるため、学び方が平均的な人々と異なるという点に留意しなければならない。目が見えない人には点字を使い、耳が聞こえない人には手話を使って情報を伝えるように、発達障害のある人に対してはその人に応じた情報の伝え方がある。多くの場合、言葉でいうだけでなく、わかりやすく書いて伝えることが有効である。場所、スケジュール、作業などについて、どこで何をどの順番でするのか、何も知らない人が言葉で説明されなくても目で見て「わかる」ようにすることで、発達障害のある人に情報が適切に伝わり、意味のあるものとなる。発達障害のある人にかかわる人は、「伝える」よりもむしろ、本人に「伝わる」方法でコミュニケーションができているかを常に考える必要がある。ASDへの包括的なアプローチとして後述するTEACCH（Treatment and Education of Autistic and related Communication-handicapped Children：自閉症及び、それに準ずるコミュニケーション課題を抱える子ども向けのケアと教育）では、「自閉症の文化」としてASDを理解している。発達障害のある人は常に「文化・情報上のバリア」がある状態で生活しているといえる。社会や周囲にいる人々は、ASD、AD/HD、SLD、DCDといった脳のタイプに応じた情報の伝え方や学び方の提供ができているかどうかということを考えていくべきである。発達障害のある人が生活に支障をきたしているとすれば、障害のせいではなく、社会や環境とのミスマッチの結果なのである。

たとえば、ASDのある人は、中枢性統合の脆弱性という認知特性を有しているため、日常で起きた経験をまとめあげ、他の類似した場面で生かすことが苦手である。だから「何度いわれてもできない」と評されてしまうことも多いのだが、本人がさぼっているわけでも、いわれたことを無視しているわけでもない。別の場面というのは、類似していても完全に同じではないため、応用することが難しいのである。何かトラブルや困ったことが起きた場面でどうすればよいかをその都度その場面限りの内容を伝えるのではなく、落ち着いている場面で、何が適切で不適切なのか、両方の例をあげながら、伝えたい内容の全体を伝える必要がある。そのほかには、ASDのある人は、**心の理論**の障害があり、他者に自分と異なる考えや感情があることの理解が遅れる。人の考えは見えないために、他の人には自分と異なる考えがあり、その考えが気持ちと関連していることに気づかないことが多い。複数の人たちのイラストとその人たちの考えを吹き出しにそれぞれ描いて示すことで、ようやく目に見えない考えや感情があることを理解し、日常生活の中で他の人の考えや感情に注目することにつながっていく。発達障害のある人たちの中には、平均的な人々が暗黙のうちにあるいは低年齢の段階で学んでいることを、明示的にわかりやすく教えられないと学べない人も少なくない。そのような脳のタイプなのであり、その点を理解し、タイプに応じた伝え方をすればよいのである。当然知っているはず、普通わかっているだろう、という先入観にとらわれず、彼らが何を知っていて何を知らないのかを丁寧に把握し、彼らに「わかる」方法で伝えることが支援の基本となる。

(4) 授業のユニバーサルデザイン

通常学級に在籍する発達障害のある子どもは、先述したように8.8％と推定されており、学び方のスタイルが平均的な子どもと異なり、その「学び」を保障することが重要になる。一つの方法として授業のユニバーサルデザインが導入されてきている。**授業のユニバーサルデザイン**とは、簡単にいえば“すべての子どものための授業”である。授業のユニバーサルデザインは、

「特別な支援が必要な子を含めて、通常学級の全員の子が、楽しく学び合い『わかる・できる・探究する』ことを目指す授業デザイン」と定義されている(日本授業 UD 学会)。さらに「特別な支援が必要な子を含めた、すべての子の学び合いの追究には、通常学級の授業の質を、より一層向上させる可能性がある」とし、「通常学級の授業を、本当に全員がわかる授業にするために、特別支援教育の考え方も活かして、授業づくりを見直すことがねらいである」と述べている。

一般社団法人日本授業 UD 学会では、「授業の UD モデル」を提案している(図 12-1)。それは、〈参加〉〈理解〉〈習得〉〈活用〉から構成される階層モデルである。授業の土台となっているのは、子どもの授業への〈参加〉である。次に〈理解〉があり、参加した上で、理解できることが求められる。その次に〈習得〉、その上に〈活用〉と続く。そして、左側に発達障害のある子どもが持つ授業の障壁となる特徴を、右側にはその障壁をカバーするための工夫の視点が記載されている。本章では、とりわけ学びを支える土台部分となる〈参加〉と〈理解〉について概要を紹介する。

〈参加〉のための工夫の視点は、「時間の構造化」「場の構造化」「刺激量の調整」「ルールの明確化」「クラス内の理解促進」などである。「時間の構造化」は、授業ごとの流れを示す工夫である。どの活動を行っているかを示すことで、それがわからないということを防ぐ。またわからなくなってもすぐに戻ることができるようにする。「場の構造化」とは、教室の空間に一定の規則性を持たせる工夫である。たとえば、教室内の物の置き場所をすべて決めることなどにより、どこに何があるかがよくわかり、無駄な動きがなくなる。「刺激量の調整」とは、掲示物、音、目に入る人の動きなど、集中の妨げになる教室内の刺激をある程度制限することである。それによって、授業に集中させるようにする。また、「ルールの明確化」とは、質問の仕方、意見の伝え方、話し合いの仕方などのルールを設定し、授業の参加をしやすくすることである。「クラス内の理解促進」とは、間違ったことやわからないことなどを安心していえるクラスということである。クラスメイトの失敗をからかうようなことはないか、みんながお互いをサポートする雰囲気ができているかなどに配慮する。

〈理解〉のための工夫の視点としては、「共有化」「身体性の活用」「視覚化」「スモールステップ化」「展開の構造化」「焦点化」などがあげられる。**共有化**では、ペア学習やグループ学習など、子ども同士で行う活動が取り入れられる。これにより、理解がゆっくりな子どもは、クラスメイトの意見を聞いて理解を進め、理解が早い子どもは、自分の意見を説明することによってより深い理解になる。**身体性の活用**とは、感覚的にとらえられるような工夫をすることである。たとえば、国語の授業で教材文を読んでから、それを演じてみるなどである。文字情報からだけではわからなかったことが、わかりやすくなる。**視覚化**とは、授業の情報を見えるようにすることである。特に聴覚情報と視覚情報の2つの情報を同時に提示することで、子どもたちに情報が入りやすくなる。**スモールステップ化**とは、達成までのプロセスに細かな段階を作ることである。そうすることによって、子どもたちは目標を達成しやすくなる。**展開の構造化**とは、思考する課題、提示のタイミング、情報の内容の質と量の調整などを行い、授業展開をわかりやすく工夫することである。展開がわかりにくい授業では、子どもたちは正しい方向への試行錯誤が難しくなる。**焦点化**とは、授業のねらいや活動を絞り込むことである。

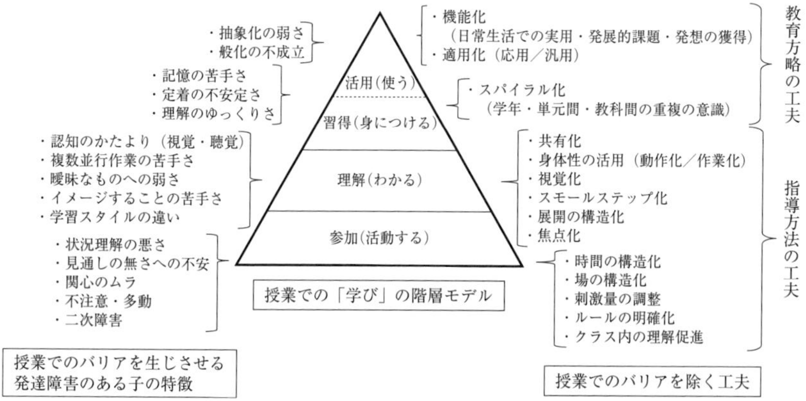

図 12-1　授業の UD モデル

（日本授業 UD 学会）

特別支援は、発達障害のある子どものための個別化された支援である。一方で、授業のユニバーサルデザインは、発達障害のある子どもの困っている状態や学び方のスタイルに寄り添うことを通し、その子どもを含め、すべての子どもにわかりやすく、学びやすい授業を作り上げようとしている。このように、発達障害の子どもへの支援を検討する際に、まずはユニバーサルデザインという観点ですべての子どもが「学び」を享受できる環境を提供し、その上でその子どもに必要な個別的な支援を追加するといった階層的な支援が行われるべきである。

2　発達障害のある人へのアセスメントと支援

(1)　包括的アセスメントは個別的な支援の第一歩

発達障害のある人の個別的な支援は、ユニバーサルな支援とセットで提供されることが望まれる。発達障害のある人のことを理解し、必要な支援を個別的に提供するためには、まず**アセスメント**を行う必要がある。一方で、支援者がアセスメントをせずに支援を行っていることはあり得ないのだが、この「アセスメント」については、その実態や解釈の幅も広くさまざまである。保護者の訴えを聞いたり家庭状況を把握するのも、当事者から話を聞いたり観察したりするのもすべて「アセスメント」である。しかし、情報源がいずれかに偏っていたり、面談でどんなことを尋ねるのかも経験に大きく左右され、部分的なアセスメントにとどまっている場合が多い。そこで、本章では、「包括的アセスメント」の重要性を特に強調したい。**包括的アセスメント**は、標準化された検査を実施する**フォーマルアセスメント**と、日常生活の場面の観察や本人と家族への面接、これまでの記録の閲覧等の**インフォーマルアセスメント**からなる。フォーマルアセスメントとインフォーマルアセスメントを組み合わせ、知的水準、発達障害の特性、適応行動、メンタルヘルス、身体状態、家族の状況、社会経済的状況、社会資源等について包括的に必要な情報を収集する必要がある。もちろん「包括的アセスメント」には時間も労力もかかるので、現場によっては十分な時間がとれない場合も少なくないはずである。使える時間が限られる中で、最低限の包括的アセスメントの内容を模索することも有効であろう。あるいは、フォーマルアセスメントの実施が難しい場合も当然あると考えられるが、その場合には種々の**臨床心理検査**を学修のツールとして使用し、臨床心理検査の内容から面談や観察のポイントを整理しておくことも包括的アセスメントの一助となるだろう。

包括アセスメントで得られた情報をもとに、本人と家族が現在置かれている状況と将来のライフステージを見据えて、支援のリソースも勘案し、その人に今どのような支援をどのくらい提供することが必要なのかという支援の優先順位を検討することが肝要である。筆者は、長年発達障害のある人の支援に携わってきているが、筆者が考える支援の優先順位は、①保護者（と本人）への心理教育による発達特性の理解、②合理的配慮と環境調整、③保護者の子どもへのかかわり方の変容、④本人への直接支援、である。もちろん、年齢や発達障害のある人の特性、周囲の環境によってもその比重は変わってくるが、「社会モデル」の立場に立ち、本人への直接支援だけでなく周囲の人も含めた環境の調整が最優先事項となる。

⑵　保護者（と本人）への心理教育による発達特性の理解

発達障害の特性は、生まれつきの脳機能の働きの違いによるもので、保護者の育て方によって生じるものではない。しかしながら、発達障害のある人の行動や自己認識は本人の発達障害特性だけで生じるわけではなく、人も含めた周囲の環境との相互作用の中で形成されたり、維持したりする。

家族は、本人にとって最も重要な他者であり、家族が本人の発達特性をどのようにとらえているかということは、本人の**自己評価**や**自己肯定感**に大きく影響する。発達特性の程度にかかわらず、家族が発達障害の特性を子どもの個性として、時には、その個性をユニークでかわいいと受け止めている場合には、本人の自己評価は高く保たれ、また自分の得意なことや不得意なことをそのまま受け止め、人生に対しても前向きでいられることが多い。一方で、無理に「普通の子ども」や「みんなと同じ」にしようと叱咤激励して育てると、自己評価が低く、自信のない人に成長することが多い。**ソーシャル・スキル**や苦手な部分はいつでも学べたり補うことができるが、失った自信は取り戻すのに途方もない時間がかかる、というのが長年の臨床経験から得た印象である。そういった意味で、家族が本人の発達特性を十分に理解し、必要な調整を行い、本人の長所を生かせるようにかかわれるようになることを支援者はサポートしていく必要がある。

子どもがASDの診断を受けた保護者対象の心理教育のプログラムとして、アメリカの自閉症協会である**Autism Speaks**は、"100 Day Kit"をホームページで無料公開している（Autism Speaks）。幼児期、児童期、思春期以降のそれぞれのライフステージに合わせて用意され、その内容は、自閉症とは何か、中核的な症状、子どもの行動の理解、診断への反応、自閉症への支援、サポートを得る、自閉症の子どもとの生活、これからの100日間でするべきこと、用語集などで構成されている。現在、日本語版も翻訳作業が進められている。イギリス自閉症協会は、**Early Bird**（5歳未満）、**Early Bird Plus**（4〜9歳）、**Teen Life**（10〜16歳）を開発しており、自閉症の理解、相互作用とコミュニケーションを促進するためのかかわり、子どもの行動の分析と管理、に関する内容から構成される。1回2時間半で、2回の家庭訪問を含む全8回で構成され、自閉症協会が提唱するSPELLの原則、TEACCHアプローチ、絵カード交換式コミュニケーションシステム（Picture Exchange Communication System：PECS）などの要素が含まれる。わが国では、学童期、思春期・青年期の自閉スペクトラム症の保護者を対象として、心理教育プログラムが開発され（内山ら, 2012）、1回90分全6回で実施される。ASDの理解、認知の特性と自閉症の文化、支援の原則、構造化、不適応行動への対応、精度と社会資源、という内容で構成される。幼児期の子どもを持つ保護者対象の心理教育プログラムの開発が望まれる。

発達障害のある当事者に対して、どのようなタイミングでどのように発達特性を伝えていくのかということは難しい問題である。**ACAT**（ASDに気づいてケアするプログラム）は、思春期、成人期のASDのある人へのケアに特化したCBT実践プログラムとして研究・開発され、全6回（1回100分）セッション、プレセッションとフォローアップセッションから構成されたプログラムである。ASDと診断された子どもと保護者がプログラムに参加して、セラピストのガイドで「自分が変わる」パートと「環境を変える」パートを整理しながら、正しい理解とそれを実現するための方法を探る内容となっている。

(3) 合理的配慮と環境調整

保護者および本人への心理教育により、発達特性についての理解が促進されたのちは、必要に応じて、合理的配慮と環境調整を行うことが肝要となる。2021年に**障害者差別解消法**が改正され、民間事業者の障害のある人への合理的配慮の提供について、それまでは努力義務とされていたが義務化され、2024年4月1日から施行されている。**合理的配慮**とは、障害のある人が社会の中で出会う、困りごと・障壁を取り除くための調整や変更のことである。配慮と聞くと、気遣い、思いやりというイメージを持つかもしれないが、原語はreasonable accommodationであり、合理的な調整を意味する。

発達障害のある人とその家族に対して、合理的配慮の申請の話をすると、「特別扱いして欲しくない」といわれたり、また、合理的配慮を提供する関係者からも「特別扱いはできない」と断られることも少なくない。合理的配慮は特別扱いなのだろうか。たとえば、視力の弱い人がメガネをかけたりコンタクトレンズを使用することについて、特別扱いだと思う人は少ないだろう。メガネの使用はその人の当然の権利であり、社会や学びの場に参加するための手段である。これを発達障害のある人にあてはめて考えてみるとよいだろう。書字に苦手さがある人は、ノートをとらずにカメラでの撮影で代替してもよいし、試験の場合には時間延長を希望することもできる。国語の入学試験で、記述問題を選択問題に変更してもらっている事例もある。読みに苦手さがある場合は、読み上げアプリ等の使用を許可してもらうことも可能である。注意集中にニーズがある場合には、試験時間中に適切に休憩がとれるように試験時間を延長したり、個室受験を認めてもらう例もある。感覚の過敏さがあって、食べられない給食のメニューが多い場合に、お弁当持参に切り替えたりすることもできるし、教室の雑音がうるさ過ぎると感じる場合にはノイズキャンセリング機能つきのイヤホン等を利用することもできる。これらは、決して特別扱いではなく、もともとの発達障害特性によって生じているミスマッチ部分を補うために必要かつ合理的な調整である。決して本人を優遇しているわけでなく、それらの調整によって初めてミスマッチ部分が解消され、平均的な人々と同じことができるラインに立てることになるのであり、この点について当事者も周囲も十分に理解を深めることが肝要である。本人や保護者に「意識上のバリア」があることに留意し、保護者や本人を対象とした心理教育では、合理的配慮の申請は特別扱いではなく、基本的な人権の保障のために必要なことであるということを必ず含める必要がある。

その他、個別に指示を伝えたり、書いて伝えてもらうことも有効であったり、教室での座席の位置の配慮や宿題の減少などの調整が有効な人もいるだろう。先述した授業のユニバーサルデザイン化が日本全国で標準展開され、個別に調整を相談することが減ることが望まれる。その上で、本人の適応を高めるためには、包括的アセスメントに基づく合理的配慮と環境調整、そのやり取りを通して周囲のかかわる人々が本人のことをよく理解することが支援の最優先事項となる。

(4) 保護者のかかわり方や認知の変容の支援

保護者も子どもの環境の一つであるため、保護者がサポートを受け、かかわり方を変えることにより、子どもの行動も変わるという観点から、ペアレント・トレーニングという方法が開発されている（Whitham, 1991）。**ペアレント・トレーニング**は、応用行動分析学を理論的背景としてプログラムが構成されており、行動の理解、ほめ方、環境調整、不適切な行動への対応等について保護者が学び、グループワークやホームワークを通して実践するものである。子どもとのかかわりがポジティブに変化するための重要な機会である。

子どもの困った「行動（Behavior）」について考えるとき、その行動の前後の環境の変化に着目することが肝要である。「行動」の前には、きっかけとなる状況（刺激）である「先行条件（Antecedent）」があり、「行動」の後には、怒られるといった「後続条件（Consequence）」が伴う。この関係を分析することが子どもの行動を変容させていくことにつながり、それぞれの頭文字をとって **ABC 分析**と呼ぶ。保護者にこのような分析の観点を伝え、積極的に子どもの行動にかかわり、行動の変化を促す。筆者が実施している精研式のペアトレ（上林, 2009）は、全 10 回のセッションで構成され、子どもの行動を

「好ましい行動」「好ましくない行動」「許し難い行動」に分け、「好ましい行動」についてはほめて定着させたり増やしたりしていこうとする。そして、「好ましくない行動」は、注目しないことや指示とほめることを組み合わせることによって減らしていく。ほめ方を習うだけではなく、宿題という形で実生活の中で子どもをほめることを実践してもらう。「好ましい行動」に適切に注目することから始め、徐々に「好ましくない行動」や「許し難い行動」についての対処方法を学ぶようになっている。

ペアレント・トレーニングの統一モデルの開発の中で、ペアレント・トレーニングに導入する前の段階で実施するプログラムとして、**ペアレント・プログラム**（アスペ・エルデの会, 2015）が開発されている。心理士だけでなく、子どもにかかわる専門職なら誰でもが**ファシリテーター**としてグループを実施できることを目指している。保護者の認知を変えることに重点が置かれていて、実際の子どもの行動を変えることは目的となっていない点がペアレント・トレーニングとの大きな違いである。子どもの行動を見ることを学び、よい行動とは、「人より優れていたり一番であることではなく、適応行動である」と、保護者の認識を変えてもらうことに重点が置かれる。保護者が身につけるスキルは、効果的に「ほめる」ことのみである。子どもの行動を整理する現状把握表（行動を「よいところ」「努力しているところ」「困っているところ」に分ける）を通して、子どもの「よいところ」に気づき、それをほめていくという非常にシンプルなプログラムである。ペアレント・プログラムは、1回90分全6回で構成されているが、そのすべての回で子どもを「ほめる」ことのみに集中する。ペアレント・プログラムは、子どもだけでなく、保護者自身の行動の分析を行う。それを通して、多くの保護者は、自分がいかにがんばっているかに気づく。発達障害の子どもを育てている保護者は、子育てに自信を失っている場合も多いが、プログラムを通してその自信を取り戻すことで、子どもに積極的にかかわれるようになる。

その他、上記のようにプログラム化されていなくても、一般的な保護者面接の中で、子どもの不適応行動について、行動の前後の環境の変化に着目することにより、子どもの行動を変えるための保護者のアプローチを相談することも実際に行われている。

3　発達障害のある人への標的スキル獲得型支援法

発達障害のある人への直接支援として、目標とするスキルを獲得するための支援プログラムがある。本節では、社会性とコミュニケーションのスキル獲得に焦点をあてたプログラム、手法について述べていく。

(1)　JASPER（Joint Attention, Symbolic Play, Engagement and Regulation）

共同注意、象徴遊び、かかわり合い、情動調整という ASD の中核症状の改善を目指す早期支援法である。

(2)　ESDM（Early Start Denver Model）

12〜48 か月の ASD のある幼児を対象として、すべての発達領域にアプローチするための包括的な早期支援法である。独自の「ESDM 発達カリキュラム」（生後 9 か月〜48 か月向け）があり、アセスメントに基づき目標行動を設定する。

(3)　ソーシャル・スキルズ・トレーニング（Social Skills Training：SST）

社会的に適切な行動（ソーシャル・スキル）を獲得することを目標とする。他者の適切な社会的な行動を見ることを通して学ぶ。①教示・説明、②モデリング、③ロールプレイ、④フィードバックの一連の流れを通して学び、指導場面以外でも学んだソーシャル・スキルを使用できるようにしていくものである。

(4)　ソーシャル・ナラティブ（Social Narrative）

社会性を身につけることを目標とする。暗黙のルールも含めた社会のルールなどを子どもにわかりやすく説明する。

(5)　ソーシャル・シンキング（Social Thinking）

自分が置かれている状況での適切なふるまいを自分で考え出せるようにするための枠組みを身につけることを目標としている。他者の思考や感情の認知を高め、日々移り変わる状況の中で自分のふるまいを自分で考え出せるようになるために、楽しみながら学ぶためのワークやゲーム、キーワードが多数用意されている。

(6) PECS（Picture Exchange Communication System：絵カード交換式コミュニケーションシステム）

コミュニケーション能力の向上を目標としている。最初は要求を伝えることから始め、絵カードを渡すことで実物が与えられる（交換）という方法をとりながら、複雑なコミュニケーションへと導く。

4 発達障害のある人への支援の方法論

発達障害のある人への支援については、まずは環境を変えたり、環境それ自体が変わることが最優先である。TEACCH、応用行動分析は、周囲の人の対応を含め環境を変えていくための方法論であり、これらが実現することにより、最終的には発達障害のある人が自発的に学んだり行動できるようになることを目指している。これまで述べてきた授業のユニバーサルデザイン、保護者への心理教育、合理的配慮と環境調整、保護者と本人の行動変容の手法等は、TEACCH、応用行動分析の原理に基づいている。

(1) TEACCH

TEACCHは、アメリカのノースカロライナ州で行われている自閉症児とその家族や支援者を包括的に支援するプログラムのことである。ASDのある人の特徴は人によってさまざまであるが、人とのやり取りやコミュニケーションが苦手であったり、視覚的に物事をとらえるのが得意なことは多くの人があてはまる。TEACCHは、それを「障害」としてとらえるのではなく、「異なった文化」としてとらえている。支援者は、ASDのある人に対して平均的なやり方を押しつけるのではなく、違った学習スタイルを持っていることを理解し、異なる文化の通訳者となり、理解しやすい環境を整えていく必要があるが、TEACCHは1960年代からまさにそれを体現しているプログラムである。

創始者のショプラー（Schopler, E., 1927-2006）によるTEACCHの9つの理念は、①理論ではなく子どもの観察から自閉症の特性を理解する、②保護者と専門家の協働、③治癒ではなく、子どもが自分らしく地域の中で生きていけることがゴールである、④正確なアセスメント（評価）、⑤構造化された指導法の利用、⑥認知理論と行動理論を重視する、⑦スキルを伸ばすと同時に弱点を受け入れる、⑧全体的な見方を重視する、⑨生涯にわたるコミュニティーに基礎を置いたサービス、である。

TEACCH は創設以来**個別化**を最たる基盤として持ち、その個別化された支援を実現する方法が「構造化」である。**構造化**とは、ASD のある人たちにとって、環境を理解しやすく再構成し、安心して過ごせるようにすることであり、その結果、環境からさまざまなことを学び、自発的に行動することを促進していく。構造化で伝えるべき情報は、①どこで（where）、②いつ（when）、③なにを（what）、④どれだけ／いつまで（how much）、⑤どのようなやり方で（how to do）、⑥終わったら次に何をするのか（what's next）、である。ASD のある人は、目に見えないものや抽象的なことを考えることが苦手であり、こうした情報をわかりやすく伝える必要がある。この６つの情報を伝えるために４つの構造化の方法がある。

1. **物理的構造化**：空間と活動を一対一で対応させることで活動の見通しを示す、つい立てなどで刺激を遮断する、置き場所や整理する場所を示す。
2. **スケジュール**：時間という目に見えない流れを視覚化する。
3. **ワーク（活動）システム**：個々の活動の見通しを示す。
4. 視覚的構造化：課題や活動のやり方を示す。

構造化は、苦手なことを補うためのメガネともいえる。これにより、ASD のある人が自立し、その人らしく生きていける。授業のユニバーサルデザインにもこの構造化の概念が取り入れられており、特別支援の根幹をなすメソドロジーである。

(2) 応用行動分析学

応用行動分析学（Applied Behavior Analysis：**ABA**）とは、行動の原理に由来するストラテジーを体系的に適用し、社会的に重要な行動を改善し、実験を通して行動の変化に関与する変数を特定する科学である（Cooper et al., 2019）。応用行動分析学の土台には、アメリカの心理学者**スキナー**（Skinner, B. F., 1904-1990）が創始した、**行動分析学**という学問がある。応用行動分析は、発達障害への支援にとどまらず、教育学、医学、経済学、看護学、スポーツ、産業など多様な分野で活用されている。発達障害への支援においても応用行動分析学は幅広く用いられており、その原理、ストラテジー、手法は、**認知行動療法**、ソーシャル・スキルズ・トレーニング、ペアレント・トレーニングなどでも用いられている。

ABA の行動原理はシンプルで、**強化**、**弱化**、**消去**である。強化とは、行動の後に“よいこと”が起きたり、“よくないこと”が取り除かれると、将来の行動が増加する。たとえば、テスト前に勉強時間を確保する（＝行動）とテストの成績が向上した（＝よいこと）の場合に、将来の勉強時間が増えることなどがある。蛇口をひねる（＝行動）と水が出た（＝よいこと）というような日常生活の行動もこの強化の原理によってわれわれは学習してきている。弱化とは、行動の後に“よくないこと”が起きる、あるいは“よいこと”が取り除かれると、将来の行動が減少することである。ある蛇口をひねって、濁った水が出てくるとその蛇口を使う行動は減るであろう。消去とは、行動を行ったのに何も変化がないとその直前の行動は減少することであり、蛇口を例にあげると、蛇口をひねって何も出てこないとその蛇口を使う行動は減る。

ABA では、この強化、弱化、消去の 3 つの**行動原理**に基づき、**行動変容の方略**として、**分化強化**、**シェイピング**、チェイニング、プロンプトフェーディングなどがある。その上で、手法として**トークンエコノミー**、活動のスケジュール、セルフマネジメント、行動契約、ビデオモデリング等がある。支援のためにこれらの手法を用いる場合、手法のみが取り上げられがちであるが、それらを基盤として支える行動原理と行動変容方略がある。本章では紙面の都合により詳述は控えるが、この階層的な構造があることを忘れてはならない。

発達障害のある人は独自の文化があり、それゆえに学習スタイルが異なる。社会的なバリアのうち、特に、文化・情報上のバリア、意識上のバリアに常にさらされて生活している。本章では、発達障害のある人への支援について概観してきたが、社会にはいろいろな人がいることを理解した上で、障害の

「社会モデル」の考え方に立ち、変わるべきはこの本の読者自身も含む社会そのものであることを心にとどめて生活して欲しい。

〈チェックページ〉
□障害の「社会モデル」を理解しましたか。
□発達障害のある人への支援の優先順位を理解しましたか。
□発達障害のある人への支援の内容を理解しましたか。

〈課題・オンライン資料〉

1）障害がある人への合理的配慮の義務化に関する資料を読み、合理的配慮に関する理解を深めましょう。またさまざまな年代の発達障害がある人への合理的配慮の事例について、自分で探してみて、具体的にイメージできるようになりましょう。

リーフレット「令和６年４月１日から合理的配慮の提供が義務化されました」https://www8.cao.go.jp/shougai/suishin/pdf/gouriteki_hairyo2/print.pdf

〈引用文献〉

アスペ・エルデの会（2015）楽しい子育てのためのペアレント・プログラムマニュアル　アスペ・エルデの会

Autism Speaks　https://www.autismspeaks.org/tool-kit/100-day-kit-young-children（2024 年 4 月 2 日閲覧）

Cooper, J. O., Heron, T. E., & Heward, W. L. (2019) *Applied Behavior Analysis* (3rd ed.). Pearson.

上林靖子（2009）発達障害の子の育て方がわかる！　ペアレント・トレーニング　講談社

文部科学省初等中等教育局特別支援教育課（2022）通常の学級に在籍する特別な教育的支援を必要とする児童生徒に関する調査結果について（2022 年度）　https://www.mext.go.jp/content/20230524-mext-tokubetu01-000026255_01.pdf（2024 年 4 月 2 日閲覧）

日本授業 UD 学会　http://www.udjapan.org/UDQA.html（2024 年 4 月 2 日閲覧）

大島郁葉・桑原斉（2020）ASD に気づいてケアする CBT　ACAT 実践ガイド　金剛出版

内山登紀夫・吉田香織・黒田美保・稲田尚子（2012）自閉症スペクトラム障害児者の親教室―親の心理教育プログラムの開発―　明治安田こころの健康財団（編）研究助成論文集, *48*, pp.1–10　https://www.my-kokoro.jp/publish/books/research-aid-paper/

vol48_2012/pdf/mykokoro_research-aid_paper_48_01.pdf（2024年4月2日閲覧）
Whitham, C.（1991）*Win the Whining War & Other Skirmishes.* Barry Perspective Pub.（ウィッタム，C.（著）上林靖子・中田洋二郎・藤井和子・井潤知美・北道子（訳）（2002）読んで学べるADHDのペアレントトレーニング―むずかしい子にやさしい子育て―　明石書店）

第 13 章

◎ ◎ ◎ ◎ ◎

家庭・学校・地域の発達支援

【ねらい】
・発達支援の意義が理解できる。
・心理職の活躍が期待される場と職務内容を知る。
・多職種連携による支援の意義がわかる。

1　家庭・学校・地域で求められる発達支援

現代社会において、家庭・学校・地域から、発達心理学の知見を活用した発達支援が求められている背景として、次のような点が考えられる。

第 1 に、**少子化**、**核家族化**による地域のつながりの希薄化、共働きの増加等によって、近年の子どもや子育てをめぐる環境が大きく変化している点である。少子化、核家族化による地域のつながりの希薄化は、親に孤独な育児を強いることとなり、育児不安や**育児ストレス**を引き起こす要因となっている。育児不安や育児ストレスの高まりは、親による子どもへの**不適切な養育**や**虐待**につながりやすい（中谷・中谷, 2006）。児童虐待件数は、毎年度増加しており、児童相談所が 2022 年度に**児童虐待**として対応した件数は、21 万 4843 件と過去最多となった（こども家庭庁, 2024）。また、**ひとり親家庭**の子どもの**貧困**問題、**ヤングケアラー**の問題等、子育ての困難さにかかわる問題が顕在化している現状がある。

第 2 に、家族の形態が多様化し、各々の家庭の求める支援が多様化している点である。それに対応して子どもの発達支援や育児支援の内容も多岐にわたるようになり、より専門的な発達の知見が求められるようになっている。

第３は、家庭や学校の抱える問題が複雑化、多様化した点である。保育者や教員の専門性だけで、こうした問題に対応することが、子どもの最善の利益を保障するとはいえない現状がある。したがって、保育者や教員以外の専門職も連携・協働して、多角的な視点から問題を検討する組織的対応が求められている。

第４は、**共生社会**の形成に向けて、子どもの発達の多様性を尊重し、個々の発達を支援していくことが求められている点である。そのためには、子どもの成長について発達的観点から**アセスメント**を行い、一人ひとりの子どもに適した教育・保育を考える必要がある。

このような背景から、子どもと保護者が社会生活を円滑に送る上で、発達支援は重要な役割を担うと考えられる。公認心理師等の心理職は、人間の生涯発達の視点から、要支援者が抱える問題にアプローチし、アセスメントと支援を実施する高い専門性の求められる職種である。次のような支援の場で、心理職の活躍が期待されている。

2　家庭への支援

(1)　乳幼児期の子どもがいる家庭への支援

1)　**母子保健事業**　　昨今の子育て家庭を取り巻く養育環境においては、核家族化による孤独な育児、共働き世帯の仕事と家庭の両立、見知らぬ土地での育児、ソーシャルサポートの整備等のさまざまな課題が山積している。このような養育環境の要因と親の側の要因（パーソナリティや既往歴、**養育信念**等）、子どもの側の要因（育てにくさ、障害や**低出生体重児**等の身体的リスク等）が複雑に絡まり合って、親の育児不安が生じるとみられる。**育児不安**とは、子どもの成長発達の状態に悩みを持つことや、自分自身の子育てについての迷いから、子育てに適切にかかわれないほどに強い不安が生じることである（大日向, 2002）。母親の育児不安が高まる時期は産後１か月で（山口・遠藤, 2009）、子どもの虐待死が多いのも乳児期であることがわかっている（こども家庭庁, 2023）。

こうした状況への予防策として、各自治体は**子育て家庭の包括的支援**体制の構築に取り組んでいる。**こども家庭センター**は、**母子保健法**（第22条）および**児童福祉法**（第10条の2）に基づいて市町村が設置する施設であり、すべての子どもとその家庭および妊産婦等への一体的な相談支援を行う機能を有する。このセンターでは、母子保健と児童福祉の両機能の連携・協働を強化し、子育てに困難を抱える家庭に対して切れ目なく、漏れなく対応することを目指している（こども家庭庁支援局, 2023）。心理職の業務は、子ども家庭支援員や虐待対応専門員、心理担当支援員としてアセスメントやサポートプランの作成、合同ケース会議での協議、要支援者の相談支援等と多岐にわたる。

市町村の保健センター等では、家庭への育児支援として、**両親教室**の開催、**妊産婦訪問**、**新生児訪問指導**、**乳児家庭全戸訪問事業**、**乳幼児健診**等が行われている。乳幼児健診では、医師や保健師と連携して、心理職が発達検査等を用いて子どもの発達をアセスメントし、親への育児相談を実施している。

また、親から専門的な支援の要望があった場合には、児童発達支援センターや民間の発達支援事業所等の療育支援を行う専門機関につなぐ役割も心理職が担う。専門機関につなぐ際に留意が必要なのは、親に対して子どもが専門機関で療育支援を受けることのメリットをきちんと説明することである。親の中には療育支援の勧めに対して疑問や葛藤を抱いているケースもあることから、親の心情に寄り添った丁寧な説明が心理職に求められる。

乳幼児健診は、子どもの成長発達の確認の意味だけでなく、親の育児支援の意味もある。健診では、不適切な養育および虐待防止の観点を含めて育児に関する問診を行い、結果をもとに親の育児不安に寄り添った育児支援を行う。このような育児支援の多くは、子どもと保護者等が出向く拠点型育児支援であるが、妊産婦訪問、新生児訪問指導、乳児家庭全戸訪問事業等では、保健師や助産師、看護師が訪問し、母子の健康確認や育児相談を行う**アウトリーチ型**の育児支援が行われている。

2）保育所等訪問支援　**保育所等訪問支援**は、児童福祉法によるサービスで、児童発達支援や放課後等デイサービス、居宅訪問型児童発達支援と同様に障害児通所支援事業として位置づけられている。この支援の目的には、障害のある子どもの地域社会へのインクルージョンの推進が含まれることから、支援の実施においては、子どもや保護者の意向に沿いながら、保育所等への移行支援や併行通園のための支援を行うことが求められる（全国児童発達支援協議会, 2017）。支援は、保護者の申請によって開始となる。訪問先の施設として、保育所、幼稚園、認定こども園、小学校、特別支援学校、乳児院、児童養護施設およびその他の児童が集団生活を営む施設等があげられる。具体的には、児童発達支援センター等で療育支援にかかわっている専門職（訪問支援員）が、支援対象児の集団生活の場に出向き、保育者と協働してその対象児に対して直接支援を行い、さらに保育者に対しても間接支援（コンサルテーション）を行う。

訪問指導員は訪問支援終了後に、訪問支援内容や訪問先での子どもの様子、保育者等のかかわりについて、保護者に丁寧な報告を行う必要がある。

3）**児童発達支援事業**　**児童発達支援**とは、児童福祉法（第6条の2の2）に基づき、児童発達支援センター等において、障害のある子どもに対して、日常生活における基本的な動作および知識技能の習得ならびに集団生活への適応のための支援等、さらに肢体不自由の子どもに対する治療のことを指す。この支援は、本人支援、家族支援、移行支援、地域支援・地域連携に大別できる。

児童発達支援センターは、初回の保護者からの発達相談に対応する等の発達支援の入口としての機能を有するだけでなく、子どもの障害の状態や発達の様態に応じた専門性に基づく発達支援および家族への支援を行っている。さらに、地域のインクルージョン推進の中核的な支援機関として、地域の発達支援にかかわる専門施設への**スーパーバイズ・コンサルテーション**機能を担っている。支援形態としては、通所型の支援だけでなく、保育所等訪問支援や居宅訪問型児童発達支援のような訪問等によるアウトリーチ型の支援も実施している。

子どもの支援にあたっては、発達検査や行動観察ならびに保護者等からのヒアリングを通して子どもの発達をアセスメントし、それに基づいて作成した個別の児童発達支援計画に沿って支援を実施する。子どもが複数の施設で支援を受けている場合には、支援の担当者が集まり、サービス担当者会議を開催し、発達支援計画の検討を行う。

(2) 児童期以上の子どもがいる家庭への支援

1) **放課後児童クラブ**　共働きの増加に伴い、就学児童の保育ニーズの高まりを受けて、児童福祉法（第6条の3第2項）に基づき、**放課後児童健全育成事業**として**放課後児童クラブ**が各自治体により実施されている。放課後児童クラブでは、保護者が労働等により昼間家庭にいない就学児童に対して、授業の終了後ならびに夏休み等の長期休暇中に、児童館等を利用して適切な遊びおよび生活の場を用意することにより、子どもへの直接支援を通してその健全な育成を図っている。

また、子どもや家庭への間接支援として、公認心理師等が**巡回相談員**として放課後児童クラブを巡回し、児童指導員へのコンサルテーションを実施している。コンサルテーションでは、障害のある子どもや適応に困難さを抱える子どもへの対応、不適切な養育が疑われる保護者への対応等について、**放課後児童指導員**と巡回相談員が意見を交換する。

2) **放課後等デイサービス**　**放課後等デイサービス**は、児童福祉法（第6条の2の2第3項）に基づく障害のある子どもに対する放課後の発達支援を行うほか、家族への支援を行う。サービスの対象は、**学校基本法**第1条に規定する学校（幼稚園および大学を除く）または専修学校等に就学している障害児とその家族である。児童期には、放課後児童クラブ等との併行利用を通して、地域社会での社会参加を促す移行支援を行う。さらに、学校や自治体ならびに関係機関との連携を図り、子どもとその家族が地域の資源を活用して生活できる基盤を作るための地域支援・地域連携を行う。

支援にあたっては、小学生から高校生までの幅広い年齢の子どもが利用することを踏まえ、子どもの発達における5領域（「健康・生活」「運動・感覚」「認知・行動」「言語・コミュニケーション」「人間関係・社会性」）の視点等を踏まえたアセスメントに基づいた個別の支援を行う。保護者支援としては、子どもとの安定したアタッチメント形成のための支援、子育ての困りごとへの相談援助や**カウンセリング**、**レスパイト**（育児や介護を担う家族の休息）の時間の確保や就労等による預かりニーズに対応した支援、さらに障害の特性に配慮した環境整備への支援として**ペアレント・トレーニング**の実施等を行う（こども家庭庁こども家庭審議会, 2024）。

3　学校での支援

(1)　チームとしての学校（チーム学校）による支援体制

近年、学校に在籍する子どもにかかわる問題は、いじめの重大事態や不登校、特別な教育支援ニーズの増加、さらには家庭の問題と絡んだ貧困、子どもの居場所のなさ、虐待等多岐にわたっている。これらの問題が、複合的に

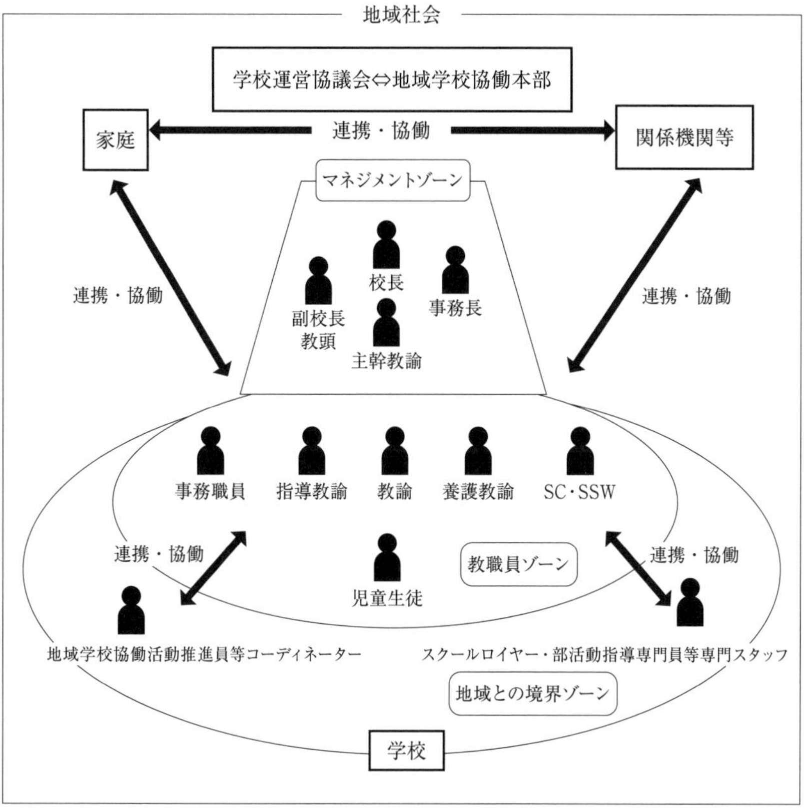

図 13-1　チーム学校における組織イメージ
（文部科学省, 2023；2022, p.69 をもとに作成）

絡まり合い、複雑化、多様化している現状のある中で、対応に追われる教員が子どもと向き合う時間を十分確保できないこともまた、子どもにかかわる問題の一つである。

このような現状において、子どもの健全な成長発達を保障するために、学内外の専門家が連携・協働して問題解決にあたる**チーム学校**の体制整備の充実が求められている（図13-1）。チーム学校とは、子どもの学校生活を支えるために、校長の指揮のもと、教職員だけではなく、**スクールカウンセラー**（以下SC）、**スクールソーシャルワーカー**（以下SSW）等の専門スタッフを学校の教育活動の中に位置づけ、さらに地域の関係機関や家庭が学校教育に参画し、教員との有機的な連携と分担体制で子どもの支援を行うことである（文部科学省, 2022）。

教育現場において、心理職は主にSCとして活躍をしている。SCの役割は、①児童生徒に対する相談・助言、②保護者や教職員に対する相談対応（教職員へのコンサルテーション）、③校内会議等への参加、④教職員や児童生徒への研修や講話、⑤相談者への心理的な見立て（アセスメント）や対応、⑥ストレスチェックやストレス・マネジメント等の**心理教育**や予防的対応、⑦事件・事故等の緊急対応における児童生徒の心のケアである（文部科学省, 2009）。

(2) 子どもへの心理教育的援助サービス

子どもの学校生活における支援モデルとして、**心理教育的援助サービスモデル**がある（石隈, 2023）。これは、一人ひとりの子どもの学習面、心理・社会面、進路面、健康面等の問題解決を援助し、成長を支えるための援助モデルで、3段階の積み上げ構造となっている（図13-2）。一次的援助サービスは、成長を促す指導にあたり、すべての子どもに対して行われ、実施にあたっては教員だけではなくSCも協働して行う。**ソーシャル・スキルズ・トレーニング**（SST）、**アサーション・トレーニング**、**いじめ防止教育**、SOSの出し方の教育を含む自殺予防教育、薬物乱用防止教育、情報モラル教育といった心理教育を実施する。

二次的援助サービスは、登校渋りや、学習意欲の低下、学級内での孤立のような問題の予兆的行動がみられる一部の子どもに対して行う。この段階の

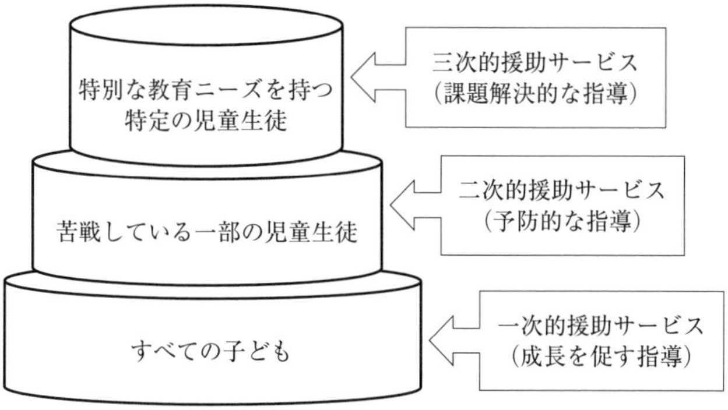

図 13-2　3段階の心理教育的援助サービス
（石隈, 2023, p.14 をもとに筆者作成）

援助は、担任教員や学年主任、**養護教諭**、SC、SSW 等による**チーム支援**によって**課題早期発見対応**で行う。すなわち問題が深刻になる前に発見し、子どもの支援をチームで実施する。チーム支援のプロセスは、①チーム支援の判断とアセスメント、②課題の明確化と支援目標の共有、③支援計画の作成、④支援の実践、⑤点検・評価に基づく支援の継続・終結の **PDCA サイクル**となっている。

三次的援助サービスは、特別な教育ニーズを持つ特定の児童生徒に対して行う。このサービスは、生徒指導の面からとらえると、いじめ、不登校、少年非行、児童虐待等の困難な状況に置かれている子どもへの**困難課題対応的生徒指導**に該当する。校内だけでなく、保護者や校外の関係機関（児童相談所、警察、病院等）と連携・協働するネットワーク型支援チームを編成して対応する。心理職の SC は、支援対象となる児童生徒ならびに保護者との面談、関係機関をつなぐ役割、アセスメントから支援計画の作成等、支援全体にかかわる。

(3)　地域の専門機関と連携・協働した支援

教育支援センターは、不登校の子どもを支援するための機関で、都道府県および市区町村の教育委員会によって設置されている。支援対象の子どもが在籍している学校と連携をとりながら、心理職による発達のアセスメントや個別のカウンセリング、小グループでの活動等が行われる。

法務少年支援センターは、学校等と連携を図りながら地域における非行・犯罪・問題行動への対応および防止に取り組んでいる。ここでは、学校関係者や子ども、保護者、一般の人々の依頼に応じて、**心理技官**や**法務教官**による**心理相談**、**心理検査**等を活用したアセスメント、問題行動の分析や指導方法の提案等を行っている。また、**警察**は、学校と連携して、特定の子どもによる非行・犯罪への対応や街頭補導活動を行うだけでなく、すべての子どもを対象とした**非行防止教室**も行っている。

(4) 特別支援教育や支援学級における支援

少子化により義務教育段階の子どもの数が減少する一方で、**特別支援学校**ならびに**特別支援学級**、**通級**による指導を受ける子どもの数は増加している（文部科学省, 2023）。文部科学省は指導にあたり、それぞれの子どもに対して「**個別の教育支援計画**（家庭、地域、医療、福祉、保健等の業務を行う関係機関との連携を図り、長期的な視点で教育的支援を行うための計画）」と「個別の指導計画（一人ひとりの教育的ニーズに応じた指導目標、内容、方法等をまとめた計画）」の作成を、学校に対して義務づけている。

また、**障害者差別解消法**（障害を理由とする差別の解消の推進に関する法律）により学校教育において「**合理的配慮の提供**」が義務となっている。この合理的配慮の内容は、個別の教育支援計画に明記する必要があり、個別の指導計画にも位置づける必要がある（文部科学省中央教育審議会初等中等教育分科会, 2012）。東京都では**特別支援教室巡回相談心理士**が、公立小学校、中学校を巡回し、教員へのコンサルテーションを実施している（東京特別支援教育心理研究センター, 2023）。

4 地域での支援

(1) 保育所・幼稚園・認定こども園・子育て支援施設での支援

1) 巡回支援専門員整備事業（**巡回相談支援**）　自治体が中心となって行う**地域障害児支援体制強化事業**の一つとして、**巡回支援専門員整備事業**があげられる。その目的は、地域全体の障害のある子どもとその家庭への支援の質の向上ならびに支援体制の強化である。この事業は、公認心理師等の専門職が保育所等を巡回し、保育士等に対してコンサルテーションを行い、間接的に子どもと家庭を支援するアウトリーチ型の支援事業である。巡回支援の特徴は、保育所等からの申し出によって実施され、発達が気になる早期の段階から支援が可能となること、さらに外部の専門職が保育所等に出向き、子どもの生活の場に沿った支援を検討できる点である。したがって、巡回支援専門員は、心理学等の専門的な知識のほかに、保育や幼児教育に関する知識も持ち合わせていることが求められる。

2）**児童相談所**　**児童相談所**は、児童福祉法（第12条）に基づき、都道府県、指定都市および児童相談所設置市に設置されている。保護者の育児に関する相談支援のほかに、虐待等によって適切な養育を受けられない子どもの一時保護を行う。要保護児童や要支援児童に該当する子どもとその家庭への支援において、中核の役割を担う施設である。**要保護児童**とは、児童福祉法では「保護者のない児童又は保護者に監護させることが不適当であると認められる児童」のことである。**要保護児童対策地域協議会**では、このような要保護児童の早期発見ならびに適切な保護を図るために、子どもとその家庭にかかわる関係機関が情報を共有し、支援方法について話し合う。すなわち、保育士や心理職、医師、保健師、ケースワーカー、学校の教員、警察、弁護士、人権擁護委員等の支援関係者が参加し、情報共有から現状のアセスメント、支援方法や支援内容に関して協議を行う。

(2) 社会的養護に関する施設での支援

1）**乳児院**　**乳児院**は、虐待や家族の精神疾患等の理由により家庭での養育が難しくなった乳児を養育する施設である。生活環境の確保やその他の事情に応じて幼児が乳児院で暮らす場合もある。2018年度の入院に至る主たる理由の上位は「母親の精神疾患等」「母親の放任・怠惰（ネグレクト）」となっており、入所理由のうち「親による虐待」は32.6％となっている（厚生労働省子ども家庭局, 2020）。虐待等により一時保護となった子どもが乳児であった場合には、児童相談所の一時保護所では乳児の対応ができないことから、乳児院が児童相談所からの一時保護委託を受けて、実質的な一時保護を行う。乳児院における心理職は、子どもの心身の発達のアセスメント、子どもの心理的ケア（個別の心理療法等）、子どもの養育担当者へのコンサルテーション、**家族支援**（親子関係の調整、親の心理的ケア）等を行う。また、乳児院、母子生活支援施設、児童養護施設および児童心理治療施設（旧・情緒障害児短期治療施設）では、児童福祉施設最低基準等の一部を改正する省令（2011年6月公布）により、心理療法を行う必要があると認められる児童10人以上に**心理療法**を行う場合には、心理療法担当職員の配置が義務づけられることになった。

2）母子生活支援施設　**母子生活支援施設**は、児童福祉法（第38条）に基づき、配偶者のいない女子またはこれに準じる事情のある女子およびその者の監護すべき子どもを入所させ、保護するとともに、自立のために生活支援を行い、退所後も相談や援助を行うことが目的である。ここでは、深刻なDV被害や子どもへの虐待ならびに精神障害等を抱える母親とその子どもの生活支援と心理的支援、育児支援、親子関係支援を行っている。

心理職は、心理療法担当職員として、DVや虐待等による心的外傷等を抱える母子に対して、**遊戯療法**やカウンセリング等を行い、安心感・安全感の再形成および人間関係等の修正等を図り、自立への支援を行っている。

3）児童養護施設　**児童養護施設**は、児童福祉法（第41条）に基づき、保護者のいない子ども（乳児を除く。ただし、安定した生活環境の確保その他の理由により特に必要のある場合には、乳児を含む）、虐待されている子ども、その他環境上の理由により養護を要する子どもを保護し、養育する。さらに、子どもの退所後の相談支援、その他の自立のための援助も行う施設である。子どもによっては乳児院で成長後に、措置変更となって児童養護施設に移る場合もある。

主な入所理由は、2018年の調査では親による虐待が45.2％を占める（厚生労働省子ども家庭局, 2020）。児童養護施設での心理職の役割は、虐待等による心的外傷を負う児童に心理療法（遊戯療法やカウンセリング等）を実施し、子どもの安心感・安全感の再形成および人間関係の修正等を図り、子どもの自立を支援することである。心理職の具体的な業務は、①対象児に対する心理療法、②対象児に対する生活場面面接、③施設職員への助言および指導、④ケース会議への出席等があげられる。

4) 児童心理治療施設　**児童心理治療施設**では、児童福祉法（第43条の2）に基づき、心理的・精神的問題により日常生活に支障がある子どもに対して、医療的観点から生活支援を基盤とした心理治療を行う。また、その子どもの保護者への支援も実施し、家庭復帰や家族関係の再構築、家庭での養育支援、里親や児童養護施設での養育につなぐ役割を担っている（こども家庭庁, 2020）。子どもは比較的短期間の入所となり、入所期間中は施設内の分校等や、施設外の学校等に通学する。施設によっては、子どもが在宅通所で治療を受けられる機能を持っている。この施設での心理職の役割は、①医師と協働して、発達的、精神病理学的および心理学的観点から子どものアセスメントを行い、そのアセスメントをもとに生活の場の様子、家族や施設職員、子どもたちとの関係を考慮して、治療方針を考えること（**ケースフォーミュレーション**）、②家族、ケアワーカー、医師、児童相談所の児童福祉司や学校教員等、子どもの関係者に治療方針を伝え、子どもへのそれぞれの支援が齟齬なく協働できるように調整すること（**ケースコーディネート**）、③このような総合的な治療を進め管理していくこと（**ケースマネジメント**）、④子どもとの関わり方などについて、ケアワーカーや学校教員の相談にのること（**コンサルテーション**）である（厚生労働省雇用均等・児童家庭局家庭福祉課, 2014）。

5) 児童自立支援施設　**児童自立支援施設**は児童福祉法（第44条）に基づき、不良行為やそのおそれのある子どもおよび家庭環境等の理由により生活指導等が必要な子どもを入所または通所させて、個々の子どもの状況に応じて必要な指導を行う。また、子どもの自立を支援し、あわせて子どもが退所した場合の相談支援等を行う。都道府県および政令指定都市に設置義務がある。心理職は、子どもの生活環境を整え、養育に関わるだけでなく、個々の子どもの状況に応じた自立支援計画の作成に関わり、子どもに対して生活指導、学習指導、職業指導ならびに心理的ケアを行う。子どもの保護者に対しては、養育支援や親子関係支援を実施する。

6) 障害児入所施設　**障害児入所施設**は、身体障害、知的障害ならびに精神障害（発達障害を含む）のある子ども（手帳の有無は問わず、児童相談所、医師等により療育の必要性が認められた子どもも対象）に対して、保護ならびに日常生活における基本的な動作および独立自活に必要な知識技能の習得のための支援や治療を行う施設である。施設内外の専門職が連携して、家庭の機能を子どもに提供しながら、発達支援、自立支援を行っている。また、保護者への専門的な養育支援および親子関係支援、保護者の養育支援を支える環境を整えるために関係機関との調整も行う。福祉型障害児入所施設と医療型障害児入所施設があり、医療型では支援に加えて治療も実施する。

心理職の業務は、子どもの発達のアセスメントと支援、ソーシャル・スキルズ・トレーニング（SST）等を使用したグループ活動、プレイセラピー、保護者へのグループワークや心理教育、施設職員に対するコンサルテーション等と多岐にわたる。福祉型・医療型ともに、措置で入所となった子どもの入所理由は、虐待が最も多く、次いで家庭での養育困難である（厚生労働省社会・援護局, 2021）。その他の入所理由として保護者の疾病・入院・障害、家族関係があげられる。

5　支援における多職種連携と地域連携

発達支援を必要とする子どもや保護者に包括的な支援を実施するためには、多職種連携と地域連携は不可欠である。**多職種連携**とは、専門職同士が連携をして支援を行うことであり、心理職においては、保健医療、福祉、教育、司法・犯罪、産業・労働分野の専門職と連携することが多い。支援にあたっては、支援に携わる全員が共通の支援目標を共有し、専門職同士が各々の役割分担で連携・協働することが重要である。また、要支援者に安定した継続的支援を提供するためには、要支援者の地域にある専門機関同士が連携する**地域連携**が必要となる。地域連携の資源としては、医療機関、福祉施設、教育機関、自治体、NPO 法人、警察等が考えられる。支援者は、こうした地域の支援リソースを網羅的に把握し、それを的確に活用することが求められる。そのためには、支援者は日頃から、地域の専門機関と信頼関係を構築し、専門機関にかかわる情報をアップデートしておくことが肝要である。

専門職同士が各々の専門的知識をもとに有機的に連携・協働していくため

には、互いの専門性を尊重し、支援に関する情報を共有することが大切である。情報の共有にあたっては、専門職間の視点の違いを意識しながら、日常の共通言語を使用して、互いにわかりやすく説明することが、連携・協働を高めると考えられる。また、多職種が連携するにあたって、各々が専門職として自分ができる範囲を見極め、チーム支援における**自己責任**と**自分の限界**を認識することも重要である。

〈チェックページ〉
□発達支援が求められている社会背景を述べてください。
□発達支援においてアセスメントが必要な理由をあげてください。
□多職種連携・地域連携において留意すべき点をあげてください。

〈課題・オンライン資料〉
1）こども家庭庁（2024）児童発達支援等のガイドライン等　https://www.cfa.go.jp/policies/shougaijishien/shisaku/guideline_tebiki#h2_free1
2）文部科学省　生徒指導提要（改訂版）　https://www.mext.go.jp/a_menu/shotou/seitoshidou/1404008_00001.htm
3）**こども基本法（2023年4月施行）に基づくこども大綱の内容と子どもへの支援のかかわりについて考えてみましょう。**
こども家庭庁　こども大綱　https://www.cfa.go.jp/policies/kodomo-taikou

〈引用文献〉
石隈利紀（2023）チーム学校による生徒指導―児童生徒の主体性と意見を活かす―　月刊生徒指導編　生徒指導提要（改訂版）全文と解説　学事出版　pp.13-17.
こども家庭庁（2020）社会的養護の施設等について　https://www.cfa.go.jp/policies/shakaiteki-yougo/shisetsu-gaiyou（2025年2月8日閲覧）
こども家庭庁（2023）こども家庭審議会児童虐待防止対策部会　児童虐待等要保護事例の検証に関する専門委員会　こども虐待による死亡事例等の検証結果等について　第19次報告　https://www.cfa.go.jp/assets/contents/node/basic_page/field_ref_resources/c36a12d5-fb29-481d-861c-a7fea559909d/6735b11d/20230935_councils_shingikai_gyakutai_boushihogojirei_19-houkoku_13.pdf（2024年2月2日閲覧）
こども家庭庁（2024）令和4年度　児童相談所における児童虐待相談対応件数　https://www.cfa.go.jp/assets/contents/node/basic_page/field_ref_resources/a176de99-390e-

4065-a7fb-fe569ab2450c/b45f9c53/20240926_policies_jidougyakutai_26.pdf（2025 年 2 月 8 日閲覧）
こども家庭庁こども家庭審議会（2024）放課後デイサービスガイドライン　https://www.cfa.go.jp/assets/contents/node/basic_page/field_ref_resources/0ff6d844-e785-416a-9bbc-194938099218/c6b4dc19/20240709_councils_shingikai_shougaiji_shien_0ff6d844_05.pdf（2024 年 11 月 23 日閲覧）
こども家庭庁支援局（2023）こども家庭センターについて　https://www.mhlw.go.jp/content/11907000/001127396.pdf（2024 年 2 月 2 日閲覧）
厚生労働省子ども家庭局（2020）児童養護施設入所児童等調査の概要（平成 30 年 2 月 1 日現在）　https://www.mhlw.go.jp/content/11923000/001077520.pdf（2024 年 2 月 5 日閲覧）
厚生労働省雇用均等・児童家庭局家庭福祉課（2014）情緒障害児短期治療施設（児童心理治療施設）運営ハンドブック　https://www.mhlw.go.jp/seisakunitsuite/bunya/kodomo/kodomo_kosodate/syakaiteki_yougo/dl/yougo_book_4.pdf（2024 年 2 月 3 日閲覧）
厚生労働省社会・援護局（2021）障害児入所施設運営指針　https://www.mhlw.go.jp/content/12200000/000830488.pdf（2024 年 2 月 5 日閲覧）
文部科学省（2009）教育相談等に関する調査研究協力者会議　教育相談会議報告書　児童生徒の教育相談の充実について―生き生きとした子どもを育てる相談体制づくり―　https://www.mext.go.jp/component/b_menu/shingi/toushin/__icsFiles/afieldfile/2010/01/12/1287754_1_2.pdf（2024 年 2 月 5 日閲覧）
文部科学省（2022）生徒指導提要（改訂版）　https://www.mext.go.jp/content/20230220-mxt_jidou01-000024699-201-1.pdf（2024 年 2 月 1 日閲覧）
文部科学省（2023）学校基本調査　令和 5 年度　結果の概要　https://www.mext.go.jp/b_menu/toukei/chousa01/kihon/kekka/k_detail/2023.htm（2024 年 2 月 2 日閲覧）
文部科学省中央教育審議会初等中等教育分科会（2012）共生社会に向けたインクルーシブ教育システム構築のための特別支援教育の推進（報告）　https://www.mext.go.jp/b_menu/shingi/chukyo/chukyo0/gijiroku/__icsFiles/afieldfile/2012/07/24/1323733_8.pdf（2024 年 2 月 2 日閲覧）
中谷奈美子・中谷素之（2006）母親の被害的認知が虐待的行為に及ぼす影響　発達心理学研究, *17*(2), 148–158.
大日向雅美（2002）育児不安とは何か―発達心理学の立場から―　こころの科学, *103*, 10.
東京特別支援教育心理研究センター（2023）　特別支援教室巡回相談心理士について　https://tokyo-seprec.jp/about-sep/（2023 年 2 月 6 日閲覧）
山口咲奈枝・遠藤由美子（2009）低出生体重児をもつ母親と成熟児をもつ母親の育児不安の比較　母性衛生, *50*(2), 318–324.
全国児童発達支援協議会（2017）厚生労働省平成 28 年度障害者総合福祉推進事業　保育所等訪問支援の効果的な実施を図るための手引書　https://www.mhlw.go.jp/file/06-Seisakujouhou-12200000-Shakaiengokyokushougaihokenfukushibu/0000166361.pdf（2024 年 2 月 1 日閲覧）

索　引

サ行

タ　行

ナ　行

ハ　行

マ　行

編著者略歴

永房　典之（ながふさ　のりゆき）

1972年生まれ　静岡県出身

東洋大学大学院博士後期課程修了　博士（社会学）

現在　淑徳大学人文学部教授

主な著書・論文

『新・子ども家庭支援の心理学―発達・家族の理解と子育て支援―』（編著）教育情報出版、2023年

『なぜ人は他者が気になるのか？―人間関係の心理―』（編著）金子書房、2008年

「厚生施設入所児の公衆場面における行動基準に関する研究」（共著）『心理学研究』*83*(5)、2012年

発達心理学の基礎と支援
―生涯発達・発達障害・発達臨床の理解―

2025年4月21日　第1版1刷発行

編著者―永 房 典 之
発行者―森口恵美子
印刷所―美研プリンティング（株）
製本所―（株）グリーン
発行所―八千代出版株式会社

〒101-0061　東京都千代田区神田三崎町2-2-13

TEL　03-3262-0420
FAX　03-3237-0723

＊定価はカバーに表示してあります。
＊落丁・乱丁本はお取替えいたします。

 ISBN978-4-8429-1892-1